서울말 진경 구어(眞景口語) 연구

이상억

서울대 문리과대학 및 대학원 국어국문학과 문학사, 석사취득, 박사과정
Fulbright Scholar로 미국 University of Illinois at Urbana 대학원 언어학과,
    M.A. & Ph.D. (언어학 석사, 박사) 취득
미국 Havard-Yenching Institute, Research Fellow (2년간)
독일 Humboldt 재단 초청, München대학 연구교수 (1년간)
호주 University of Sydney 한국학 담당 초빙교수 (3년간)
현재 서울대학교 인문대학 국어국문학과 교수

〈 저서 〉
1970 국어의 사동·피동 구문 연구, 국어연구회. 1999 집문당.
1992 현대형태론, 학연사. 〈김영석과 공저〉
1992 영어권 한국어 I-III, 문화체육부, 1998 Korean Through English
    (Revised Edition) Book I-III, Hollym.
1994 국어표기 4법 논의, 서울대학교 출판부.
1996 외국인을 위한 기초 한국어 사전 (Korean-English/English-Korean:
    Basic Korean Dictionary), Hollym.
1998 서울의 한옥: 홍문섯골 이벽동댁, 남산골 한옥마을 도편수 이승업가,
    한림출판사.
2000 국어음운론 (증보판), 학연사. 〈이기문, 김진우와 공저〉
2001 계량국어학 연구, 서울대학교 출판부.
2006 언어와의 만남, 학연사.

서울말 진경 구어(眞景口語) 연구

초판인쇄 2006년 9월 20일 ㅣ 초판발행 2006년 9월 25일 ㅣ 지은이 이상억
펴낸이 박찬익ㅣ 편집 김은영·김민영ㅣ 영업 박태훈ㅣ 펴낸곳 도서출판 **박이정**
주 소 130-070 서울시 동대문구 용두동 129-162
전 화 (02) 922-1192~3 ㅣ 팩스 (02) 928-4683 ㅣ E-mail book@pjbook.com
온라인 (국민) 729-21-0137-159 ㅣ 등록 1991년 3월 12일 제1-1182호
ISBN 89-7878-878-5 93710

값 12,000원

서울대 인문학연구원 한국어연구소 총서 1

서울말 진경 구어 연구

구어/문어 목록들 간의 비교, 음변화 규칙 및 '가지구, 말이야' 등의 분석

이상억

도서출판 박이정

머리말

　　서울말의 실체가 무엇이냐를 놓고 현행의 표준어와 같다고 생각하는 일반인이 많을 것이다. '서울말'을 올바로 정의하라 하면 우선 한 방언으로서 서울지역어라 할 수 있다. 이 때 서울의 주변 어디 만큼까지를 넓게 포함하느냐에 따라 그 내용이 좀 달라질 수 있다. 그러나 정말 옛 사대문 안 '서울 토박이말'이라면, 맞춤법과 아울러 제정된 표준 발음 또는 표준어와 항상 같지는 않은 것으로서, 지금도 서울지역 노년층 토박이간에 쓰이는 진정한 서울 사투리다. 이러한 서울 토박이말에 대한 조사나 기록이 제대로 되어 있지 않은 채 많은 서울 노인들이 돌아가시던 터에, 1997-2000년 국립국어연구원에서 《서울 토박이말 자료집》 I집(표준 발음, 음운 및 음운규칙), II집(어휘, 문법), III집(표준 어형)을 정리 간행한 일은 큰 업적이라 할 수 있다. 앞으로 이런 사업은 계속 이어지도록 서로 힘써야 할 것이다.

　　때늦은 느낌이 있지만 2000년부터라도 '박이정' 출판사 간행 학술지 《서울말 연구》를 본인이 창간하게 된 동기는 몇 가지가 있다. 요즘 노인들이 사라져 가시는 급박한 상황보다 훨씬 전, 고3 시절인 1962년 《京畿》 제 3호를 기획 편집했을 때, 당시 서울대 문리대 이기문 교수께 청탁했던 '국어학의 전망'이란 글 속에서 다음과 같은 구절이 오랫동안 본인의 뇌리에 남게 되었기 때문이다. “아직 볼 만한 서울말의 음운론 한 권이 없고 記述文法은 아무도 손대지 않고 있다고 해도 과언이 아닌 것은 부끄러운 일입니다.” 그 뒤 필자는 서울대 국어국문학과에 입학하여 저학년부터 국어학을 전공으로 택하게 되었고, 그 까닭에 위의 과제가 항상 부담스럽게 어깨를 눌러왔다. 그 뒤 한 40년 사이에 국어학 연구는 발전을 거듭해 왔지만, 서울말에 대한 사회언어학적, 방언론적 기술은 아직 집대성되지 못 한 셈이다.

또 필자는 어쩌다 ‘남산한옥마을’의 옛날 찻집으로 남은 생가[도편수 이승업이 지어 증조부께 판 집]에서 태어나 서울 토박이의 후손이 되었지만, 아직도 이 방면의 연구를 손대지 못하고 게으름만 피워왔다. 다만 1987년 염상섭의 〈萬歲前’의 言語相 분석〉과 2000년 한무숙의 〈‘생인손’ 등의 하층계급어법: 서울 옛말씨 분석〉이란 글에서 서울말을 조금 탐구해 보려 했을 뿐이다. 애초에 방언의 현지조사 연구보다는 서양식 음운 이론, 특히 80년대에는 음성합성 및 음성인식 같은 첨단 분야에까지 관심을 두다 보니 늘 생각은 있으면서 착수를 못 했던 것이다. 시류라는 것은 묘해서 무슨 분야가 좀 각광을 받는 듯하면 무리 지어 모여드는 반면, 그 그늘에는 대부분 돌보지 않지만 꼭 해야 할 일이 처져 있게 마련이다. 이제는 이런 처진 일을 찾아 하는 사람들도 많아져야 학문의 균형 있는 발전이 이루어질 것으로 믿는다.

주지하듯이 좁은 의미의 서울말 사용자는 옛 사대문 안 성내 거주자일진대, 이런 토박이들은 모두 연로하고 희소하여 아주 신속히 조사 정리를 해놓지 않으면 한 해가 달리 여건이 어려워지고 있는 실정이다. 실제로 집안 친할머님의 여동생 되시는 최순자 제보자께서는 약간의 녹음을 해놓은 1999년(당시 101세) 이후 급격히 용태가 나빠지셔서 원하는 분량의 조사가 어려워져 뒤늦게 후회하고 있다. 사정이 이러하니 굳이 성내의 어느 동네 어느 골짜기가 서로 말씨가 달랐었다는 세부 조사는 차치하고라도, 성 밖 그리고 서울 인근 경기 방언까지 또 세대별 변화까지도 힘이 미치는 대로 관심을 가진 많은 학자들이 시급히 연구해 놓을 것이 필요하다. 가령 왕십리에서 들어온 채소 장사들이 서울 사대문안 사람들에게 쓰던 '-었습죠', '-을깝쇼' 같은 말씨는 하층계급어의 전형적 자료로 주목에 값한다. 또 마포의 새우젓 장사들이 쓰던 말도 그 후손들에게서 혹시 찾을 수 있을지 모른다. 이런 계급어들은 결코 고하간의 차별이 없이 모두 귀한 자료로써 가치가 높은 것이다.

《서울말 연구 2집》의 간행사(이상억)에서 이미 제안했듯이 구태여 서울말 연구를 사대문안 '서울 토박이말'의 연구로만 국한하기는 이미 그 자료 채록의 어려움으로 보아도 시대 착오적이다. 넓은 의미로 서울말은 결국 '교양 있는 사람들이 두루 쓰는 현대 서울말' 즉 표준어의 정의와 큰 테두리를 같이 한다고 볼 수 있기에, 앞으로 서울말 연구의 내용도 그런 표준말의 일반적 범위까지 널리 잡아도 무방하리라 본다. '교양 있는'이란 규정이 결코 이 범주 이외의 언어 사용자들을 비교양인으로 몰기 위한 설정이 아니다. 한 기준이 있어야 정의가 가능하기 때문에 '교양'이라는 개념을 도입했을 뿐이라 해야겠다. 그 이전에는 이 자리에 '중류사회에서 쓰는'이라는 계급적 개념이 설정되었으나, 서울에서 더 이상 중류사회가 뚜렷이 동질성을 유지하지 않아, 애매한 규정인 '교양'으로 내체되있던 깃이라 볼 수 있다.

지역말 연구모임 '텟말두레'에서 "표준어를 '서울말'로 한정한 것은 지역을 차별하고 지역문화를 억누르는 것으로 평등정신에 위배한다"고 밝혔다 [중앙일보 2006년 5월 27일 10면]. 이것은 어느 국가에서나 있는 표준어 제정의 긍정적 전제를 모르고 아마추어적 생각으로 지나친 발언을 한 것이다. "현행 표준어 규정과 국어기본법, 초중등교육법 등이 헌법에 규정된 행복추구권과 평등권, 교육권을 침해했다고 주장하면서 헌법재판소에 위헌여부를 판단해 줄 것을 요청했다.”라고 보도하고 있다. 판결을 기다려 보아야하겠지만, 이러한 지역방언의 보존 노력은, 표준어 설정과 보급을 부인하지 않는 한도내에서는 조화롭게 추구될 수 있는 것이다. 표준어와 여타 방언은 애초부터 서로 상충이 아니라 상생 관계로서, 표준어의 바탕이 되고 있는 서울말도 서울 지역방언으로서 여타 방언이 보존될 가치가 있다면 똑같이 역차별 없이 더욱 보존 연구되어야 한다.

서울말 연구는 그 동안 각광을 받아 연구자가 자발적으로 모여 드는 분야는 아니었지만 꼭 해야 할 일이 많은 분야다. 우선 우리의 표준어 규정, 표준 발음법 내지 맞춤법이 ‘교양 있는 사람들이 두루 쓰는 현대 서울말’과 그 ‘실제 발음’을 바탕으로 정해져 있으므로, 이 현대어의 원래 모습이라든가 뿌리에 대한 연구를 해 들어가야 모든 규정을 잘 다듬어서 쓸 수 있는 것이기 때문이다. 이제는 이런 등한시 되었던 기초적 연구도 많아져야 할 것으로 믿는다. 이런 연구에서 쓰일 서울말 자료로는 실제 《서울 토박이말 자료집》 편찬을 위하여 수집한 가장 정선된 구어 자료들을 사용할 수 있기에 이들을 활용해서 수행할 것이다. 그렇다고 ‘서울 토박이말’만 연구대상으로 엄격히 제한하는 것이 아니며, 서울 토박이말의 핵심을 밝히기 위해서는 역설적으로 그 주변적 대상을 더 잘 연구해야 하기 때문이다. 주변적이라 함은 지역만이 아니라, 시대, 세대, 계층 등 모든 면에서 접근되어야 할 것이다.

이 연구의 초기 단계를 도와준 최혜원, 김진형 연구원에게 고마움을 표하며, 《서울말 연구》 1, 2집에 이어서 이 단행본의 출판까지 맡아 준 박이정 출판사에 감사한다.

이상억

차례

겸재(謙齋) 정선(鄭敾) **인왕제색도**(仁王霽色圖)
1751년 국보216호 지본수묵(紙本水墨) 79.2 X 138.2 cm 용인 호암미술관 소장

비 온 뒤의 삼청(三淸), 청운(淸雲), 궁정동(宮井洞) 쪽에서 바라본 인왕산을 그린 만
년(76세)의 걸작이다. 비에 젖은 암벽의 중량감 넘치는 모습을 진한 먹을 중첩시켜 표현하
여 화면을 압도하고 있으며, 산허리 부분과 그 아래 계곡은 아직도 연무(煙霧)에 싸여 있
어, 바위산의 육중한 골격이 더욱 두드러지게 하고 있다. 실경(實景)의 순간적인 인상 포
착이 가히 진경산수(眞景山水)의 대가답다. 겸재는 북악산 밑에서 태어나 자라고 중년
이후에는 인왕산 아래에서 살았는데, 그림 그릴 뜻이 서면 앞산을 마주하고 붓을 휘둘렀다
고 하며 이 일대를 소재로 한 그림이 많다.

I.
도입

Ⅰ 도입

　관념적으로 지금껏 그려오던 중국풍의 그림이 우리나라 산수의 성격과는 맞지 않는다는 것을 알게 된다. 그래서 우리 산천을 표현하기에 알맞은 새로운 기법을 창안하여 내는데, 그것은 중국의 전통적인 절파계 북종(北宗) 화법의 특징적 기법인 선묘와 새로이 유입된 남종(南宗) 산수화법의 특징적 기법인 묵법을 이상적으로 조화시키는 독창적인 방법이었다. 이렇게 진경(眞景) 산수화1)가 대두되어 실제와 흡사한 경치를 보게 되었듯이, 우리가 흔히 관념적으로 추정해온 구어의 실체를 진경 필체로 그려볼 필요가 있다. 과거에 구어의 연구가 많지도 않았지만, 대개 코퍼스(corpus)에서 철저히 뽑아낸 자료가 아니고 거의 관념적으로 선택한 몇 형태에 대한 언급에 그친 혐의가 많다. 그렇다고 새삼스럽게 구어의 정의2)를 본격적으로 이 논문

---

1) 종래의 산수화는, 작가에 의해 주관적으로 추상화되고 이념화되었는데, 조선 후기에 자의식이 성장하면서 한국 고유의 산수를 개성 있게 묘사하기 시삭하였다. 이렇게 우리 산천의 사실적인 풍경을 바탕으로 그린 산수화를 진경산수(眞景山水)라고 한다. 중국화의 화풍에서 탈피해 이 진경산수의 경지를 열어 놓은 사람이 바로 겸재(謙齋) 정선(鄭敾 /1676∼1759)이다. 그는 각지를 직접 답사하면서 한국의 산이 주로 중량감 있는 바위산임을 알고, 이를 사실직으로 그려 냈다. 또한 한국의 산천을 주자학적(朱子學的) 자연관의 현현으로 생각하고자 했던 당시 문인 사대부들의 자연친화적 풍류의식과 정선의 진경산수는 같은 맥락에 서있다 한다.
2) 구어(口語, colloquial language)에 대한 일반론을 삽입하자면, 우선 문어(文語)에 대응하는 개념으로 음성언어라고도 하며 몸짓·표정 등이 표현 및 이해를 돕는다. 또한 억양·강약·완급의 변화가 중요한 역할을 하며, 문어와 달리 일단 말을 하고 나서는 정정이 불가능하므로 다듬어지지 않은 표현이 많으며, 각 문장은 비교적 짧고 구조가 단순하다. 대개

속에서 시작할 필요는 없고, 일단 서울 토박이말 조사를 위해 녹취한 자료만을 대상으로 탐구하면 적어도 '구어의 진경' 일부를 밝히는 방법이 될 것이다.

이 논문에서는 (1) 국립국어연구원에서 수년간 녹취 조사한 '서울 토박이말' 자료를 전산처리하여 얻은 순구어 자료를 토대로 구어의 진상을 드러내 보이도록 하겠다. 서울말 구어 말뭉치에서 어절 빈도를 뽑아서 내림 빈도순으로 정리한 목록을 주 연구대상으로 하겠다. 아울러 (2) 세종계획에서 수집한 (서울말만은 아닌) 구어투 문헌 자료에서 의사(擬似) 구어, 즉 준구어를 제외하고 순구어만의 목록도 제시하여 위와 비교해 보겠다. 여기서 의사 구어라 함은 실제 발화된 형태가 아니라, 희곡 작가의 머리 속에서 대본으로 쓰여진 구어 따위를 가리키고자 함이다. 세종 구어 말뭉치에서 순구어의 이절 빈도를 뽑아서 내림 빈도순으로 정리한 목록을 부(副) 연구대상으로 하겠다.

1. '서울 토박이말' 녹취 자료를 전산처리하여 얻은 순구어 자료

본 논문에 보이는 '진경 구어'(眞景口語)란, 국립국어연구원에서 서울 토박이 화자 70대-80대를 조사한 순구어 자료만으로 한정하기 위해 '서울 토박이말 자료집 1'에 나온 자료만을 토대로 분석한 결과를 가리킨다. 자료집 중에서 최혜원 연구원이

의 경우 상대에 대한 배려가 고려되기 때문에 경어적 표현을 쓴다. 강의·강연·연설 등 많은 사람을 상대하는 경우의 구어에는 문어와 가까워지므로 일상적인 대화와는 크게 다르다. 오늘날은 대중매체가 발달함에 따라 토의·회의·발표·선전 등이 많아져서 구어가 차지하는 비중이 더 커지게 되었다. 문어체(文語體)와 반대되며 소설이나 희곡·신문기사에 구어체가 많다. 국어의 경우 구어체는 개화기에 전개된 언문일치(言文一致) 운동이 있은 후에 차차 쓰이기 시작하였으며, 한문체의 배제가 가장 큰 관심거리였다. 소설 등에서 인용 부호 표시를 하고 인용한 회화 부분뿐만 아니라 희극이나 각본의 대사, 좌담회나 회의 또는 연설에서 인용한 것도 이에 포함된다. 구어체의 이야기라도 글로 쓰이기 때문에 문어체의 성격을 어느 정도는 면할 수가 없다. 문장 중에는 구두체의 회화의 특색이 사라진 것도 있지만 구어체의 대화가 생생하게 포현된 문장에서는 구어체의 언어에 관한 자료가 될 수 있는 것도 있다. 전편(全篇)을 구어체의 언어에 가까운 회화문으로 쓴 문장을 회화체라고 한다.[네이버 백과 사전]

제목, 조사자의 질의 내용(굵은 글씨로 표기된 것), 주석은 모두 삭제했고, 세종계획에서 개발한 프로그램인 cword로 통계를 냈다. 그 결과 서울말 구어 가나다순 . hwp와 빈도순 . **hwp**(2376 순위까지)가 준비되었다.

또 연구원에서 개발한 프로그램인 hgrep으로 kwic 색인을 만들었다. 그 결과가 뒤에 보일 **용례(가-하) . hwp**('가지고, 말이야' 등)이며, 위에 작성한 빈도순 . hwp와 가나다순 . hwp를 보다가 궁금한 사항을 쉽게 찾아보도록 만든 파일이다. '가지고, 말이야' 등의 용법을 자세히 분석해 보면 상이한 용례들이 드러나는 흥미로운 사실을 보고할 것이다.

2. 세종계획에서 수집한 구어투 문헌자료를 전산처리한 일반 구어 빈도순 목록

세종계획에서 2001년까지 구축한 구어 말뭉치의 수는 205만 어절 규모로, 그 가운데에는 구어로서의 성격을 띤 여러 가지 종류의 텍스트들이 포함되어 있다. 구어의 질이 균일하지 않아, 특히 어떤 경우에는 **준구어**라고 할 수 있는 방송 대본이나 시나리오, 연극 대본 등이 포함되어 있기도 하다.

세종계획에서는 준구어와 순구어를 구별하여 구축하는 것으로 알려져 있으나, 현재 여기서 활용하고 있는 결과물의 파일들에서 그것을 명확히 구분하기 어려운 것들이 꽤 있었다. 일단 연도별 결과물 CD에서 spoken 폴더에 있는 모든 파일들을 모아 보니 205만 어절이 훨씬 넘었다. 그래서 준구어로 보이는 것들을 제외할 수 있는 대로 제외하고 보니, 약 150만 어절 정도가 됐다. 원래 순구어의 양이 205만 어절로 보고되었으나 약 50여만 어절 정도는 빼 놓아야 엄정한 조사를 할 수 있겠다.

한국어세계화재단 내 21세기 세종계획 결과물보급관리센터의 김진형 연구원이 결국 150만 어절 규모의 구어 말뭉치에서 전체 어절수 1,568,763와 어절 종류수 215,808인 5,264쪽에 달하는 어절의 빈도를 추출한 파일들을 작성해 보내 왔다. 가나다순 정렬 파일만이 아니라 빈도가 높은 것부터 낮은 것으로 내림차순 정렬을 한 파일도 있는데, 파일의 크기가 크므로 우선은 본고에 **빈도순**으로 정렬한 파일만을 **2377** 순위(66회 출현, 0.0042%의 빈도, 누적빈도는 39.6026%)까지 일부 보이고 그 이하는 생략하겠다. 그리고 다음 기회에 가나다순으로 정렬한 파일을 검색용으로 별도 공개하겠다.

위 (1)과 (2)는 좌우에 서울말 구어 빈도순 목록(1-2376)과 일반 구어 빈도순 목록(1-2377)를 병렬 대조시켜, 본고 맨 뒤에 부록으로 붙이겠다. 그 내용을 일별해 보면 역시 (1)이 더 구어적 특색을 잘 나타내고 있음을 알 수 있다.

3. 김흥규 · 강범모(2000)의 다종 문헌자료를 전산처리한 일반 문어 빈도순 목록

"한국어 형태소 및 어휘사용빈도의 분석 1"이란 제목으로 고려대 민족문화연구원에서 발간된 책에 담겨있는 대규모 말모둠(corpus, 전체어절 : 1,509,565)에서, 정확히는 '5. 어절별 분석 빈도'를 인용하는 것이다. 이 말모둠에는 설계 단계에서는 구어 10%를 포함하려 했지만(그 10%중에 대본 등 준구어도 포함된 설계여서 녹음 전사한 순구어는 미미하니 대부분 문어라고 간주하여도 될 만하였고) 실제 "전반적 구성 비율 내부의 세부 비율까지는 일일이 맞출 수 없었고, 결과적으로 구어는 거의 배제되었다(pp. 5-6)"고 하였다. 실제로 (1)의 구어 목록과 비교해 보면 꽤 문어적임이 드러난다.

그리고 이 (3)의 실제 자료는 아래 예시와 같이 여러 동음이의어가 한 표제형 밑에 함께 나열되어 있어서 그 중 적절한 하나만 **선택**해 (1)에 대응시키는 작업이 필요하였다. 이렇게 선택된 결과를 놓고 순위를 새로 메겨야 했으므로 '이'(/MM7603-95.19)가 5위에서 **3위**의 위치로 격상 조정되거나, 반면에 "있다"가 '있/VX + 다/EF + ./SF 4988-57.82'로서 3에서 **5위**로 격하되는 것도 볼 수 있다.

〈표 1〉 일반 문어 빈도순 목록(서두 일부)

원순위	조정순위			
1	그 : 10864			
	1그/MM	10863	99.99	선택
	그/NP 1	0.01		
2	수 : 9303			
	수/MM	13	0.14	
	2수/NNB	9277	99.72	선택
	수/NNG	13	0.14	
3	있다. : 8627			
	있/VV + 다/EF + ./SF	3639	42.18	
	5있/VX + 다/EF + ./SF	4988	57.82	선택
4	있는 : 8471			
	있/VV + 는/ETM	3715	43.86	
	6있/VX + 는/ETM	4756	56.14	선택

원순위	조정순위			
5	이 : 7987			
	이/JKS 1	0.01		
	3이/MM	7603	95.19	선택
	이/NNG	1	0.01	
	이/NNP	102	1.28	
	이/NP 278	3.48		
	이/NR 2	0.03		
6	것이다. : 6179			
	4것/NNB + 이/VCP + 다/EF + ./SF	6179	100.00	
7	한 : 5715			
	하/VV + ㄴ/ETM	829	14.51	
	하/VX + ㄴ/ETM	333	5.83	
	7한/MM	4379	76.62	선택
	한/NNB	146	2.55	
	한/NNG	7	0.12	
	한/NNP	20	0.35	
	한/XPN	1	0.02	
	(후략)			

우선 위 (1)의 구어 빈도 121위까지를 재조정된 (3)의 문어 목록과 비교하기로 한다. 왼편 구어 목록에서 전형적 구어투는 짙은 글자로 된 음절로 표시해 둔다. 이것들이 바로 **구어의 진경**인 것이다. 문어 빈도 50위 이내는 짙은 숫자로 그 위치를 눈에 띄게 해 둔다.

〈표 2〉 '서울 토박이말'과 고려대 문어 말모둠의 빈도순 목록 대비

서울말 구어 빈도순 목록 (1-121)			문어 빈도순 목록 (50위 이내는 짙은 숫자로)		
순위	빈도	어절	순위	빈도	어절
1	1820	그	1	10863	그
2	786	인제			--문어체에 사용 않음(이후 --*로 줄임).
3	665	이제	124	707	이제
4	623	우리	17	2546	우리
5	608	다	72	997	다
6	582	거	1232	115	거--*
7	573	또	16	2615	또
8	477	뭐	3485	48	뭐--*
9	469	이	3	7603	이
10	463	내가	41	1491	내가
11	449	그래	1005	136	그래
12	402	그래서	97	872	그래서
13	394	이렇게	68	1008	이렇게
14	379	가지구	143	641	가지고/구--*
15	365	그런	35	1674	그런
16	354	지끔	135	667	지금/끔--*
17	352	게	120	734	게--*
18	340	안	55	1267	안
19	331	그냥	382	303	그냥
20	314	저	307	356	저
21	313	머	3485	48	뭐/머--*(위8에 나왔음)
22	298	한	7	4379	한

순위	빈도	어절	순위	빈도	어절
23	293	그때	313	350	그때
24	284	때	25	2142	때
25	279	그게	649	195	그게--*
26	254	그렇게	93	884	그렇게
27	232	그거			--문어체에 사용 않음.
28	229	해	279	374	해
29	218	거기	1630	91	거기
30	198	근데			--문어체에 사용 않음.
31	196	그런데	102	835	그런데
32	191	못	117	751	못
33	185	그걸	847	157	그걸--*
34	180	그러니까	616	207	그러니까
35	177	아주	203	479	아주
36	177	응			--문어체에 사용 않음.
37	172	가서	303	356	가서
38	164	참	532	231	참
39	161	잘	45	1441	잘
40	161	해서	248	408	해서
41	156	그러구	2719	59	그러고/구--*
42	155	사람이	85	936	사람이
43	152	여기	957	142	여기
44	148	있구	326	340	있고(VV)/구--*
45	147	건	271	383	건--*
46	145	이런	39	1564	이런
47	144	말이야	4129	41	말이야--*
48	143	저기			--문어체에 사용 않음.
49	143	좀	187	519	좀
50	141	허구	48	1400	하고/허구--*
51	140	가주구	143	641	가지고/주구--*
52	134	많:이	98	860	많(:)이
53	134	아	1239	115	아

순위	빈도	어절	순위	빈도	어절
54	131	걸	280	373	걸--*
55	129	웃음	1831	83	웃음(을)
56	128	왜	133	673	왜
57	126	있어	265	391	있어(VV)
58	125	전부			(5757 항목 내에 '전부'란 항목 없음)
59	120	거기서	1079	129	거기서
60	118	그럼	1197	118	그럼--*
61	116	나는	14	2789	나는
62	116	난	476	255	난--*
63	116	하나	290	366	하나
64	114	거야	768	168	거야--*
65	113	많이	98	860	많이
66	110	때는	211	463	때는
67	110	무슨	158	603	무슨
68	109	지끔은	558	224	지금은/-끔--*
69	108	그때는	2881	56	그때는
70	106	어			--문어체에 사용 않음
71	105	갖다가			--문어체에 사용 않음.
72	105	이릏게	68	1008	이렇게](위13에 나왔음)
73	105	있는	6	4756	있는(VX) & 9 3715 있는(VV)
74	105	허는	19	2381	하는
75	103	내	52	1332	내
76	102	지금	135	667	지금
77	101	사람	287	367	사람
78	98	것	36	1664	것
79	97	아니	633	201	아니
80	95	에			--문어체에 사용 않음.
81	93	이게	2744	59	이게--*
82	92	거는			--문어체에 사용 않음.
83	92	거지			--문어체에 사용 않음.
84	90	몇	88	922	몇/몇--*

순위	빈도	어절	순위	빈도	어절
85	89	그르구	20	2337	그리고/르구--*
86	89	그릏게	93	884	그렇게](위26에 나왔음)
87	86	큰	51	1351	큰
88	84	고	5278	10	고(其)--*
89	84	와서	587	214	와서
90	83	그땐	2881	56	그때는](위69에 나왔음)
91	83	여			-문어체에 사용 않음.
92	82	서울	140	648	서울
93	81	막	1516	97	막
94	79	먹구	342	328	먹고/구--*
95	77	사람들이	182	535	사람들이
96	76	그건	701	184	그건--*
97	76	사람은	134	671	사람은
98	74	네	848	157	네
99	73	있지	390	298	있지(VX)
100	72	있는데	828	160	있는데(VX)
101	71	갖다	2930	55	갖다--*
102	70	그러믄			--문어체에 사용 않음.
103	70	있어요	61	2657	있어요
104	69	그리고	18	2352	그리고
105	68	우리가	131	685	우리가
106	67	나	372	308	나
107	66	그러면	576	216	그러면
108	66	당시에	4950	25	당시에
109	66	더	26	2103	더
110	66	집이	1802	84	집이
111	65	놓구			--문어체에 사용 않음.
112	65	여기서	365	315	여기서
113	64	겉은	5402	7	겉은
114	64	우리는	65	1029	우리는
115	63	것두	63	1038	것도

순위	빈도	어절	순위	빈도	어절
116	63	그러니깐			--문어체에 사용 않음.
117	62	그러고	2718	59	그러고--*
118	61	그렇지	882	152	그렇지
119	61	아마	529	233	아마
120	61	일본	197	493	일본
121	61	하고	209	470	하고 [모든 '하고'는 2231회]

위 표에서 '인제'는 문어체에 사용 않는 형태로 구어의 진면목을 보여 주는 것이다. 그 뒤를 따라 진한 글씨로 표시한 모든 것들이 진경 구어로서 그 속에 내포된 각종 음변화 규칙을 분석해 볼 필요가 있다.

__* 로 표시한 항목들은 문어에서 원칙적으로 사용하지 않는 형태이나, (3)의 문어 목록에 포함되어 있다. 아마 이 이유는 고려대 민연 말모둠의 구성에서 구어를 10% 포함시키려 했으나 결과적으로 거의 배제되었다고 말했던 것처럼, 원래부터 엄정하게 구어를 빼려하지 않았었고 결과적으로도 정확히 어느 만큼 포함되어 있는 지 모르면서 '거의 배제되었다'는 막연한 추측을 하였던 것으로 보아 뒤섞여 있을 수밖에 없는 것이다.

II.
서울말 음변화 규칙

II 서울말 음변화 규칙

아래에 인용된 예들은 (1) 서울말 구어 빈도순 목록(본문 뒤 후첨 부록의 1–2375 순위 부분, 즉 빈도 4까지)에서 음변화 규칙에 해당되는 예들을 따온 것들이다. "빈도 3 이하"는 방대한 분량 때문에 그 목록 중에 보이지 못하고 생략했다. 그래서 "빈도 3 이하"에서 따온 예는 아래에서 [ ] 속에 표시하였다.

여기 모인 모음에 관한 변화규칙들은 대부분 **표준어 규정 제2부 표준 발음법**에서 인정하지 않는 변화들이지만, 자음에 대해서는 그런 발음이 나는 것을 수용하는 **표준 발음법**이 있어서 해당되는 것에는 **(표준20항)** 식으로 줄여 관련 표시를 하였다. 해당되지 않는 것에는 ^를 붙였다.

〈표 3〉 모음 변화 규칙

---

1. 모음상승(대개 고모음화; 결국 모음탈락까지 되기도 하는 야화의 과정)

1a. ㅏ > ㅓ(아래 예 중 *표시는 모음조화 파괴의 경우)
 겉애(같아), 겉애요, 겉으믄, 고등핵교, 그러헌, 때꺼정(까지), 많었구, 많:어요*, 많:었어요*, 많:었지*, 말허믄, 못허구*, 부모헌테*, 살어서*, 살어요*, 생각허구, 성헌, 애들허구, 어빠, 어빠가, 어쩔(어찌할), 오늘날꺼정, 유:명헌, 잡어*, 장사허는*, 저거허는데, 저거허니까, 저거허지, 저거힐, 졸업허고, 지끔겉이,

진헌, 찾어*, 허거든, 허게, 허게되며는, 허고, 허구, 허구선, 허기, 허긴, 허는, 허는데, 허니, 허니까, 허니깐, 허다, 허다가, 허던, 허러, 허며는, 허면, 허며는, 허면, 허면서, 허믄, 허시는, 허잖아, 허잖아요, 허죠, 허지, 허지만, 허질, 헌, 헐, 헐래믄, 헐텐데

cf. 때꺼정(<지), 오늘날꺼정('지'가 '정'으로 된 것은 어원적으로 ㅣ>ㅓ 가 아니라 ㅏ>ㅓ 임.)

1b. 비어두 ㅑ>ㅕ

하연

1c. 비어두 ㅓ>ㅜ

아부지, 어무니, 할아부지, 할아부지가

1d. ㅓ>ㅡ

그랬드니, 그르게, 그르구, 그르기, 그르니까, 그르니까는, 그르니깐, 그르죠, 그른까, 그른깐, 그른데, 그릉까, 그릉게, 그릉::게, 그릉지, 그릉지만, 그:지들이, [글루(거기로)], 느(너희), 늫구, 들으와서, 살든, [슴:불리], 어뜬, 어트게, 으른, 으:른, 으르신네가, 으:른들, 은:제, 은:어, 을:마, 을마나, 을:마나, 읍:구, 읍:는, 읍:지, 읇어, 읇:어, 읇어요, 읇:어요, 읇:에요, 요릏게, 이릏게, 있거든, 있든, 즈이(저희), 증말, 증:말, 했드니

1e. 비어두 ㅓ>ㅡ (y탈락: 면>믄/먼 등)

가믄(면), 겉으믄, 그르므는, 그르믄, 나믄, 나오믄, 노믄, 때믄, 댕기믄, 되믄, 말하자믄, 말하재믄, 말허믄, 머냐믄, 먹으믄, 뭐냐믄, 보믄/보면, 어디냐믄, 오믄, 왜그러냐믄, 왜냐믄(왜그러하냐하면), 있으믄, 주믄, 치믄, 하믄, 허믄/허면, 헐래믄; 허며는;

cf. y탈락 7. 단모음화 [게단, 게실], 에:전에, 엔:날

1f. 비어두 ㅕ>ㅣ

하이튼

1g. 비어두 ㅗ>ㅜ (고>구가 대부분이고, 도>두, 로>루가 약간)(*모음조화 파괴)

가구*, 가두*, 가리키구, 가주구/가지구, 가주구서는, 가지구서,가지구서는, 가지구선, 거구, 거기두, 거기서두, 거라구*, 걸루, 것두, 경제적으루, 고기두, 그걸루, 그것두, 그때두, 그대루, 그래가지구, 그래두, 그랬다구*, 그러구/그르구, 그러냐구*, 그러드라구*, 그렇구, 그렇다구*, 그리구, 끌:구, 끌구, [글루(거기

로)], 그야말루*, 나가구*, 나구*, 나두*, 나보구*, 나오구*, 나하구*, 낳:구*, 내
구, 넣구, 놀구*, 놓구*, 놓구선*, 늫구, 다니구, 따루*, 때두, 대루, 댕기구, 떠
나구*, 데루, 데리구, [두둑늠], 도루*, 둔, 돌아가시구, 되구, 된다구*, 두구, 든
다구*, 들구, 들어가구*, 많구*, 많:구*, 많었구*, 말구*, 말두*, 맞구*, 맨들구,
맹길구(만들고), 먹구, 먹어두, 몰라두*, 몰르구, 못허구, 뭐구, 바루*, 받구*,
버리구, 벌찝이라구*, 벨루, 별루, 보구*, 보느냐구*, 뿌리구, 사간동이라구*,
사구*, 사람두*, 싸람두*, 사람들두, 살구*, 살:구*, 새루, 생각두*, 생각허구,
생기구, 서루, 서울루, 손으루, 쑤두(-을 수도), 쓰구, 시:구, 시굴, 시굴서, 시키
구, 식으루, 싫구, 아까두*, 아니구, 아니래두, 않구, 알구*, 알:구*, 애들두, 애
들허구, 얘기했지만두, 어디루, 어딜루, 어렵구, 업구, 업:구, 없구, 업:다구, 여
기두, 오구*, 오라구*, 오시구, 온다구*, 올라가구*, 요새루, 우리두, 이것두, 이
러구, 일굽, 일루, 있구, 있다구*, 있었구, 있었다구*, 자구*, 잡구*, 잡숫구, 저
것두, 저두, 제대루, 좋구*, 주구, 주루, 죽구, 죽이구, 지끔두, 지내구, 집두, 집
으루, 짓구, 짓:구, 차구*, 채:치구, 치구, 친척두, 크구, 타구*, 팔구*, 하구*, 하
나두*, 하:나두*, 하두*, 한다구*, 해놓구*, 해두, 해:두, 해:방대구, 해주구, 했
구, 했다구*, 했어두, 했었구, 허구, 허구선

1h. ㅐ > ㅔ
   데:게
1i. ㅔ > ㅣ
   [깝:디기(깝/껍데기)를], 우리집이서, 지가, 지:가
1j. 비어두 ㅗ > ㅡ
   [두둑늠], 이늠이, 일번늠들이, 일번늠이

2. 전설모음화

2a. ㅏ > ㅐ (모음상승; 움라우트, ㅣ 모음역행동화)
   갬치, 같애요, 겉애, 겉애요, 국민핵교, 대믄, 댕겨(당기어, 다니어), 댕겼어요,
   댕겼죠, 댕겼지, 댕겼어, 댕기구, 댕기는, 댕기는데, 댕기면섬, 댕기믄, 댕기지,
   댕긴, 댕길, 똑같애, 말하재믄, 맨드는, 맨든, 맨들구, 맨들어, 맨들어서, 맨들
   지, 맹길구, 맹길어서, 애기, 피:서래는, 해(<하여), 핵교, 핵교가, 핵교를, 헐래
   믄

2b. ㅓ>ㅔ(움라우트, ㅣ모음역행동화)

껍데기, 겟이(것이), 구뎅이를, 그겟이, 동세가, 말이에요, 멕여서, 밨에여, 밨에요, 분이에요, 없:었에요, 없에요, 없:에요, 있었에요, 있에야, 있에여, 있에요, 했에요, 했:에요

2c. ㅕ>ㅖ/ㅔ

계울에, 메누리, 메누리가, 메칠, 몣, [몣십만원], 벨, 벨루, [벨안간에], 아니에요, 엔:날에, [엘에섯에]

2d. 비어두 ㅜ>ㅣ

[깍디기], 때민에

2e. ㅡ>ㅣ

기냥, 기양, 없이니까, 없:이니까, 있이니까

2f. 비어두 ㅓ>ㅣ

거이, 영이정

3. 후설모음화

3a. 비어두 ㅣ>ㅜ

가주구

3b. 비어두 ㅣ>ㅡ

그르구

3c. ㅣ>ㅗ

초마저고리

3d. 비어두 ㅡ>ㅓ

사람덜이

3e. 비어두 ㅡ>ㅜ

[마눌]

3f. 비어두 ㅔ>ㅓ

몰르겄어, 인저

4. 축소사화

4a. ㅣ>ㅛ(축소사화, 후설모음화)

요, 요거, 요거는, 요건, 요걸, 요게, 요기가, 요런, 요렇게, 요렇:게, 요렇::게,
요룧게, 요만큼씩, 요만한, 요새도, 요새루

4b. ㅡ>ㅗ(축소사화, 후설모음화)

(그>)고, 고거(그것), 고걸, 고게, 고런, 고렇게, 고만

4c. ㅓ>ㅗ(축소사화, 모음상승)

고조(것이죠), 고기서; 쏠:매

4d. ㅕ>ㅛ(축소사화, 모음상승)

요기, 요기서

5. 모음하강

5a. ㅓ>ㅏ

[무서와서, 살탕, 한까번에]

5b. 비어두 ㅗ>ㅓ

일번늠들이

5c. 비어두 ㅛ>ㅕ

봤에여(봤어요), 아녜여, 있었어여, 있에여, 했어여

5d. 비어두 ㅡ>ㅏ

반::다시

5e. ㅣ>ㅐ

개왓장

5f. 비어두 ㅔ>ㅐ

[한태]

6. 이중모음화(되>돼 등)

돼거든, 돼고, 돼는, 돼는데, 돼니까, 돼면, 돼요, 됀, 됄, 됐느냐, 됐어, 됐지, 안
돼는, 안돼니까, 안됀다, 안됀다고;
[교홰는], 뫄:(모아)다, 셰, 아녜여(니어요), 왜:국어, 좨, 홰:사에

7. 단모음화

[게단, 게실], 에:전에, 엔:날

8. 비원순모음화

겡:장히(<굉), 구양을(<귀), [당체(<당최<당초에)], 머(<뭐<무엇), 머가, 머냐,
머냐면, 머냐믄, [머든지, 머라,] 머라구, 머야, [머해], 바서(<봐), 바서는, 바야
지, 봤드니, 봤에여, 봤에요, 봤지, 해:방대구(<되고)

〈표 4〉 자음 변화 규칙

9. 경음화(강화, (표준6장23-28항) 선행자음의 성격에 따라 세분할 수 있음.)

꺼, 꺼는, 꺼를, 껀, 껄, 동안, 미르꾸, 벌찝이라구, 부자찝, 빈짜, 싸람, 싸람두,
싸람들, 싸람들은, 싸람들이, 싸람은, 싸람이, 쪽에, 쑤, 쑤가, 쑤두(수도), 술찝,
숭짜, 열뚜, 오늘날꺼정, 위생쫘, 을찌로, 이:껏, 일때가, 일쩨, 쩍에, 쩍에는,
쩨, 쩨는, 쩬, 쪼끄만, 쪼끄말, 쪼:끄말, 조끔, 쪼금, 쪼끔, 쪼:끔, 쪼끔씩, 조짜,
쪽에, 쭐, 지끔, 지끔겉이, 지끔도, 지끔두, 지끔들은, 지끔으루, 지끔의, 지끔은,
처가찝이, 칠썹, 팔썹, 하루빰

10. 격음화(표준12항)

어트게

11. 유음화(표준20항)

말련(말년)에, 열레(열네), 월래(원래)는, 절라도(전라도)

12. ㄹ삽입(대부분 '르'변칙의 규칙화)^

걸루(것으로), [글루(거기로), 길를,] 날:더러, 달르죠, 달르지, 달른, [몰랐는데,
몰랐어,] 몰르겠어, 몰르겠어, 몰르구, 몰:르는, 몰르지, 몰:르지, 어딜루(어디
로), [흘르구]

13. ㄹ탈락^

녹번이(<리), 테(<텔)레비, 테레비에

14. ㄴ삽입(강화,(표준29항))

냥반은, 모냥, 인저(이제), 인제,
cf. 사이 ㅅ>ㄴ
[시백몬님, 시아번님, 아번님]

15. ㄴ탈락^

그렁(런), 기양(그냥)

16. ㄱ삽입^

겨울게, [뼉다귀가]

17. ㅁ첨가(강화)^

그때부텀, 다니면섬, [때부텀], 댕기면섬, 아범

18. ㅇ삽입(강화)^

그릉까, 그링까, 긍까, 낭:중에, 낭중에, 때꺼정, 오늘날꺼정,
cf. ㄴ>ㅇ/ㄱ(동화)
맹길구, 맹길어서, 항:국, 항국
ㅁ>ㅇ/ㄱ(동화)
낭:구(<남ㄱ), 당그지(<담그지)

19. 비음화＾

　　 엔:날에, 엔:날, 엔:날에, 엔:날에는, 엔:날엔

20. 어말자음 중화(표준4장, 특히 16항)

　　 꽃을, 꽃이

〈표 5〉 기타 규칙

21. 준말(약화)＾

가니깐(까는), 갖(가지)고, 걔(그 아이)가, 거긴(기에는), 거길(기를), 게(거기에, cf. 것이), 게(거기에)서, 그깐(까는), 그땐(때는), 그래(러/리하여)가지구, 그래(러/리 하여)도/두, 그래(러/리하여)서, 그래(러/리하여)요, 그래선(러/리하여서는), 그랬 (러/리하였)거든, 그랬(러/리하였)거든요, 그랬(러/리하였)는데, 그랬(러/리하였)는 지, 그랬(러/리하였)다고, 그랬(러/리하였)다구, 그랬(러/리하였)더니, 그랬(러/리 하였)어, 그랬(러/리하였)어요, 그랬(러/리하였)었는데, 그랬(러/리하였)었지, 그 랬죠(러/리하였지요), 그랬(러/리하였)지, 그러니깐(까는), 그러잖아(하지않), 그 러잖아요(하지않), 그러죠(그러하지요), 그러지(그러하지), 그런(러한), 그럼(러 면), 그렇죠(지요), 그르니깐(그러니까는), 그른까(그러니까), 　그른깐(그러니까 는), 그전엔(에는), 그러구선(고서는), 근데(그런데), 난(나는), 날(나를), 놓구선(서 는), 누군(구인)지, 당시엔(에는), 돌아가셨(시었)어요, 때려(리어), 땐(때는), 땐(때 인)데, 땜(때문)에, 댕겨(당기어), 댕겼(당기었)어, 돼(되어), 돼(되어)서, 되니깐(까 는), 런(려는), 　많:죠(지요), 말예(이어)요, 벅(부엌), 보니깐(까는), 봐(보아), 봐 (보아)야, 살았죠(지요), 아녜(니어)요, 애(아이)들두, 애(아이)들들이, 애:(아이)들 은, 애:(아이)들을, 애(아이)들허구, 안돼(되어), 애(이아이), 얘: (이야)기, 얘(이 야)기가, 얘(이야)기예요, 얘(이야)기했(하였)지만두, 얘(이야)기했(하였)듯이, 얘 길(이야기를), 어딜(디를), 여긴(기는), 여길(기를), 예:전엔(에는), 옛:날엔(에는),

와선(서는), 요새(사이), 요새(사이)는, 요새루(사이로), 우린(리는), 이런(러한), 이
젠(제는), 있긴(기는), 있었죠(지요), 있져(지어), 있죠(지요), 장:갈(가를), 저거해
(것하여), 전(저는), 쩬(제는), 젤(제일), 줘(주어)요, 즘(즈음), 해(하여), 해두(하여
도), 해(하여)라, 해(하여)서, 해(하여)서는, 해(하여)야지, 해(하여)여, 해(하여)요,
했(하였)기, 했(하였)는데, 했:(하였)는데, 했(하였)다가, 했(하였)다구, 했(하였)다
는, 했단(하였다는), 했(하였)드니, 했(하였)어, 했(하였)어두, 했어여(하였어요),
했:(하였)어요, 했(하였)었구, 했죠(하였지요), 했(하였)지만, 허구선(하고서는),
허긴(기는), 허니깐(하니까는), 허질(지를)

21a. ㅅ 탈락 및 모음탈락/축약 (것이 대부분)(약화)

거(것), 꺼(것), 거(것이)거든, 거(것이)고, 거(것이)구, 거는/건(것은), 거를(것을),
거(것이)야, 거(것이)에요, 거죠(것이지요), 거(것이)지, 건(것은), 껀(것은), 걸(것
을), 걸루(것으로), 게(것이), 고거(그것), 고걸(그것을), 고게(그것이), 고조(것이
지요), 그거(것), 그거는(것은), 그거를/그걸(것을), 그거(것이)야, 그거(것)에, 그
거(것이)지, 그건(것은), 그걸(것을), 그걸루(것으로), 그게(것이), 그래가지고선
(서는), 그런거(것), 그런건(것은),

아니래두(라해도), 요거(것), 요거는(것은), 요건(것은),

요걸(요것을), 요게(것이), 이거(것), 이거(것)는, 이거를(것을), 이거(것이)야, 이거
(것이)지, 이건(것은), 이걸(것을), 이게(것이), 저거(것), 저거(것)해, 저거(것)허지,
저거(것)헐, 저걸(것을), 하난(나는);

뭐(무엇), 뭐(무엇이)구, 뭐(무엇이)냐며는, 뭐:(무엇이)냐며는, 뭐(무엇이)니, 뭐
(무엇이)라, 뭐(무엇이)야, 뭘(무엇을), [뭔:(무엇인)지, 뭡:(무엇입)니까]

21b. ㅈ 탈락(약화)

밤나(낮)

21c. ㅎ 탈락 및 모음축약(약화)

놔(놓아), 놔(놓아)서, 놔(놓아)요, 너(넣어)서, 너:(넣어)서, 존(좋은), 즈이(저희)

21d. 1음절(이상) 내지 모음탈락(약화)

갖구(가지고), [그담에(다음), 그래갖고,] 그랬드니, [그니깐(그러하니까는)], 그
르구, 그르니까, 그르니깐, 그른까, 그른깐, 그른데, 그릉까, 그릏게, 그릏지, 그
래(러/리하여)두, 그러고/그러구/그르구(그러하고), 그러고는(그러하고는), 그러
냐구(그러하냐고), 그러는(그러하는), 그러는데(그러하는데), 그러드라구(그러하

드라고), 그러시는(그러하시는), 그럴까(그러하ㄹ까), 그렇구(그러하고), 그렇다
구(그러하다고), 그리구(그리하고), [그링깐(그러하니까는)], 긍까(그러하니까),
노나(노느어), 대:서(대어서), 댕겼(기었)어요, 들와서(들어와서), 뭐냐며는(무엇
이냐 하며는), 어디냐믄(어디냐하면), 어딨(디있)어, 왜그러냐믄(왜그러하냐하
면), 왜냐면(왜그러하냐하면), 왜냐믄(왜그러하냐하면), 이러구(이러하고), 어쩔
(어찌할);
그케(그렇게), 이케(이렇게), 재밌(미있)게, 재밌(미있)는, 츰(처음:충청-전라 방
언), 허짆(하지않)아, 허짆(하지않)아요,

22. 상투어구

가가지고, 가주구/가지구, 가지구서, 가주구선/가지구선/가주구서는, 가지구
설랑은[=(로)서], 갖구, 갖다/갖다가, 그래가지고, 그래가지구, 그래가지고는,
[그래가지고서], 그래가지고선, [그래갖고], 나와가지고, 말야/말이야, 어, 응,
있어가지고, 저거해, 저거헐
[저거해서, 저거허구, 저거허믄, 저거헌]

23. 기타

구녁이

　

위의 규칙들 중 비교적 뚜렷하게 서울말에서 많은 예들을 찾을 수 있는 것들은
다음과 같다. 진한 ( ) 속의 예는 많지 않은 경우를 가리킨다.

〈표 6〉규칙의 요약

1. 모음상승(상승의 정도가 대개 중모음화보다는 고모음화가 주종을 이루고; 결국 상승된 모음이 탈락까지 되기도 하는 약화의 과정을 밟는 것이다.)

    1a. ㅏ>ㅓ(이 예 중 모음부조화의 경우가 꽤 많다.)

    1d. ㅓ>ㅡ

    1e. ㅕ>ㅡ (y탈락이 함께 일어나는 면>믄/먼 등이 대부분이다.)

    1g. ㅗ>ㅜ (고>구가 대부분, 도>두, 로>루가 약간이며, 모음부조화의 경우가 꽤 많다.)

2. 전설모음화

    2a. ㅏ>ㅐ(모음상승이 동시에 되는 것이며; 움라우트, ㅣ모음역행동화라 하기도 한다.)

    2b. ㅓ>ㅔ(움라우트, ㅣ모음역행동화)

(3. 후설모음화)

4. 축소사화

    4a. ㅣ>ㅚ(축소사화와 동시에 후설모음화이기도 하다.)

(5. 모음하강)

6. 이중모음화(되>돼 등)

(7. 단모음화)

8. 비원순모음화

9. 경음화(강화의 한 과정이다.)
표준 발음법 6장 23-28항에 의거 선행자음의 성격에 따라 다음과 같이 세분할 수 있다.

1) 23-25장 선행 받침 ㄱ, ㄷ, ㅂ; ㄴ, ㅁ; ㄹㅂ, ㄹㅌ 뒤: 해당례 없음.

2) 한자어에서 ㄹ받침 뒤: 을찌로, 일때가, 일쩨, 칠씹, 팔씹

3) 27장 관형사형 -(으)ㄹ 뒤: 꺼, 꺼는, 꺼를, 껀, 껄, 동안, 싸람, 싸람두, 싸람들, 싸람들은, 싸람들이, 싸람은, 싸람이, 쏙에, 쑤, 쑤가, 쑤두(수도), 쩍에, 쩍에는, 쩨, 쩨는, 쩬, 쯕에, 쭐,

4) 표기상 사이시옷이 없더라도 그것이 내재해 있어야 할 합성어: 벌찝이라구, 부자찝, 빈짜, 술찝, 숭짜, 열뚜, (오늘날꺼정, 이:껏), 조짜, 위생꽈, 처가찝이, 하루뺨

5) 표준 발음법에 해당 조항이 없으나 어두/중 경음화/강화가 일어난 것: 쪼끄만, 쪼끄말, 쪼:끄말, 주끔, 쪼끔, 쪼끔, 쪼:끔, 쪼끔씩, (끼르꾸), 지끔, 지끔겉이, 지끔도, 지끔두, 지끔들은, 지끔으루, 지끔의, 지끔은

(10. 격음화)(표준12항)

(11. 유음화)(표준20항)

12. ㄹ삽입('르'변칙의 규칙화 현상으로 일어나는 ㄹ삽입은 '르'변칙의 규칙화에도 있다.)^, (13. ㄹ탈락)^: 표준 발음법이 해당되지 않는 것.

(14. ㄴ삽입(강화))(표준29항)

(15. ㄴ탈락), (16. ㄱ삽입), (17. ㅁ첨가(강화)), (18. ㅇ삽입(강화)),

(19. 비음화)^: 표준 발음법이 해당되지 않는 것.

(20. 어말자음 중화)(표준4장, 특히 16항)

1) 23-25장 선행 받침 ㄱ, ㄷ, ㅂ; ㄴ, ㅁ; ㄹㅂ, ㄹㅌ 뒤: 해당례 없음.

2) 한자어에서 ㄹ받침 뒤: 을찌로, 일때가, 일쩨, 칠씹, 팔씹

3) 27장 관형사형 -(으)ㄹ 뒤: 꺼, 꺼는, 꺼를, 껀, 껄, 동안, 싸람, 싸람두, 싸람

들, 싸람들은, 싸람들이, 싸람은, 싸람이, 쏙에, 쑤, 쑤가, 쑤두(수도), 쩍에,
쩍에는, 쩨, 쩨는, 쩬, 쪽에, 쫄,

　　4) 표기상 사이시옷이 없더라도 그것이 내재해 있어야 할 합성어: 벌찝이라
　　구, 부자찝, 빈짜, 술찝, 숭짜, 열뚜, (오늘날꺼정, 이:껏), 조짜, 위생꽈, 처가
　　찝이, 하루뺨

　　5) 표준 발음법에 해당 조항이 없으나 어두/중 경음화/강화가 일어난 것: 쪼
　　끄만, 쪼끄말, 쪼:끄말, 조끔, 쪼금, 쪼끔, 쪼:끔, 쪼끔씩, (미르꾸), 지끔, 지끔
　　겉이, 지끔도, 지끔두, 지끔들은, 지끔으루, 지끔의, 지끔은

(10. 격음화)(표준12항)

(11. 유음화)(표준20항)

12. ㄹ삽입('르'변칙의 규칙화 현상으로 일어나는 ㄹ삽입은 '르'변칙의 규칙화에도
　　있다.)^, (13. ㄹ탈락)^: 표준 발음법이 해당되지 않는 것.

(14. ㄴ삽입(강화))(표준29항)

(15. ㄴ탈락), (16. ㄱ삽입), (17. ㅁ첨가(강화)), (18. ㅇ삽입(강화)),

(19. 비음화)^: 표준 발음법이 해당되지 않는 것.

(20. 어말자음 중화)(표준4장, 특히 16항)

21. 준말(약화)^: 표준 발음법이 해당되지 않는 것.

　　21a. ㅅ탈락 및 모음탈락/축약 ('것'이 대부분의 예이며, 약화의 과정을 밟는 것
　　이다.)
　　21d. 1음절(이상) 내지 모음탈락(약화)

22. 상투어구(아래에 그 실례를 풀어 상론하겠음.)

III.

상투어구 '가지구, 말이야' 등에 숨어 있는
사실의 분석

III 상투어구 '가지구, 말이야' 등에 숨어 있는 사실의 분석

앞서 빈도수.hwp가 준비되었고, 또 hgrep으로 kwic 색인을 만들었다. 그 결과가 용례(가-하).hwp이며, 빈도순.hwp와 가나다순.hwp를 보다가 궁금한 사항을 쉽게 보도록 만든 것이다. 여기서 '가지고, 말이야' 등의 용법을 자세히 분석해 보고 그 가운데 상이한 용례들이 드러나는 새로운 사실을 보고할 것이다.

용례(가-하).hwp 파일에서 뽑아낸 상투어구 "가가지고, 가주구/가지구, 가지구서, 가주구선/가지구선/가주구서는, 가지구설랑은[=(로)서], 갖구, 갖다/갖다가, 그래가지고, 그래가지구, 그래가지고는, [그래가지고서], 그래가지고선, [그래갖고], 나와가지고; 말야/말이야; 머, 머냐, 무슨/무신, 뭐, 뭐냐, 뭘; 아, 어; 음; 응; 있어가지고; 저거, 저거해, 저거헐, [저거해서, 저거허구, 저거허믄, 저거헌], 저게, 그거, 그게, 이거, 이게"등은 흥미로운 대상이 아닐 수 없다.

중간에 { }으로 둘러싸인 부분이 해당 어절이다. cword와 hgrep의 어절 계산 방법이 약간 다르기 때문에 파일 끝에 표시된 어절 수는 차이가 있다. 띄어쓰기를 통일하여 표기하지 않았기 때문에 두 단어 이상의 단어가 한 어절로 처리된 경우가 많다. 전사 체계에 균질적이지 않은 부분이 눈에 띄며 통계낸 결과에 손 봐야 될 부분이 있지만, 이 정도로는 구어의 진경 자료로 이용할 수 있을지 여부를 의심할 필요가 없다.

1. 가지구 류(類)

우선 아래 보이는 "가지고/가지구(요)/가주고/가주구, 가지고는/가지구는/가주구는, 가지고도/가주구두, 가지고서/가지구서/가주구서, 가지고선/가지구선/가지구서는/가주구선(요)/가주구서는, 가지구설랑(은), 가지군, 갖고(는)/갖구, 갖기도, 갖다, 갖다가, 그래가지고/그래가지구, 그래가지고는, 그래가지고선" 등이 나오는 예에서 '가지고'등의 기능이 거의 보조적 또는 허사(虛辭)적인 경우, 즉 빼도 의미 변동이 크지 않은 경우는 '*가지고*'처럼 사체(斜體)로 표시하였다.

> 곁이 변또 싸서 가방 속에다 느: *{가지구}* 가는네 왜... 그거 들통 난 거라. 그런데 지

이 문장에서 느: *{가지구}* 는 '넣어서' 정도로 해석되겠으니, 뒤의 '*가지고*' 부분만은 '-서'의 역할이 되는 셈이다. 여기서 주목할 점은 흔히 '-어/아'가 선행하여 '-어/아 가지고'의 꼴로 쓰이며, '가지다'는 동작이나 상태를 그대로 지니고 있음을 나타내는 보조용언이라는 점이다. '-서'는 그대로 지속되고 있음을 뜻하는 점에서 일맥상통하는 것이다.

아래 문장에서는 소프트볼 *{가지구}* 의 사이에 생략된 목적격 '을'을 넣고 읽어야 할 것이며, '*가지고*' 부분은 '지니고 있음'으로 해석함이 가능하다.

> 응, 소프트볼. 소프트볼 *{가지구}* 뺏:으루 치지 않구 피차가 덩기면 손으루 쳐

대체로 *{가지구}* 앞에 '*그래*'나 '*이릏게, 이래*' 등을 붙이면, 특히 말을 해나가는 중간에 허사적으로 쓰인 듯이 해석된다.

> 것이 실:에 묻어. 그러믄 *그래 {가지구}* 그러믄 말려. 말리믄 실:이 아주 날카롭게 니까는 어떡하냐면 공을 *이릏게 {가지구}* 손을루 해서, 손으루 해서 이제 집어 늫는 구 거 복숭아뼈라는 게 *이릏게 {가지구}* 여기 새가 모두 있어. 일루 그 균이 들어가게 인제 그 제:방두 막구 *이래 {가지구}* 지끔은 안전허게 됐는데 그게 인제 제정 때

반면 '가지고' 등의 기능이 실사(實辭)인 경우, 즉 구체적 의미가 있는 경우는 '가지고'처럼 정체(正體)로 표시하면서 '持' 라는 의미를 행 끝에 붙였다. 예:

주구 강남 갈 꺼 겉으면, 한 평 {가지구} 세: 평, 네 평은 샀었는데.... 그리고 지끔　　持

이 실사/허사의 판단의 기준은 생략하면 뜻이 꽤 손상된다고 느껴지는 '주관적 생략 가능성'이기 때문에, 개인에 따라 약간의 차이는 있을 수 있으나 큰 문제가 될 일은 없을 것이다. 아래 몇 예들은 분석과정에서 흥미로운 면이 느껴진 것들로 빼고 읽어도 문제가 없으므로 일단 허사로 취급하였다.

거 어디서 이눔들이 나왔는지 {가지구} 그냥 막, 가심이다 대구 죽인다구 그러구 머 댕기시고 사람 또 둘: 은:어서 {가지구} 댕기시고 우리 이제 오빠가 통꾼인데, 작은 백편, 또 깨:편, 깨:를 실에 {가지구} 빠 가지구 인제 깨편을 허는데.. 그 깨편, :별에 그냥 개천에서 고기 잡아 {가지구선.} 그러니까는 지끔은 팬티라 그랬는데 팬티 헐:면 그 한옥을 갖다가 전부 {갖다가} 그 동네에다가 집촌으루 이렇게 새루 제 났

그러나 판단이 끝내 애매할 경우는 아래와 같이,

잘 살았이니까. 소위 고성댁 허 {가지구} 소위 인제 엔:날에 이:조 하:중 가까이 들어 (?)

(?)를 붙여서 판단을 유보한 경우도 있다.
그러면 가지구 류(類)의 실례를 '서울 토박이말 자료집'에 나오는 그대로 아래에 보이겠다.

네. 또, 넷:째도 고등학교 나와 {가주고} 지끔 저기, 공무원이에요. 공무원이고, 큰 근데 저는 없애 {가주구,} 고거 고대루, 어따가, 다시 복원을 해 났으서 가는데, 거적에다 둘둘 말아 {가주구,} 그 구뎅이 파 가주구 묻어버려요, 그러구, 가는 거야. 그 소집일이 있어 {가주구,} 그 때만 되면 불림 받아서 가는 거지. 육

수도. 곤중수도. 있어 {*가주구,*} 그 물 길른 옆에다가, 명절 때믄, 거기다가
거기다 철사 이렇게 비끄러 매 {*가주구,*} 그걸 인제 여기다 차구 댕겨요, 팔목에다가
어요, 이렇게 반곁이 구성을 해 {*가주구,*} 그날 그날에 내 생산, 그, 다, 그, 저게 있
인솔 돼 {*가주구,*} 그러니깐 십오일간을 걸었나 그래요... 아
배서 여덜 쌀꺼정 이: 년을 배: {*가주구,*} 글짜는 잘 몰라도 그 천자 한 권을 다: 외
그, 저 방:모에서 살다가 *그래* {*가주구,*} 내 친구가 인제, 저 성내라구 효자동 살든
그럼 나갔었지. *그래* {*가주구,*} 내가 유월, 유월딸에 결혼을 했는데 십이월
지방 싸람두 숭넬 내, 숭넬 내 {*가주구,*} 내가 토란을 사러 갔지마는, 끓여먹는 식을
낭:중에 남산을 점령을 못 해 {*가주구,*} 드러눠 있으니깐 냥, 오후쯤 되니까 남산을
:놓구, 뭐 그래서 그 안에 들어 {*가주구,*} 들어가서 그 안에 들어가서 먹을 꺼 많이
그것을 전부 거: 엿에다가 뭉쳐 {*가주구,*} 뭉쳐 *가주구* 이제 적당하니... 쓸:지.
그래 {*가주구,*} 뭐:를 하냐 허믄, 명주벨 짜요, 상주에서
처음으로 인제... 대통령을 해 {*가주구,*} 뭐가 뭔지, 팔썹 다 된 노인넬 앉혔으니 세
, 고 옆에 물은 흘르구, 빨래해 {*가주구,*} 바우에다 널어 노믄, 한 서너시간이믄 말러
떠 가주구 고거 옷 고대루 오려 {*가주구,*} 박아서 해 입히지. 우리, 애:들 길를 때,
케, 빠져 도망나왔구요, 도망가 {*가주구,*} 세검정 산 쪽에서 살었는데, 내가 왕:래를
거를 인제 쪼끔, 또 개화를 해 {*가주구,*} 십구공탄이 나온 거지 그러니까 편허잖어.
네, 괴뢰군, 들어와 {*가주구,*} 아주, 참혹두 볼 쑤가 없어, 그렇게 죽였어
니까 이 구뎅이를 팝시다 그래 {*가주구,*} 언: 땅이 잘 파지우? 그래 억::지루 그냥
바우. 그거 뜨듯해. 이렇게 돼 {*가주구,*} 여기 볼두 이렇게 썼어. 끈을 매니까. 방한
구 날뛰는데요, 못 봐요, *그래* {*가주구,*} 의장찝을 들어가 보니깐, 어, 어휴, 그냥
많았었어. 몇십년 전에. *그래* {*가주구,*} 인제 그 삼년상 날 쩨 대:상이라구 그러는
응, 그래 가지구, 와 {*가주구,*} 잠은 편히 자니깐 좋:드라구. 피란 나갈 때
데가 맨... 살쩜이 못:이 백여 {*가주구,*} 장:도리루 쳐두 안 아프대요. 그런 거 보구
, 이제 백구리 있는데서 더 가 {*가주구,*} 저 성:당묘에, 장:인 어른이 거기다 묘를
이 되니까 나보구 오라구 *그래* {*가주구,*} 정씨하구 내허구 갔지, 가서 일허니깐, 전:
네, *그래* {*가주구,*} 즈이 동네, 내가 요기서 살 때, 뭐:나며는,
잖어. 인제, 거기두 그래, *그래* {*가주구,*} 쪼:끔 대우가 괜찮은 쪽에 있었어. 거기는
가서 타, 그때는 차장이 있어 {*가주구,*} 차표를 구녁을 뚫어주는데, 차장이 댕겼었
게, 육이오때, 개네들이 들어와 {*가주구,*} 참::, 그, 계곡에다가, 산, 그 골짜기에다
은사람 보내믄섬, 거기다 추려 {*가주구,*} 현:역으루 또 보내구, 그랬죠, 그래서 끄트

피잖아요, 향나무, 그 향 깎아 {가주구...} 여 : 깎아서, 깎아서 해요.
루에 한 번두 갈 쑤 있구. 그래 {가주구..} 구경허구, 거 머, 눈치 바서 또 머:, 심:
사남매 이렇게 싸줘요, 맨들어 {가주구.} 그러구 여직껏, 꼬치장 된장, 꼬추까루 ,
, 밀싹 내서 말린 거 그거 같아 {가주구.} 그걸 미지근헌 물에다가 인제, 우리면은 뿌
루믄, 또 나는 이, 피부가 그래 {가주구} 가려와요. 그러니까, 그거를 저 삶어 가주구
　　있구. 안 받을 때는 꼭 돈:을 {가주구} 가서 당신 나보구 을:마 내라구 하는데 이거 持
장 못 타구 갔어요, 개가. 그래 {가주구} 가서는 미국 가서 공부해 가주구 석사학윈[ü
신체가 피를 흘리구 골이 깨져 {가주구} 갔으니 즈 어머니가 얼마나 곡통을 하까 그
했지. 벌써 그때, 여기껄 팔아 {가주구} 강남 갈 꺼걸으면, 한 평 가지구 세: 평, 네
얼어붙었어. 그러믄 위에서 깨 {가주구} 갖다 디어서 먹고 옛날에두.　싸지, 싸. 인
　　암:: 있었구. 그럼. 그래 {가주구} 개천에다 뿌리구 강에다, 산에다두 뿌리구.
나가서. 열 몇살 쩨 시합 나가 {가주구} 개네들허구 시합두 허구 그랬지. 옛:날에는
이는 토막 쳐 가지구 요릏게 해 {가주구} 거기다 발러서 자꾸 디집으며 궈:요. 그래서
걸 전부 절구에다 너서 깨트려 {가주구} 거기다 설탕물을 좀 뿌려 노면 인제 불어요.
허구 애:교를 녹혀... 저, 끓여 {가주구} 거기다가 저 이, 새금파리 있잖어? 저 사기
이 있으니까 좋:더라구 밥을 해 {가주구} 거기다가, 그 물을 너:서 식혀 그러믄 이렇
　　졸아요. 조리는 거예요. 그래 {가주구} 건 갖인 양념, 고기 양념허듯 해 가주구서는
지. 신문지 겉은 거래두, 본떠 {가주구} 고거 옷 고대루 오려 가주구, 박아서 해 입
젓, 황새기젓. 황새기젓을 당궈 {가주구} 고기는, 황새기 큰 거는 김치에 늫구 따루,
기 청년단에 있었으닌간, 그래 {가주구} 그 당시에, 그, 누가 으장을 했었냐며는, 신
있구 그런데 그냥 허자구 그래 {가주구} 그 때 헌 거야. 다시 안 한다구 그랬다가 그
제, 그거를 다 나올 때꺼정 해 {가주구} 그 물을 인제 가라 앉히면은 밑에 앙금이 허
을 친단 말야, 고::께... 그래 {가주구} 그 애교허구 고 부레허고 합쳐서 끓인데다
　　　　　그래 {가주ㄱ} 그 이듬해, 추석두 시:구, 저거허는데, 그때
　　　　　그래 {가주구} 그 풍선과 겉이 매달아 났어요, 공중에다.
통. 배:추 이런 거 백통. 그래 {가주구} 그거 계속해서 그거 먹지 뭐. 그건 날이 추
라요. 인제 다듬어 가주구 짤라 {가주구} 그거, 김치 허는 속:에다, 비싸니까, 그섯두
제 그때는 인제 그 분탄이 나와 {가주구} 그거루 피어서 밥을 해 먹었다구 그니까, 그
김장을 해두 무:를 시루에다 쪄 {가주구} 그거를 깍뒤기를 담그구 김치를 당거 그래서
고롷게 해:서는 삼삼::허게 해 {가주구} 그걸 또 그릏게 조려요. 조리믄 그게 또 고
. 그러구 다: 지내믄 그거 헐어 {가주구} 그냥 대접 허는 거야. 그럼 이제 술 자:시구

게 떠서 호박 잎사기 꾹꾹 눌러 {가주구} 그냥 줘요. 그릇이 없이니까. 그릏게 살기가
저 사기 그릇. 깨:진 것을 빻: {가주구} 그늠을 친단 말야, 고::께... 그래 가주구
　그게 다 그 사람 이름을 번떠 {가주구} 그대루 써먹는 거에요. 내 이름은 그대루 두
구:경허고, 그때 그랬지. 그래 {가주구} 그때 전:차 타기가 또 심 들었어요. 전:차가
, 그 군대 안에서두 폭동이 나 {가주구} 그랬다 그래서, 그걸 염:려를 했지. 그랬는
인천에, 인천에 상륙했다 그래 {가주구} 그런가보다, 지 그 당시에, 매부 되는 사람
네 꺼냐 내 꺼냐 다:: 때려부숴 {가주구} 그렇게 해 논 거예요. 　그 앞, 사:직대문 앞
시구 생활아부지 기시죠. 그래 {가주구} 그리루 내려오시기 때민에 저 충청두 청양..
다가 소금을 살짝 뿌레요. 그래 {가주구} 꼭: 짜요. 꼭 짜서는 인제 물기가 없:이 짜
을 맡구, 일허는데서 호명을 해 {가주구} 나가라구 그래서, 야, 벌부터는 나가지 말자
장난을 여기서, 운동장두, 그래 {가주구} 나무가 이런 나무가 막 이렇게, 　저 집을 저
세: 가마에 뭐 옷:에 뭣:에 쳐 {가주구} 나오구, 그래서 마:차가 가면 그제 굳었나보
:다랗구 좀 넓어. 대낄루 질러 {가주구} 나오드니 이 신체들을 널빤지에다 올려놔:
고맙다구... 그래 차:장을 불러 {가주구} 난 이것 땜에 술 먹으믄 안 돼, 그르니깐 느
어서 거:다, 그 물을 인제 따라 {가주구} 날루 먹는 사람두 있는데, 설탕 늫구, 그 물
썩은 살이 다: 빠져나가. 그래 {가주구} 났:어. 응, 은인인데, 그 사람을 찾을 또리
, 산:자, 무슨 뭐 잣:, 호두 까 {가주구} 다... 응, 쌓:는 거. 그거 꼼:질이라구 그러
따우 행동이 어딨니? 그냥 그래 {가주구} 다리 걸어놓구 볼기짱 내놔라 그르구 훔쳐
질을 했냐먼, 뒤:루 사람을 놔 {가주구} 대:원군이 이 계혹을 전부 했다는 증언을 해
그렇게 잘하드니 이 동네, 그래 {가주구} 데리구만 오면 너 어저께 부모헌테 그따우
터는 나가지 말자, 튀자, 그래 {가주구} 도루 튀었다구요, 친구들이, 해가지구, 뭐
을 변또에... 소위 변또라구 해 {가주구} 도시락을 가지구 댕겼어요. 그런데 그 사람
래 가주구 뭘 좀 했는데 실패해 {가주구} 마음이 좀 저거해서 여기 으르신네 돌아가시
소금 치구 설땅 치구 인제 그래 {가주구} 맛을 바서 맛있으믄[마시쓰믄] 난 그거 맛있
이 가:에다가 저 이, 칠을 해 {가주구} 모냥 맨든 거, 이 허리둥이라구 그러는 거야
한:국에 유림에 대표야. 그래 {가주구} 무슨 일을 허셨냐며는 이왕직에서 이:조 실
둘 말아 가주구, 그 구뎅이 파 {가주구} 묻어버려요, 그러구 끝나는 거예요. 　그렇죠
저거허지 않아요, 시간을 맞춰 {가주구} 물장사가 물꼬동 가지구 돈 받구 인제, 뭐
장에서 크:게 장사허다가 그래 {가주구} 뭘 좀 했는데 실패해 가주구 마음이 좀 저거
　그런데 인제 그렇게 해 {가주구} 방 쏙에 그 여덜 명 다:: 실어다 주구 나니
면서 지가 다:: 모두 점령을 해 {가주구} 부:교장이면 원교장 썬생님에 시키는 대루

건:물이 큰 게 읎었어요. 그래 {가주구} 비가 오며는 하천두 복기 안 허구, 옛:날에.
람이 거기다 모:셔 논다. 그래 {가주구} 사진 거기다 놓구, 향, 초때, 초, 향뿔 켜놓
겨서 그거 저기 쌀뜬물에 삶어 {가주구} 삶어버리믄 그 꺼룩헌, 그게 다 나온다구.
주구 가서는 미국 가서 공부해 {가주구} 석사학윈[ü] 둘:을 받구 박사학윈 하날 받고
힘들어. 없을꺼야. 연:애 걸어 {가주구} 시집 장가 간대는 것이. 우리 나이가 그저
싸람만 전부 조:사를 해서 추려 {가주구} 시청에서 인제 열람을 허는데, 사:람... 서
, 그거를 우리가 다시 저거 해 {가주구} 신고를 허니깐요, 관에서 뭐 이런 경:찰이구
요. 그러니까, 그거를 저 삶어 {가주구} 쌀뜨물에 삶어서 버린다구 그, 꺼:룩헌 게
그, 청소허는데 그걸 다 끌어내 {가주구} 아이들이 장난해 없:애 버렸어. 그래 내가..
게 이제 그 가을버텀 시작을 해 {가주구} 아주 춘: 때는 너머 추:니까 못 나가고, 가
할래며는 거냥 또 방 하나 얻어 {가주구} 아파뜨루 이사 나가구   을마나 자유스러:?
가주구 허면, 내가, 내가 헌 걸 {가주구} 얘기허니까는, 비가 오면 가서 고길 잡으러
많았어. 경장히 많었는데, 그래 {가주구} 열따섯에 내가 장:갈 들었거던. 국민핵교 오
뜨 가 살던 사람들이 많아, 사 {가주구} 오는데 거기는 문을 열어 노며는 먼지가 뽀
다 팔어, 너 돈: 업:잖어 팔어 {가주구} 와라, 그러드라구요. 그거 보구 참 아이고..
거. 요새 그거를 그렇게 쏠:어 {가주구} 요거를 갖다가 소금을 살짝 뿌레요. 그래 가
지구 요렇게 요렇게 다지구 해 {가주구} 요렇게 쏠:어요. 썰어서 여기 움파 하나 여
구 밧:줄 겉은 걸루 튼튼히 해 {가주구} 우물 거.. 이릏게 나온 구덕있잖어요? 거기다
땅허구 저기 머야. 간장허구 해 {가주구} 유장을 발르믄 어:떤 구이나 어디든지 굽:는
활 필수품을 그... 종을 맨들어 {가주구} 육백 가지를 거다 다:: 넣었에요. 허다 못해
가 집이 상::당히 적었어. 그래 {가주구} 으르신네가 공무원으루 계:셨었거든. 공무원
는 그건 이렇게 이렇게 맨들어 {가주구} 이릏::게 하나만 하는 거야. 그러구 여기 하
           그래 {가주구} 이제 굄:질 채려놓은 거, 돌아가신 분 잡수
 : 엿에나가 뭉쳐 가주구, 뭉처 {가주구} 이제 적당하니... 쏠:지.
데루 내:보내고 나만 끌어 들여 {가주구} 인제 오후 두시꺼정 오래서 두시에 갔는데
본, 뭐 본두, 자기가 치수 재: {가주구} 재단을 해야지 애들 꺼, 헐래면은 이제, 기
복이지 그지 상복. 그런데 그걸 {가주구} 저 이제 베루 맹길잖어? 아, 그럼. 이제 그
           서울서들은, 그거 색혀 {가주구} 저, 설탕물에 타서 먹지 근데, 시굴서는.. 그
, 약물이 많::아 저기가. 그래 {가주구} 저:: 꼭대기 올라가믄 약수터가 있어. 아침
           그전에는 떡을 해 {가주구} 전부 빌:러먹어. 지끔은 안 해. 응.
아들이 대:개 부모 제:살 모셔 {가주구} 전부, 형제들이 모여서 이렇게 했잖어? 지끔

를 입학을 시켜준 거에요. 그래 *{가주구}* 졸업을 했지. 갈 쩬 끌:구 가구 인제 학생들
전에는 거기가 밭이에요. 그래 *{가주구}* 중국 싸람, 일본 싸람이 와서 밫을 허구, 그
뭐 후유꼬... 이런 걸 죄다 해: *{가주구}* 지끔 영자, 춘자, 뭐 화자... 이런 게 그게
짤라요. 인제 다듬어 *{가주구}* 짤라 가주구 그거, 김치 허는 속:에다, 비싸
그때두 계:급 차이가 있어 *{가주구}* 쪼:끔 이렇게 지식 계층에 있는 사람은 인제
. 육백명에 내 한 사람이 뽑혀 *{가주구}* 타임 캡슐 매설장에 내가 당:선이 됐었어요.
지가 상당히 오래 됐는데. 그래 *{가주구}* 피:란을 가다 으르신네가 가는 대루, 여기서
으루 기:셨었는데 육이오가 나 *{가주구}* 피란을 갔지. 그래가주고 우리집만 이 동네
, 안씨허구 한태, 여기서 걸어 *{가주구}* 한산도 섬 있죠, 아세요, 한산도? 그 통영,
떡허느냐며는 양:쪽에서 얼:렐 *{가주구}* 한쪽 실:을 이쪽 얼:레루 욍겨 감는단 말야,
그거 또, 맡어 *{가주구}* 허는 사람이 있지. 관리허는 사람이 있어.
복기 안 허구, 옛:날에. 그래 *{가주구}* 허면, 내가, 내가 헌 걸 가주구 얘기허니까
모부님은 또 남영 군수를 지:내 *{가주구}* 호조판서를 허셨어. 우리 아버님은 탁지부
대:추 모양으루 맨들어요. 그래 *{가주구는}* 고 속에다는 잣: 하날 박구 요그다는 인제
거기 많::이, 김영삼이가 앉어 *{가주구는}* 많이 완화가 됐어요, 웬만한 건 다, 네,
가주구두 팟을 삶어서 밥을 해 *{가주구두}* 그 밥을 주발에다 퍼 가지구 화:루에다 묻
야. 그런데 곱돌솥에다 밥을 해 *{가주구두}* 팟을 삶어서 밥을 해 가주구두 그 밥을 주
타는데 어떤 사람은 복권을 타 *{가주구서}* 가다가 심장마비 일으켜서 죽었다구 그런
런데 지끔은 자꾸 세월이 흘러 *{가주구서}* 자꾸 세:상 떠나구, 나이들이 먹으니까.
레 살에 했어요. 열레 살에 해 *{가주구서는... 어유}* 너머 일르죠. 그런데 그때는 우
갖인 양념, 고기 양념허듯 해 *{가주구서는..}* 고치장 볶는 건 따루 이렇게 고치장은
다가 인제 국 국물을 버서 해: *{가주구서는}* 거기서 인제 풍로루 해서 이렇게 해서
. 잣:두 들어가는데 그릏게 해 *{가주구서는}* 고기를 볶을 쩍에 마눌, 파: 그렁 거는
포육. 그거는 고기를 포:를 떠 *{가주구서는}* 말:릴 쩍에 간장에다가 기름허구 설땅허
이런 양:푼에다 싸대. 싸 *{가주구서는}* 매: 가주구서는 우이를 물에 닿:지 않게
갖다 그렇게 다져서 양:념을 해 *{가주구서는}* 양념해서 허는 게 아니라 기름허구 설땅
에다 싸대. 싸 가주구서는 매: *{가주구서는}* 우이를 물에 닿:지 않게 우이루다 이렇
:아요? 있어요 어디? 그러믄 싸 *{가주구서는}* 이런 데다 해 가지구 우:물에다가 매:달
. 그 깨편, 또 두텁편, 팥 볶아 *{가주구서는}* 허는 거, 거기 양념 들어가는 게 굉:장
인제 가을에 무:를 갖다가 그래 *{가주구선..}* 응, 해보셔 그거. 요새 그거를 그릏게
나온 구덕있잖어요? 거기다 해 *{가주구선}* 거기 아:이들두 못 가게 허시대요. 며칠

설땅허고 간장 쪼끔쳐선 주물러 {가주구선} 그걸 맨드는데 맨들을 쩍에 육조란이라구
지내구 허는데 그거 혼자 해: {가주구선} 그때 냉:장고나 그릏게 많:아요? 있어요
서...또 허구 그랬지. 응. 그래 {가주구선} 그때 당시에 인제 그래 가주구선 인제, 그
슬허는 사람들 그 벼슬 과가해 {가주구선} 벼슬해서 인제 봉:조화루다 물러앉을 때까
지 허믄 그거 가지쑤를 죄: 해 {가주구선} 사돈집이나 딸에 사돈집이나 메눌애 사돈
시죠? 어란을 이릏게 놓구 그래 {가주구선} 요거는 마:치구선 요: 위다가 육조란을 맨
:가 물르믄 맛이 없:에여. 그래 {가주구선} 이걸 한데 넣:가지구 기름 치구 꽤소금 치
주구선 그때 당시에 인제 그래 {가주구선} 인제, 그땐, 지끔은 순경을 무섭지 않지만
서 그걸 놓구 그 고기를 다져 {가주구선} 후추까루, 간장 쪼끔 치구 그러구 거기는

니라 자기 그 점수에 맞춰 들와 {가지고}(웃음) 그 학사 저기 학위 받기 위해서들 들
좨 뜯어서 이릏게 홀:을 만들어 {가지고,} 미군들이 땐:스홀을 만들어서 살:구, 그런
낫:는 병 같으면 괜찮은데 이거 {가지고,} 이 약품 가지군 안됀다 허며는 다른 걸루 持
똑바로 간다고 그러다가 떨어져 {가지고...}(웃음) 그래가지고 그 개천에 빠:져서 그
어. 또 그 해에 처음으로 생겨 {가지고...} 그래가지고 그 자격을 얻:으니까 이제 전
었어 이릏:게. 그런 패스포트를 {가지고...} 그러니깐 나는 편히 있었죠. 저기 그 남 持
:건 그냥 서루 보구 사진 한 장 {가지고...} 내 사진 가주 가서 거기서 보구 장가 들 持
없겠구나. (웃음) 다 잊어버려 {가지고...} 아, 있지. 이제 기록을 보면 있지.   팽이
: 깨가지고 가는 애하고 세: 개 {가지고} 가는 애하고 당해여? 그거 즈이 편... 많이 持
　　그르니까 걸 일일이 쪼개 {가지고} 가늘게 깎어, 가::늘게. 대:개 그게 이제 그
준단 말이야. 그런데 금을 해: {가지고} 가서 나중에 보면 다른 사람 가게에서 한 거
이오때 가믄 그런 거부텀 챙개 {가지고} 가야 허는데, 자기 남편이 공주군수헐 때 훈
큰:아들에 아들들이 다 장:성해 {가지고} 고:것들이 저릏게 아이들을 해서 증손자덜을
는 독기라고 하까? 그거 하나만 {가지고} 그 사람을 상대를 했다고. 그래 나중에는 그 持
거기 가든 길에 거길 내려서 가 {가지고} 그 한:옥집을 구경을 좀 어떤 분 보고 소개
을 갖다가 내가 이릏게 전수해 {가지고} 그걸 이릏게 보관 못 해서 잘해 드리지는 못
그런 거 머 다 해서 싸구 그래 {가지고} 그게 함 쌍이구, 또 몸종으루다가 하나 따라
다가두 그냥 사람 하나 탁 넘어 {가지고} 그냥 쿼 차고 이런 것 보면 막 신기하고 이
　　안쨈쟁이라는 거는 인제 멀 {가지고} 그러냐문 이제 행랑 아범 있져, 어멈 있져, 持
가지고 학교공부 해야겠다는 뜻 {가지고} 내가 공부를 안 했으니까... 그해 오십사:년 持
. 그래서 거기에 쥐:미가 붙어 {가지고} 내가 또 그거에 치미가 붙어서 그래서 인제

는 해얘지. 그래서 지끔 소송돼 {가지고} 대:개 의사들이 많:이 저거 하는 거는 체질
은:제 숯을 펴서 그걸 느:[=넣어] {가지고} 대림질을 해요. 옛날엔 숯불 대리미거덩. (?)
세: 필이 있어서 오빠 또 하나 {가지고} 댕기시고 사람 또 둘: 을:어서 가지구 댕기 持
피두 들구, 우:유두 들구. 그래 {가지고} 도마도, 그전엔 몰랐어여. 그래, 내가 지끔
똥안 재:를 맸었어요 재:를 마: {가지고} 동:네 이름을 이거를 다 전부..어 [=모아](?)
. 그것도 수명이 있으니까 그거 {가지고} 또 빼:애 돼는데 빼:질 못하니까. 그런 거구 持
잘 못해. (웃음) 기력이 읎:어 {가지고} 말도 잘 못해. 국민학교 창동 국민학교일
분 한 분 끼어 가지구서. 그래 {가지고} 문헌 조사를 거.. 지끔 봉:화, 경북 봉:화에
그러니깐 치:꽈에 의료보험제가 {가지고} 발치하는데 내가 이걸 꼭: 해가지고 어트게 持
제 나가서 벌:어오능 것, 그거 {가지고} 식구가 많:으니까는 먹고 살기가 힘들더라고 持
아요, 그 때는. 이렇게 또 해: {가지고} 실껏 태엽이 풀어지면 에이하고 나가는 것
었어요. 그래가지고 그게 잘돼 {가지고} 아주 그냥, 돈:을 잘 버:셨다고 그르더라고
서… 그때. 그게 있었고, 그래 {가지고} 에, 서울 수복, 아니 저, 대한민국 수립이
이 개는 왜 맨:날 도시락을 안 {가지고} 오느냐구. 그 때는 벤:또죠. 일번 선생이, 持
라고, “나는 이제 오:는 차비만 {가지고} 온 사람이기 때문에 어디 갈 수도 없습니다, 持
비오는 날이면 영낙없이 우산을 {가지고} 온단 말이야, 그이가. 그러다 인제 선생님이 持
만큼씩 짤라 가지구 전:부 꼬매 {가지고} 요기다 요릏게 해 가지구 고 모냥으루 요걸
도 그려줘 그러구 그거 또 놔: {가지고} 요릏게 해가지고. 그 가방 매일 빨어야지,
제가 커요. 의료업자들 힘:들어 {가지고} 이게 읎:을 때는 돈만 받으면 됐거든. 그러
말랑말랑한 공이 있어요. 공: {가지고} 이렇게 손으로 탁 쳐서, 소위 야:구식으로. 持
이거는 뭐 어떻게 주문 만들어 {가지고} 이렇게 하고. 연두 사구, 물론 이렇게 정:년
아버지요? 어 쉽게 말해서 돈: {가지고} 이렇게 하신 분인데, 성격은 겡:장히 꼬장꼬 持
교, 애교 묻혀서… 아교 묻혀 {가지고} 이렇게 해서… 그거 얼:른다 그러나? 잊어
데 이제 그 담에 한국통신이 와 {가지고} 있다가 이번에 진: 거야. 이 동네가 건:물이
거든. 생사여탈권을 그 양반이 {가지고} 있으니까. 그래서 제가 들어가가지고서 어.. 持
끔 말로 해서. 빵:떡을 이릏:게 {가지고} 있으믄 우리 어빠가 밤낮, “야, 봉학아. 이 持!
걸 해:줬는데 이 사람이 이걸 {가지고} 제대로 썼느냐? 그렇지 않으면 이게 올:마나 持
눔들이 그 책을 갖다가, 아… {가지고} 지끔 일본에 어디 숨겨났다던지 그렇다 그러 (?)
즌:철이 생겨서. 츰:[처음] 가 {가지고} 지끔 한 사:년 됐나? 들어간지. 그런데 인젠
필, 연필들 이렇게 자기가 걸어 {가지고} 한사람씩 두: 자루씩, 세: 자루씩 걸어서 이
만일 몇 십 만원 짜리를 사딜여 {가지고} 허게 돼며는 그만큼 받아야 돼는데 안돼니까

데두. 그래가지고서 서울에 와 {가지고는} 계속 서울에서 장사를 하고 지끔은 이제　持
그거 이제 이렇게 던지고 세 개 {가지고도} 이렇게 하고... 뭐 공기 못하는 사람이 그　持
전:부 저걸 해가지고서, 골라 {가지고서,} 선탄을 잘 해가지고서는 일본에다 수출하
일하구서 술 한잔 먹고 거나:해 {가지고서} 사택으로, 그 때 사택있는 데는 거기도 아
. 그런데 그 학교가 확장이 데 {가지고서} 지끔의 대흥동, 창천동. 응, 거기 창천 국
구 이:명학 대:위 아:냐구 그래 {가지고선,} 그 땐 오빠가 대:위였었다구, 대:위 아:
안가고선 먼저 살:든 집이 헐려 {가지고선} 아파트가 십일 층이 됐:다는데, 그걸...
렀어. 첨:에. 그래 가지구 바꿔 {가지구,} 그래, 바꺼 가지구 저거했어. 그래, 하두
서울 쌍안에두 눈이 많:이 와 {가지구,} 쏠:매, 썰매. 쏠매, 그 저 눈이 많:은, 눈
갔다가, 나오믄 도로 튀어 내려 {가지구,} 여 : 그러니까 한 삼십년 넘었죠 아버지.
아 놓구, 그, 살탕을 인제 녹여 {가지구,} 거, 저, 띠:기두 허구, 별:두 그리구, 머
었어. 개허구 또 새겼지. 새겨 {가지구,} 거기 낙산에 거, 이:북 사람들이 많:이 살
왔었지. 게, 모래 사장이 있어 {가지구,} 거기서 그때 에, 공치기들을 많:이 했지,
교통은 좋지 않았어여... 그래 {가지구,} 그 이, 인제 그, 정월 명절 끝나구, 그때
그래, 해:방대구 그게 없:어져 {가지구,} 그 해에 지나가드라구, 그게. 들어가 가지
구, 게, 미:국 사람 차가 있어 {가지구,} 그거 눌려 가지구, 봄에 그, 전:차가 그,
해서 이렇게 개, 알탄을 맹길어 {가지구,} 그거루 인제 쏘시개를 해서, 불을 펴:서 밥
뒤루 포성을 쳐 가지구, 쭉 져 {가지구,} 그냥 따발총을 쐬죽였어요, 어떤 데, 그 여
고쳤지. 그래 가지구, 눈:이 와 {가지구,} 그때 거, 시굴섬은 철기 따라서 저, 먹는
동:네 싸람한테 싸구려루 팔아 {가지구,} 그때 그 소방소들, 을찌소방서 그, 기:금을
. 그때는 우리 단 음식이 없:어 {가지구,} 그때 당시에, 그거 사먹었어요. 응, 그땐
. 그때 그른 일이 있었지. 그래 {가지구,} 그때 우리 나이 인제, 저거헐 때두, 다마
여러가지가 있었는데... 그래 {가지구,} 그때는 만:하 사서 바이지, 만:하 까게기
, 으:른들두 했어, 그때. 그래 {가지구,} 그땐 세 공징이 인제 가:동이 대 가지구,
영:등포가 인제 공읍 지대루 돼 {가지구,} 그래 저거럴 인:구가 나가 가지구, 인:구가
들어 놓구 총쏘리가 경:장히 나 {가지구,} 그래, 서울 싸람들, 그때 거 통반으루 동네
농살 져 가지구 아:무것두 몰라 {가지구,} 그런 사람덜이 내가 볼 쩬 한 오십프로 이
기울기면 에, 시굴서 꽁: 잡어 {가지구,} 꽁:고기 파는 게 많았었어요. 그르구, 그
그 교수님한테 이제 애:기를 해 {가지구,} 난 도저히 이런 짓은 난 못하겠다고 이제
두: 번. 거, 살믄서 그때 친해 {가지구,} 남자끼리 친했는데, 저녁 먹구 가라구래서,
내 친구 시켜서, 중국애 시켜 {가지구,} 너, 십원 줄텐까 너 만:하 훔쳐 가지구 오

은 잘 치뤘어여, 그래두. *그래 {가지구,}* 눈:이 와 가지구 전:차가 못 대녔어, 눈:

않어서, 내가 못 고쳤지. *그래 {가지구,}* 눈:이 와 가지구, 그때 거, 시굴섬은 철기

구 인제, 그거해 가지구 저거해 *{가지구,}* 딱지두 나오구, 그때는 만하, 일번말루는

돈: 주구 봄에 인제, 저거 대 *{가지구,}* 머, 행사두 많:이 허구, 머, 쌈:두 많:이

군수물품, 요, 상자에다가 담아 *{가지구,}* 메칠씩 먹는 거, 야:전용 거, 저, 포위대거

구선, 종이루 신문지를 맨들어 *{가지구,}* 모자를 맨들어 가지구, 할로모자라구선 맨

제 공장이 인제 가:동이 대[돼] *{가지구,}* 미르꾸라구, 미르꾸가 인제 생겨 가지구,

저기 허는데, 거기서 하루빰 자 *{가지구,}* 보니깐, 이:십팔일랄 인민군이 점령헌 거야

차가 있어 가지구, 그거 눌려 *{가지구,}* 봄에 그, 전:차가 그, 녹아 가지구 댕기는

었어요. 그, 만:하까게가 없:어 *{가지구,}* 사서 보구선 그 번갈아, 그 만:하가 비싸니

거 섞어 먹는 건데, 그걸 몰:라 *{가지구,}* 살탕만 뚝 빼먹구. (웃음) 커피 버렸어. 참

트게 쌓느냐면 그냥 푹:: 뿌려 *{가지구,}* 삼무리 뿌려 가지구 이렇게 쭉::쭉 하믄 세

이렇게 네: 채가 그렇게 있어 *{가지구,}* 삼십일번지는 항상 사랑으루 인저 개방해서

그때 당시에 극장이 많:지 않어 *{가지구,}* 싸구려 극장 그, 가:설, 저, 핵교 근처에다

냥, 그:것 때문에 그냥, 저거해 *{가지구,}* 썩:구 그런 건 업:지만, 그거 그냥, 그이까

재국민핵교가 미:군부대가 있어 *{가지구,}* 어트거든지 좀 똑똑허고 가:장 노릇 헐려믄

당시에. 그래 가지구, 읎:어져 *{가지구,}* 에, 그 이듬해 인제, 무슨 청년단, 무슨 청

구 우리 아부지 비:단 구두 사 *{가지구,}* 에, 그르구 인제, 산에서 부:는 나무, 시

기로 맨든 방. 응. 그거. *그래 {가지구,}* 여름에는 저거허구, 거기두 그 이:가 끼구

응, *그래 {가지구,}* 와 가주구, 잠은 편히 자니간 좋:드라구.

응, *그래 {가지구,}* 왜정 시대엔 토행금지가 읎:었어여. 그래

사번 한 이:십번꺼정 남바 매겨 *{가지구,}* 요기다가 깐수메 놓구 이렇게 놓구선, 그

가 많:았어 그때 당시에. *그래 {가지구,}* 읎:어져 가지구, 에, 그 이듬해 인제, 무슨

그래 {가지구,} 이: 년 있다가 그 설:날을 인제 셨:는데,

밖에 없:었어, 그때 당시. *그래 {가지구,}* 이:북 사람들이 들어와 가지구 인제, 이거,

이 점령헌 거야. 그래, 점령해: *{가지구,}* 이건 머, 피난 갈 쑤두 업:구 그른간 을찌

데기 있지? 미리꾸 그 껍데기를 *{가지구,}* 이게 얼마짜리다, 얼마짜리다 허구선 그거 持

구, 그래 저거럴 인:구가 나가 *{가지구,}* 인:구가 합친 게 왜정, 에... 한 오: 년 전

놓구선, 그 종이에다가 물 칠해 *{가지구,}* 인제 그, 종이 있으믄, 종이가 물 속에 들

대 인제, 대:한 민국이 수립되 *{가지구,}* 인제 이:박사가 들어스구선, 그때 행사가

그때 거 통반으루 동네서 젱:해 *{가지구,}* 저, 딱대기, 막대기 뚜들기면선 애경꾼, 응

, 맞게끔 가게, 그 전:차선 셔: {가지구,} 전:차 시구, 전:차 셔: 가지구서 전:차 탄
          응. 먹는 방식을 몰라 {가지구,} 전부 다 안 먹구, 비우 좋은 사람은 그냥
간빵. 간빵 배급이라구 납작해 {가지구,} 쨌지, 그때. 간빵. 그래서, 일번 간빵은 이
녀 헐 꺼 없이 뒤루 포성을 쳐 {가지구,} 쭉 져 가지구, 그냥 따발총을 쐬죽였어요,
니까, 그대루 넘어갔는데. 그래 {가지구,} 친구들이 그때, 명절 때면 새 옷을 사입히
구, 벽보 붙이구, 그거야. 그래 {가지구,} 투표날인데 그때는 공일허먼선 동네 그 인
맨들어 가지구, 모자를 맨들어 {가지구,} 할로모자라구선 맨들어 쓰구, 그때 그랬지.
르꾸라구, 미르꾸가 인제 생겨 {가지구,} 해:태 미르꾸, 무슨, 해:태 미르꾸. 그때
:구. 그냥 원칙적으루 기양 져: {가지구,} 현:관문 열믄, 기양 신 벗구 들어가서 마루
그래 가지구 삿발 이릏게 매: {가지구...}
                    육개월만에 그래 {가지구...} 면:회는 그냥 거기서두 여기서두 왜, 저
각나는 게 겨란 쌂어서 싹 짤라 {가지구...} 겨란 짤라 가지구 오구. 또 장조림 고기
타구 댕겼을 때니까 차가 없:어 {가지구...} 그래 가지군 참... 장:가 들었지. 그릏까
포대 들어갈 걸 한 오백 포대만 {가지구...} 그른니까 업자들이 그래서 돈 맹길라구 持
그르니까 인제 작은부인 을:어 {가지구...} 윤치홍씨하구 윤치호하구는 삼촌 숙질간
이르구 이릏게 저 이런 이릏게 {가지구...} 이릏게 된 거지, 모냥이 이릏게 됐:지. [돼]!
놓고 응, 찾어서 인제 저거해 {가지구..} 술래지, 우리 서울말, 술래, 응, 술래집기
요릏게 서울이 경성이라구 해 {가지구.} 그르구 이젠 저짝으루는 영:등퍼라구 해
. 그게 전부 뿔장이에요. 막어 {가지구.} 그 물이 아주 맑::었었거든. 그래 가지구
장사허는 거에요. 쌀을 정미해 {가지구.} 그니까 지끔 말허믄 무역 겉은 거에요. 그
가 사: 십년이야 내가. 시집 와 {가지구.} 그런데 그게 머 잘: 해서가 아니라 그게 여
내는 게 있어. 그걸 다 맡으셔 {가지구.} 그릏지. 총:지히를 허셨이니깐. 그러고 그
구 사춘끼가 넘어서 얼굴이 펴: {가지구.} 서울 같은 데 와서 잘 먹으니까. 그때만 해
럼 만들었어, 상장처럼 만들어 {가지구.} 여행증명서 같이 만들었어 이릏:게. 그런
뿌리지. 지끔은 납골당을 생겨 {가지구.} 화장하구. 그 옛날엔 대:개 있는 사람들이
씩 사 가지구 가구, 몇 달씩 사 {가지구} 가구 그랬지. 거, 돈 아주 업:구 한가헌 사
근데 그걸 갖다가 부:숙을 떠: {가지구} 가구, 껍:데기는 기양 구이팔 수복때 때꺼정
있으믄, 오늘 뗄 꺼 몇 달씩 사 {가지구} 가구, 몇 달씩 사 가지구 가구 그랬지. 거,
겉이 변또 싸서 가방속에다 느: {가지구} 가는데 왜... 그거 들통 난거라. 그런데 지
못 본 거, 그거 신기헌 거 사 {가지구} 가드라구. 그이깐 한:국 사람한텐 천원 받으
이 들와 가지구 흑탕물이 들와 {가지구} 가라앉었어요. 그럼 이 거름끼가 가라안는 거

대요. 그르구 내가 메누릴 은어 *{가지구}* 가르칠래두 또 내가 밴: 거를 가리칠려니까
? 고기 잡는 삼태기루다가 그걸 *{가지구}* 가서 거기 가서 저 중랑천, 지금 성북녘 바 **持**
격맞은 나무 있잖아? 그거 부셔 *{가지구}* 가서 떼:구, 그때 그런 게 있었구. 그러구
.. 스켓이 어딨어? 썰매 맨들어 *{가지구}* 개천까에서 노는 거 그거지. 그러고 인제,
맨들어. 거기다 감:던든. 감어 *{가지구}* 갬치를 맥인다구 그래, 갬치 백인다구, 갬치
데 그걸 식모가 따듯::하게 해 *{가지구}* 거 보재기 그 머 요새루다 허먼 여러 가지
에. 말 역 구파발역 그게 있어 *{가지구}* 거기가 번하했었는데 거기에 하천이 아주 넓
그래 *{가지구}* 거기는 일본 싸람들이... 많이 달르지. 전차
깔아 가지구 깡통에다 물을 버: *{가지구}* 거기다 물을 버:요. 물을 부며는 벽돌 사이
해서 그걸 녹헤요 땅을. 그래 *{가지구}* 거기다 얼:갈이 배추를 심으믄요 배:추를 심
그거 저기 지우개에다 다: 해: *{가지구}* 거기다 해: 났다가 딱: 열면 탁 떨어지면 파
: 해서는 이런 함지박에다 해: *{가지구}* 검은 보재기루 싸요. 그러구 인제 또하나 그
이게 어려운 자야. 이릏게 해 *{가지구}* 검을 흑짜 밑에 흑 토, 점:포 전이야. 육이
지방서두 오구 그른데... 그래 *{가지구}* 겨울게 내가 인제 혼역을 앓구, 눈이 이만큼
지만 그때는 여기서 서울력 가 *{가지구}* 경이선을 타야 돼. 그러면, 신:촌 가서 내려
늫구 저걸 조끔 더 늫구.. 해 *{가지구}* 고 맛을 맞히머는 그게 되는데.. 지끔은 그
꼬매 가지고 요기다 요릏게 해 *{가지구}* 고 모냥으루 요걸 요릏게 쌈매 가지구 댕겼
나쟀어. 거 고생 짏했지. 그래 *{가지구}* 고 사람들이 다시 또 집으로 와 가지구서 또
가 거, 몰:래 담 넘어가 들어가 *{가지구}* 고기 잡으러 갔다가, 친구들허구. 쫓:겨난
: 다리를 부딪쳤단 말야, 그래 *{가지구}* 곪았어. 지끔두 난 여기 아주 그 상처가 보:
아침 못 먹어 *{가지구}* 구걸하다시피 아침 은어먹구 아주. 거 조석
. 엿을 갖다가 이렇게 부르뜨려 *{가지구}* 구녁 구녁에 쿵 거. 그래 거 굶을 쭐 알구서
국민학교 오:학년 쩍에... 그래 *{가지구}* 국민학교 이:학년 쩍에 다리를 다쳤어. 그땐
민군들한테 시달림 받어, 그래 *{가지구}* 군대 나가서 군대생활 어영버영허다보니까는
가지구 우리 온:조해 달라구 해 *{가지구}* 군인들 내보내구. 임:진왜란이 일어나니까
밤:낮 약탈만 헌 거 같다. 그래 *{가지구}* 궁을 다 불 론 거예요, 우리가. 우리가 불
빈이 인제 그 계:비를 채택대: *{가지구}* 권세 누릴 때 근데 장히빈에 아버지 장형유
지루 게:실 쩍에 일본넘덜이 와 *{가지구}* 그 고종 황제에 부인 되는 왕비, 그르니깐
들어가시지 못:했단 말야. 그래 *{가지구}* 그 광:하문 밖에서 밤을 새:셨거등. 근데 이
갖다가 자루에다 느: 가지구 짜 *{가지구}* 그 국물에다가 깍:두길 허머는요 깍:두기에
이런 고기 잡으러 다니면섬 해: *{가지구}* 그 당시에야 무슨 이릏게 세:상이 야박허지

. 경북궁에서 허진 않구. *그래 {가지구}* 그 대:원군에 가까운 사람 모두 잡어가뒀어.
사람 저기 있지만... 난 사진만 *{가지구}* 그 때 왜정 땐데 목탄차 타구 댕겼을 때니까
인제 이웃 거 일본에다 애길 해 *{가지구}* 그 사람들이 인제 기술 깝 먼 깝 해서 많::
에 지나가드라구, 그게. 들어가 *{가지구}* 그 이듬해, 이 배:급쌀 준다구선 전:부, 그
젓::이 서 있어요, 아주. *그래 {가지구}* 그 집을 사 가지구 자기 학교 나오고 애덜
구 인제, 저거해 가지구 침발라 *{가지구}* 그, 떨어지지 않구 깨:지지 않으믄 큰: 거
낳:기 전이니깐 글쎄 딸이 나가 *{가지구}* 그:지가 누나 그러믄 누가 좋아하시겠어요?
게 꼬:매 가지구 또 손잡이 해 *{가지구}* 그거 들구 다니구 거 또 가방이 찌부러질 거
죠. 그러믄 잣:가루 흠뻑 뿌려 *{가지구}* 그걸 놔요. 그러니까 이 접:시 하나에 여 고
못 받었지마는 나:중에 재밌어 *{가지구}* 그걸 많이 받었대. 그래서 오빠한테 그 얘기
저 이거 부서지지 않어? *그래 {가지구}* 그걸 인제 그 해: 가지구 힌떡을 맨들지. 그
색혀 *{가지구}* 그걸 저, 이 식혜 헐래면은 엿기름이라구 있
:달어서는 보재기를 이렇게 싸 *{가지구}* 그걸 튼튼히 해 가지구 밧:줄 겉은 걸루 튼
을 갖다 쌀루 찌지 않어? *그래 {가지구}* 그걸 판에다 놓고 방맹이루 쳐. 그른까는 이
, 일본말루는 도조지루라구 해 *{가지구}* 그걸루 요기서 점심해 먹구선 이러구 놀든
세멘또하구 모래하구 잘:: 개: *{가지구}* 그것두 귀정이 있어요. 모래하구 세멘또하구
) 그러헌 인제 거 연을 맨:들어 *{가지구}* 그게 이제 그 가을버텀 시작을 해 가주구 아
거 어디서 이눔들이 나왔는지 *{가지구}* 그냥 막, 가심이다 대구 죽인다구 그러구 머
부레허고 합쳐서 끓인데다 느: *{가지구}* 그늠을 실:에다가 묻혀. 그 실:에 묻히는 데
응, 그릏지. *그래 {가지구}* 그때 내, 저거허니까 우리 쪼:ㄲ말 땐, 거
이 대서 축제가 있었어여. *그래 {가지구}* 그때 당시에 서울 짱안에서 그때 마:르톤 거
:이 맞았지. 미:국 사람들이 와 *{가지구}* 그때 당시에, 먼:제, 보건소가 아니구, 보
. 그린 게 있었이. (웃음) *그래 {가지구}* 그때 동네 애들허구 노는 것은 머냐, 제기차
? 둘째 형님이. 군정청에 댕겨 *{가지구}* 그때 래이션이라구 배급이 나왔어, 래이션.
살탕. 그래, 누::런 살탕을 줘 *{가지구}* 그때 머냐믄, 일번 싸람들이 그전에... 오마
허는 게 아니라 하나를 상대해 *{가지구}* 그때 숙명여자중핵교도 고등핵교도 기숙사를
그, 그런 장사두 있었구, *그래 {가지구}* 그때 양:담배라구 인제 츰: 나와 가지구선
: 년 전네 영:등포꺼정 합쳐해 *{가지구}* 그때 인구루 오: 십 만이었었다구. 그때만
경을 상당히 무서와했어. *그래 {가지구}* 그때, 두둑늠집기 했지, 두둑늠. 편 짜 가지
아이는 고동학교 속성꽐 들어가 *{가지구}* 그때에 보:성전문이라구 있었어요. 거길 들
그래 {가지구} 그땐 제 치안이 안 대니깐, 그때 순경들은

친정에 골리를 갖다 전부 맡어 *{가지구}* 그래서 인제 그 고개가... 그 매:간헌 사람
두 있어. 일루 그 균이 들어가 *{가지구}* 그러면 말이야, 이게 썩어 들어가거든 자꾸
것이 실:에 묻어. 그러믄 *그래 {가지구}* 그러믄 말려. 말리믄 실:이 아주 날카롭게
지끔 꺼 고리가 연결이 안 대 *{가지구}* 그런 게 있다구 허대요. 네 그랬죠. 그래서
다가 머 백묵가루 칠하고 *그래 {가지구}* 그런 적도 있었에요. 한:참 장난 심한거지,
　　　　거, 민족성이 있어 *{가지구}* 그런지, 야:단을 치는데.. 한번, 두:번 먹었
인제 찹쌀을 인제 또 가루를 해 *{가지구}* 그릏게 해. 그러면 팥찰편이지. 지:사에는
택이 들어서　가지구 꽉 들어서 *{가지구}* 그링게 인제 벌찝이라구 안 그르죠. 아 그른
:티기 장사들이 많:었지. *그래 {가지구}* 그전엔 미:국 사람이 무슨 미제물건 머, 쪼
이 나두 그 한가지 취미에 저거 *{가지구}* 글을 쓰다 보믄요 선생은 더 허지만도, 이릏 持
없:어 가지구요 체뱅이 없:어 *{가지구}* 기냥 물이 마:을까징 증상동꺼징 마:을까징
엔 토행금지가 읎:었어여. *그래 {가지구}* 기울게 밤만 되믄 총쏘리가 경::장히 났어.
제 이 삽물이래는 걸 쫙:: 깔아 *{가지구}* 깡통에다 물을 버: 가지구 거기다 물을 버:
지, 그거 재미루 본 거지. *그래 {가지구}* 꽃전:차 보구, 거 보느냐구 거, 시굴서두 오
이 인제 이렇게 주택이 들어서 *{가지구}* 꽉 들어서 가지구 그링게 인제 벌찝이라구
엔 건. 그때 사람들은 짖:궂어 *{가지구}* 나무를 애:끼질 않었지. 남산에 올라갔었지,
루 지:구 서울에 들어와서 *그래 {가지구}* 나무장이 스는 동:네가 있어. 거그다 인제
름하구. 또 식모는 이제 반찬해 *{가지구}* 날:르구 벅:닐 하구, 하이튼 그 머 그런 차
뭐 이런 것들이 사상이 거론돼 *{가지구}* 날뛰는데요, 못 봐요, 그래 가주구, 의장찝
씩 납족납족허게 썰:어요. *그래 {가지구}* 납족납족허게 해 가지구 담:구서는 거기 고
. 거 어딜루 갔는지 몰라. *그래 {가지구}* 났:어. 그래... 모냥은 그거야. 긍까 인제
방 되아 가지구서 내가 책을 사 *{가지구}* 내가 배웠이니까 한:국 역사를 알지. 우리
　거지, 머. 그래서 그거 내 반찬 *{가지구}* 내가 충분히 먹는 게 편하지 거 그거 먹자구 持
러니까 이렇게 있든 데 길이 나 *{가지구}* 내자동이 갈렸지. 길 건너두 내자동, 여기
　그걸 갖다가 전부 그냥 맨들어 *{가지구}* 노나 주면 되느냐 나는 이거에요 그게 인제
　골목, 도로변두 거 눈:이 와 *{가지구}* 녹지 않잖아, 간혹 가다.　에. 안 다니니까.
. 그래, 그 빈: 거 있으믄 그거 *{가지구}* 놀:구. 근데 그때 당시에두 장난감이 있었는 持
말이야, 아이들이 썰매 맨들어 *{가지구}* 놀구 그랬지. 그릏지. 아유, 그땐 지끔보덤
롬비아 대학에서 박사학위루다 *{가지구}* 뉴:욕주립대학 교:수루 있었거던. 그래서 미 持
. 그래 가지구 납족납족허게 해 *{가지구}* 담:구서는 거기 고기 양념헐 즉에 저기 간장
를 심:부름하는 아이들이 그걸 *{가지구}* 대니면서 청소를 해요. 방청소하구... 전:: 持

댕기셔. 아 바:뻐서 어트게 써 {가지구} 댕게요, 아 그 운전때 유리에다 쪼끄맣게 거
고 모냥으루 요걸 요릏게 쌈매 {가지구} 댕겼다구. 그거는 인제 거 터서 조끔 제 토
　　변또라구 해 가주구 도시락을 {가지구} 댕겼어요. 그런데 그 사람네덜은 집에서 식:　持
구, 봄에 그, 전:차가 그, 녹아 {가지구} 댕기는 거야, 그때. 응, 그땐 작업이 없:었
댕기시고 사람 또 둘: 을:어서 {가지구} 댕기시고 우리 이제 오빠가 통꾼인데, 작은
돈을 안 받을 때두 있고 잘뭇해 {가지구} 더 받을 때두 있구. 안 받을 때는 꼭 돈:을
우리 외사춘 형님은 보따리 싸 {가지구} 도망부터 간 거야. 그래, 거기서 한 달 반,
맞춰 가주구 물장사가 물꼬동 {가지구} 돈 받구 인제, 뭐 열뚜시간 하루 열뚜시간　持
에 수도가 하나 있으며는 그 물 {가지구} 동:네가 다 먹어.　그걸 이제 길어다가 각　持
신문사 같은 데다가 이렇게 해 {가지구} 되었느냐 허는 걸 한마디 허구 십은 생각에
가 있어. 떡메가 이릏:게 생겨 {가지구} 둥그런 떡메가 이렇게 있구 나무막대에 끼워
저 눈이 많:은, 눈이 녹지 않아 {가지구} 뒤꼴목이구 이런 데, 저, 게:울게 눈 오믄
길 들어갔죠. 일학년 속성꽈해 {가지구} 들어갔어요.
이지만 중학교 시험을 몇 번 봐 {가지구} 떨어졌어. 그래 가지구서 청량리 철또 기관
래서 언니한테 가서 언니 불러 {가지구} 또 그 옆에 친구 불러가지고 그릏게 셋:이
:다 하면 그건 나와서 다 먹어 {가지구} 또 딴데 가느라 또 가서 세:배를 허구 말이
다 맨들어 가지구 이렇게 꼬:매 {가지구} 또 손잡이 해 가지구 그거 들구 다니구 거
구 그릏::게...고기. 인제 그래 {가지구} 또 요새 전: 부친 거 겨란에다 머 부쳐서...
두 어트게 발견이 되믄 또 훔쳐 {가지구} 또... (웃음) 그게 있었구. 네, 일찍 돌아가
루 수원 유수루 그릏게 댕기셔 {가지구} 만:인산이라는 걸 받으셨에요. 저기 머야..
지치기허는 거 야:마 이릏게 해 {가지구} 말이야, 먹는 야:마 딱지.　아, 그거 잃기두
를 감:구 풀러 주구 연을 올려 {가지구} 말이야, 이늠이 말이야, 이쪽 년이 있구 이
지 무슨 장사냐? 이:북서 나와 {가지구} 맨 장사 시켜 가지구 지끔 이렇게 개화가 됐
:게가 따루 있어. 거기다 맬겨 {가지구} 맨들어 와. 거: 레디메디가 없:어. 근데 레
이가 또 있어요. 거기서, 그래 {가지구} 머 오십대 가서 머... 요새 그, 저 테레비에
테레비에 머 그 문화재라구 해: {가지구} 머 으복 문화재니 말이야, 음:식 문화재니
어떤 사람이 찾아왔어. 찾어 와 {가지구} 머라 그르냐면, 제:가 여기다가 요:리집을
구 그냥 또 머 옘:병이라구 해 {가지구} 머리가 죄 빠져 가지구 장질부사 이런 거를
야. 그때 한:문이나 국문을 해 {가지구} 먹구 살 쑤가 없으니깐 난 상꽈를 들어간 거
김장 때 김장 배:추 이런 걸 사 {가지구} 몇 마차씩 끌:구 올라가거던. 그럼 전부 그
이런 걸로 해:서 따듯::하게 해 {가지구} 몸에 품어 가지구 점:심 때 대믄 딱 가져와

든. 그래 이제 그런 식으루 해: {가지구} 물론 대통령은 해:긴 했:지마는, 오래 못 갔
티쓰 미군 소:령으루 제대를 해 {가지구} 미 국무성 게:약관으루 해서 팔군에 가 와있
걸 애국갈 불렀어. 첨:에. 그래 {가지구} 바꿔 가지구, 그래, 바꺼 가지구 저거했어.
게야. 그런데 그것이 점점 변해 {가지구} 밤이 되며는 종로 거, 지끔 말이야 그 종로
렇게 싸 가지구 그걸 튼튼히 해 {가지구} 밧:줄 겉은 걸루 튼튼히 해 가주구 우물 거.
기허먼 통통통통... 하는 발똥기 {가지구} 방아깐을 또 하구 그랬었지. 그래서 그 사람 **持**
선 전:부, 그때는 그 동해 통해 {가지구} 배:급쌀 타 가지구선, 그때 그 줄서서 배:급
구설랑 이릏게 저 사진을 찍어 {가지구} 번역사한테 갖다 줄려구 그러는 거야. 한:문
구, 배불리 먹구 살으라구 그래 {가지구} 보내주구. 그러다보믄 기반이 조::끔 잽혀서
:조화루다 물러앉을 때까지 해: {가지구} 봉조화래나 머 그거만 하며는 이기는 거예요
. 백편, 또 깨:편, 깨:를 실에 {가지구} 빠 가지구 인제 깨편을 허는데.. 그 깨편,
　　　응, 소프트볼. 소프트볼 {가지구} 뻿:으루 치지 않구 피차가 덩기면 손으루 쳐
그 댁이냐구 허면 이릏게 알아 {가지구} 사진 가지구 왔다갔다했어요. 그 저 우리 큰
니라 삿바 씨름이 나오구 그래 {가지구} 삿발 이릏게 매: 가지구...
:에섯에 혼자 되셨에요. 혼인해 {가지구} 색:시루 들오서서 옐:에섯에 혼자 돼: 가지
이릏게 가기구 해 가지구 얼:려 {가지구} 서루 이제 그 벼: 먹는 거지. 그렇지, 연두
, 그른 게 있었어, 나두. 그래 {가지구} 서울 짱안에 그때 내 전:차가 업:구 그르니
주구 강남 갈 꺼겉으면, 한 평 {가지구} 세: 평, 네 평은 샀었는데.... 그리고 지끔 **持**
는 며누린데 둘:이 쌈:이 붙어 {가지구} 세:력 다툼을 했는데, 고종황제란 임:금은
몰르구 내가 여든 여섯이 되어 {가지구} 세:상이 몇 번씩 바꼈단 말이야. 근데 너머
늫:는 귀정. 그 귀정을 벗어나 {가지구} 세멘뜨 애낄라구 모래가 석: 삽 들어갈라므
질 있지? 응, 조개 껍질. 그거 {가지구} 소꿉놀이 허구. 응, 그땐 안 했지. 놀:긴 **持**
잘 살았이니까. 소위 고성댁 허 {가지구} 소위 인제 엔:날에 이:조 하:중 가까이 들어 (?)
우리 조부께서 손수 만들으셔 {가지구} 손수 쓰신 그 글씨를 가지구 우린 천자를 해
니까는 어떡하냐먼 공을 이릏게 {가지구} 손을루 해서, 손으루 해서 이제 집어 늫는
내 가지구 인제 처가에 공부해 {가지구} 순:: 양반집이니까 그냥... 응? 근데 이게
서 방을 지가 은:어가지구 그래 {가지구} 시집을 가구. 우리 막내 아들두 그냥 지가
가지구 일 련 게:량이라구 해 {가지구} 쌀 삼십 가마니구 오:십 가마니 갖다 먹는
이 동네, 저 동네가 인제 있어 {가지구} 쌈:패라 그랬지, 그전에. 쌈:패. 깡패 보구
그런 단위루다가 우리는 돈:을 {가지구} 썼이니까는 그때 백만원이라며는 이건 상:상 **持**
되기 전꺼정두 시굴서 농살 져 {가지구} 아:무것두 몰라 가지구, 그런 사람덜이 내가

키우고 싶었던 것 겉애. 그래 {가지구} 아주 숙제두 학교에서 열: 짱 해 오라 그러
그 기차두 도둑… 몰::래 타 {가지구} 애덜을 데리구 굶어 가면서 온 거예요. 그런
그래서 머 일 런 꺼 성깔 바: {가지구} 야 전:국에다 중게를 해라, 서울만 중게허지
그런 게 업고. 머냐면 말야 공: {가지구} 야구하구 치는 거야, 꼭 그 물렁헌 공인데,　持
이 한옥에는 특성이 바로 그걸 {가지구} 애:기해요. 그르구 세:번째는 이 집 건:편　持
모판이 있어, 모판. 내가 헌 걸 {가지구} 얘기하는 거야, 이거는, 요거보단 조금 큰　持
겨울이 상:당히 추웠어요. 그래 {가지구} 어디 나::가지 못 했어요. 버선 하나를 신나
　　　아:는 것두 없:어 {가지구} 어렵죠. 그렇죠. 그른데 인제 가정이 조끔
가기두 허구 이릏게 가기구 해 {가지구} 얼:려 가지구 서루 이제 그 벼: 먹는 거지.
는 거는 육이오 사변 때 수복해 {가지구} 얼:마 안 있을 쪽에 내가 이 저, 시골 가서
독에다 한 독을 끓여 놔. 그래 {가지구} 얼어붙었어. 그러믄 위에서 깨 가주구 갖다
을 때부텀 전:기 있었지. 그래 {가지구} 에, 그전에 을찌로 입구 앞에가 오두바이 거
때 있었구, 거 내 알:구. 그래 {가지구} 에, 우리 조선 명절이니깐, 인제 한:국 사람
으루 해서, 거기두 그, 저거해 {가지구} 에, 일 런 지:내구선, 춘: 겨울긴데 그때 또
구 애:끼구 먹구 그랬지. 그래 {가지구} 에, 해:방되구 그 일 런 지나가구선, 겨울게
구 거 복숭아뼈라는 게 이릏게 {가지구} 여기 새가 모두 있어. 일루 그 균이 들어가
얼:레에 잡는 대 있잖어? 대:를 {가지구} 여기다가 치구 안 친 거에 대 가지구 움직여　持
리 헌자 도망 오신 게요. 오셔 {가지구} 여기서 그냥 자손도 과거에 급제핸대두 관에
게, 인제 자꾸만 세월이 흘러 {가지구} 연:구하구… 자꾸만 이러구 보니까 한 섬에
라 그러구 빨갛게 똥:그렇게 해 {가지구} 연대가리에다 붙인 거, 거를 홍꼭지라 그러
보기는 션치 않고… 그렇게 해 {가지구} 연을 날리면 말이야, 동:네 여러 군데에서
　　　아유, 막 벼:지지. 그걸 {가지구} 연을 날린단 말이야 인제. 그럼 연을 날리　持
　　　겨란 짤라 {가지구} 오구. 또 장조림 고기구 그릏:: 게…고기.
너, 십원 줄텐끼 너 만:하 훔쳐 {가지구} 오라구 (웃음) 응. 그, 이:용두 해 먹었어.
그래놓구 삼무리를 또 다시 개: {가지구} 온갖 것, 차악… 요만::큼 두껍게 깐다구.
, 시골 가서 쌀을 한:: 차를 사 {가지구} 올러올 쪽에 강도, 탈병덜에 그, 강도를 만
화 겉은 거 나오믄, 다 찰:영해 {가지구} 와서, 몇 달만에 거, 사:영을 허는 거야. 에
　　　아니지, 찰:영해 {가지구} 와서… 찰:영해가, 그때 오림픽, 그 영화
머 이런 데다 밥을 이만::하케 {가지구} 와선 거기 논 메구 머허는 사람덜 맥여요.　持
게 보면 그 지게에다가 밥덜 해 {가지구} 와선 이런 대바구니 속인가 머 이런 데다 밥
멀 해 가지구 왔나 보면 참 잘 {가지구} 와요. 내 지금두 생각나는 게 겨란 쌂어서　持

컸으니까. 고렇게 두 개 딱 해 {가지구} 와요. 잡수라구 그르구, 잡수세요 하구... 식
으룬 디려다 보는 거지, 멀 해 {가지구} 왔나 보면 참 잘 가지구 와요. 내 지금두 생
허면 이렇게 알아 가지구 사진 {가지구} 왔다갔다했어요. 그 저 우리 큰동서 대는 사　持
올러왔느냐면, 그 집 하나 팔아 {가지구} 요기서 집을 두: 채 샀었거든. 내 집을 사구
쪽도리라구 있에요. 요렇게 해 {가지구} 요릏::게 쓰는 거예요 털로 맹길어서. 그 우
를 다져 가지구선요 이렇게 해: {가지구} 요렇게 불에다 잠깐 고: 가지구선 그걸 요만
씩 허는데 고기를 이만:큼 썰어 {가지구} 요렇게 요렇게 다지구 해 가주구 요렇게 쓸:
구 요렇게 쓰구 귀 요렇게 매겨 {가지구} 요렇게... 것두 돈: 있는 사람이 쓰구 댕겼
나지. 그래 생선구이는 토막 쳐 {가지구} 요릏게 해 가주구 거기다 발러서 자꾸 디집
헌: 옷감 같은 거 어디서 줏어 {가지구} 요만큼씩 짤라 가지구 전:부 꼬매 가지고 요
간죽허게 된 데다 잣:가루 뿌려 {가지구} 요만큼씩허게 해서 그걸 또 거기 놔요. 그런
믄 싸 가주구서는 이런 데다 해 {가지구} 우:물에다가 매:달아 놔. 했어여. 이런 양:
싰구 아드님두 과걸허시구 그래 {가지구} 우리 백부께선 멀: 허셨냔 주:서라는 벼슬
국 들어가 그저 대:국이라구 해 {가지구} 우리 온:조해 달라구 해 가지구 군인들 내보
그른까 인제, 파는 거지, 팔아 {가지구} 우리가 인제, 엔:날에는 돈 많은 사람언 에,
셔 가지구 손수 쓰신 그 글씨를 {가지구} 우린 천자를 해. 근데 여기 비:지 않지만 여　持
여기다가 치구 안 친 거에 대 {가지구} 움직여지거든. 그래서 그 깩깩이라는 사람이
하나 고기 하나 움파 하나 해 {가지구} 유장을 발러요. 굴: 쩍에 조끔 구워졌을 쩍
에 한번 고생을 겪었구 해방 돼 {가지구} 육이오 나 가지구서 이렇게 되고보니까는 왼
:어서 그건 못 열고. 에, 그래 {가지구} 을:찌로 입구꺼정 가는데 사:람이 없:어여,
며칠이었고 뭐 어쩌구... 그래 {가지구} 이 사람이 이를 하나 빼:, 빠:졌다, 뿌러졌
니까. 응? 일곱, 여덜 쌀 때 와 {가지구} 이 집에 정들었이니까 그냥, 그냥 사는 거라
구. 고때 내가 인제 장가 들어 {가지구} 이: 년 있일 쩨에요. 그러니까 사:변 전에
니 그 사람이 찾어온거라. 그래 {가지구} 이:명학 대:위 아:냐구 그래 가지고선, 그
인제 핵교를 못 갔지. 못: 가 {가지구} 이걸 치료를 해야 될텐데 그 날 밤버텀 아프
걸 요렇게 하얀거에가다 맨들어 {가지구} 이렇게 꼬:매 가지구 또 손잡이 해 가지구
. 이렇게. 거 수평지치라구 해 {가지구} 이렇게 돼면 천상 이거 빼:줘야돼. 그러니까
푹:: 뿌려 가지구, 삼무리 뿌려 {가지구} 이렇게 쭉::쭉 하믄 세멘또가 그냥 두 손으
니깐 잡어 갇혔어. (웃음) 그래 {가지구} 이완용이가 무슨 장난질을 했냐믄, 뒤:루 사
에요. 교전하다 죽은 거지. 총 {가지구} 이제... 이제 그런 일:두 있었구. 인제 사람　持
내리구 타구 할려려니까. 그래 {가지구} 인제 그 후에 다:시 인제 용산서 연결이 되

요. 재료를 갖다 맜:는데. *그래 {가지구}* 인제 그걸 정:리해 가지구 책을 낸: 거죠.

야. 딴 사람두 다 그랬어. *그래 {가지구}* 인제 그때 돈: 주구 봄에 인제, 저거 대 가

그래 {가지구} 인제 그때부텀 장사를 아까 말:씀대루 그릏

깨:편, 깨:를 실에 가지구 빠 *{가지구}* 인제 깨편을 허는데.. 그 깨편, 또 두텁편,

둑늠집기 했지, 두두늠. 편 짜 *{가지구}* 인제 두둑늠. 그 놀의 혔:구, 그래 서 인제

다가 좁은 마당에다가 끈을 매: *{가지구}* 인제 바지랑때라구 소나무 요릏게 생깅 거

에, 에.. 그게 이거구, *그래 {가지구}* 인제 봄이 닥치구 허니간, 그때 왜릏게 전:

와서 쳐:서 버리드라구. *그래 {가지구}* 인제 에, 거기서 인제, 을찌로 사가에서 인

랬는데 처가를 어느 정도 만내 *{가지구}* 인제 처가에 공부해 가지구 순:: 양반집이니

말기꺼정 있었던 거예요. *그래 {가지구}* 인제 해:방이 되니까 참 소위 인제 개화되고

응. *그래 {가지구}* 인제, 그게, 핵교 주벤에 그런 장사들이 많:

들어 쓰구, 그때 그랬지. *그래 {가지구}* 인제, 내 그때, 돈암동 쪽으루 주로 많:이

피 흘리구은 건. 긍까, 겁이 나 *{가지구}* 인제, 야 그 전:장이 이릏게 무섭구나구서

가지구, 이:북 사람들이 들어와 *{가지구}* 인제, 이거, 벨 욕이 다 나왔지. 응, 강하게

들이 많:았어, 골목마다. *그래 {가지구}* 인제, 저거해 가지구 침발라 가지구 그, 떨

요가 없:다구 올러오셨죠. *그래 {가지구}* 인제.. 지끔으루 생각허믄 많:이 깨셨지 그

:실은 특수하게 시골서 농살 져 *{가지구}* 일 런 게:량이라구 해 가지구 쌀 삼십 가마

아냐, 안 나가. 그르구, *그래 {가지구}* 일 런이 넘어갔지, 인제 그릏게서. 아, 들

들이 여기 와서... 토끼를 잡어 *{가지구}* 일본 덴:장에다 토끼살을 떠서 국을 끓인거

물이 아주 맑:었었거든. *그래 {가지구}* 일본 싸람들이 여기 와서... 토끼를 잡어 가

애들은, 그건 부자찝 애들이나 *{가지구}* 있구. 병장 놀이 많이 허구, 인제, 서울 수

평구에두 한 사람에 천 몇 장을 *{가지구}* 있는 사람이 있에요. 옏:날 거를. 어. 게서 **持**

갖다가 찐푸라구랬지. 그, 뽈 *{가지구}* 있는 애들은, 그건 부자찝 애들이나 가지구 **持**

데, 이게 지끔 내가 현:상을 해 *{가지구}* 있는데. 요게 내 증손자야. 이게 큰손자, 큰

일:번, 일:번 애들은 장난깜 다 *{가지구}* 있었어. 그때 거 장난깜이래는 거 주로 머냐 **持**

. 그래서 우리 아번님이 농:질 *{가지구}* 있으니간. 그러니 우리 애:들을 공부시켜야 **持**

모:든 집안 살림꿘은 어무니가 *{가지구}* 있으셨이니까. 안 된다구... 내가 들어가서 **持**

일리 런 되구 우리 큰아들 멈에 *{가지구}* 있을 땐데 쌀 즘 한 몇 대 좀 꺼:내라고 했 **持**

아주. 그래 가지구 그 집을 사 *{가지구}* 자기 학교 나오고 애덜 몇 있었다는 게 애덜

, 겨울게, 십이월딸에 눈이 와 *{가지구}* 자동차두 별루 못 댕기구, 게, 미:국 사람

:천에서 서울루 오셨거던. *그래 {가지구}* 자리를 회현동을 잡었는데 도깨비들이 하:두

가 또 그렇게 된 거니까. *그래* {가지구} 잘못허다구 미안허다고. 그래서 머 내가 도
고를 해 가지구 형사덜을 보내 {가지구} 잡었는데, 잡은 게 아니라 그 몇 높은 잡고
봤:을꺼야, 석필이를 거[그어] {가지구} 장난했구, 그르구 인제 그전에 쌈:두 많:이
라구 해 가지구 머리가 죄 빠져 {가지구} 장질부사 이런 거를 낭:중에 알아 가지구 장
질부사 이런 거를 낭:중에 알아 {가지구} 장질부사라구 그랬지 예:전엔 옘:병 옘뺑이
는 분이 에 실권[실권]을 가져 {가지구} 장희빈에 친정에 골리를 갖다 전부 맡어 가
말야 거:부를 해버렸거던. *그래* {가지구} 재:판을 했어 이제 그때. 그름 일국에 왕후
리다, 얼마짜리다 허구선 그거 {가지구} 저, 장난했어, 그때. 그때 거 머냐믄, 에, **持**
　　　미르꾸. 그러구 인제, 그거해 {가지구} 저거해 가지구, 딱지두 나오구, 그때는 만하
　　　　　　그래, 바꺼 {가지구} 저거했어. 그래, 하두 저거대서 그른데, 그
다, 살을 비:먼 안 댄다. *그래* {가지구} 저고리두 함부루 못 벗었에요, 어디가서…
주지 않아두 즈히들끼리 결혼해 {가지구} 적극적으루 살구 동성동본해두 적극적으루
　:차 타구 어디 가면 정전이 되 {가지구} 전:기 들어올 때꺼정 시:구,　글치, 난 어렸
서 줏어 가지구 요만큼씩 짤라 {가지구} 전:부 꼬매 가지고 요기다 요룷게 해 가지구
가 많:이 부서졌지. 그, 부서져 {가지구} 전:차 탈려면, 머리 싸매구 창문 넘어서 타
돌을 많:이 했어여. 충둘을 해 {가지구} 전:차가 많:이 부서졌지. 그, 부서져 가지구
그래두. 그래 가지구, 눈:이 와 {가지구} 전:차가 못 대녔어, 눈: 때문에. 그래, 겨울
듯::하게 해 가지구 몸에 품어 {가지구} 점:심 때 대믄 딱 가져와서 줘요. 그걸 내가
:심 못 먹는 아이들이 다 나가 {가지구} 점심 먹는 아이가 이렇게, 전부 이렇::게…
이정 우이정 영이정이야. *그래* {가지구} 죽 내려오면섬 정승이 열레 분이 있어. 지끔
야 머 어렸을 때나 으:른 다 대 {가지구} 줄창 삼국지 책만 보시드라구. 그래서 참 실
이 많아. 그래서 그른 데 나와 {가지구} 지금 부모를 찾어요. 그래서 용::하게 찾는
북서 나와 가지구 맨 장사 시켜 {가지구} 지끔 이렇게 개화가 됐지. 그전엔 서울 사람
　삼백육십년 지끔 오는데 *그래* {가지구} 지끔 인제 우리 인제 그 자손이 한 이:십 호
게 인제 그 제:방두 막구 이래 {가지구} 지끔은 안전허게 댔는데 그게 인제 제정 때
실 업:다. 나하구 밤샜다. *그래* {가지구} 진도 구양을 가셨다가 십오 년 유배형을 받
]. 그거를 갖다가 자루에다 느: {가지구} 짜 가지구 그 국물에다가 깍:두길 허머는요
이, 아니, 옷을 입으면… *그래* {가지구} 찌끄래기넌 나:만 입었다하믄 왜 옷이 찢어
　어디 규수, 남에 여자 딱 바: {가지구} 참 똑똑하게 잘생겼다하구 그 집이 양반이다
도, 탈병덜에 그, 강도를 만나 {가지구} 참 죽을… 그래 죽는 거지, 그때는 법두 읊
응. 그래서 등수를 매기는 거 {가지구} 참 친일파 중에서 최:고 친일파가 댄 학교 **持**

릏[넣]:구 승검치물 릏:구 그래 {가지구} 채루 쳐 가지구서 허는데.. 편뚜께가 요만해
그래 가지구 인제 그걸 정:리해 {가지구} 책을 낸: 거죠. 그래서 혹시 책을 보시구 오
못 배우구 소위 쌍껏이라구 해 {가지구} 칠씹프로는 소위 그릏게 지냈다는 애:기가
해 가지구선... 탕:이라구 해 {가지구} 침 뱉는 요런 그릇이 있에요. 노인네들이 에
다. 그래 가지구 인제, 저거해 {가지구} 침발라 가지구 그, 떨어지지 않구 깨:지지
서버텀, 요거 집장사덜이 지어 {가지구} 팔아갔을 쩨 그 때 사서... 여기서 지끔 허
그냥 쏘는 거야, 거기다. 그래 {가지구} 피:란 나갔든 사람들이 도루 들어와서 그냥
듯해야 하니까. 그 올리:를 따 {가지구} 한 거라구. 그르길래 항상 돌아가면서 하수
아가고. 그래 그 두: 분 초대해 {가지구} 한 일주일 똥안 우리집이서 대:접허고 구경
백에 안 뽑아. 그럼 열땟 명을 {가지구} 한:국 사람헌테 주는데, 그른간 전국에 한: 持
으니깐. 백만이 안 됐어. 그래 {가지구} 해:방 돼 가지구선 쪼끔 있다가 백만을 쳤지
는데 일반하게 돼며는 몇십만원 {가지구} 허겠어? 이제 고것도 요새 뭐 헌다 하는데 持
기까지두 역사루, 저 지리루 봐 {가지구} 허게되며는 일본에 일광, 온천이 있구 뭐구
서 수원 경찰서에다 신고를 해 {가지구} 형사덜을 보내 가지구 잡었는데, 잡은 게 아
가주구두 그 밥을 주발에다 퍼 {가지구} 화:루에다 묻어서 그 밥을 주발 안에 가서
예:천에서 서울 오셨거든. 그래 {가지구} 회현동에 자릴 잡으셨어. 난짜 정짜라구 허
아니고. 시:뻘건 물들이 들와 {가지구} 흑탕물이 들와 가지구 가라앉어요. 그럼 이
그래 가지구 그걸 인제 그 해: {가지구} 힌떡을 맨들지. 그러구 참쌀, 인:절밀 맨들 持
시간이 많이 걸리잖아요? 그래 {가지구는} 그거 꾸기믄 또... 아, 지끔 즌:기 대리미
들어가기 전에 컴퓨터에 미쳐 {가지구서, } 공부를 거:이 안하다보니까는 학교를 어
르게 되면 땡땡땡땡 소리가 나 {가지구서..} 그 거 소리가 글쎄 그냥 종쏘리두 아니
덜 뿐이다. 여자분 한 분 끼어 {가지구서. } 그래 가지고 문헌 조사를 거.. 지끔 봉:
마 제대했지. 군대를 늦게 나가 {가지구서. } 그러니까 젊은 세월은 또 호지부리 그냥
만 깄지 우리 이려서 무슨 돈 [가지구서} 가나? 그 해방갓때가 돼서 경마장에서 복 持
학교 다닐 쩨 친구네 집에 모여 {가지구서} 거기서 고기 잡는 삼태기 있지? 고기 잡는
가져가구 꼬추장두 가져가구 해 {가지구서} 거기서 즉석에서 끓여먹는 거야. 그걸 철
아니고 사분에 ( )를 이렇게 쪼 {가지구서} 고거 한쪽씩 요렇게 주구 했었지. 또 엿
서 거, 또, 돈: 주구서 전부 사 {가지구서} 그 감쳐놓구 애:끼구 먹구 그랬지. 그래
, 짱깸뽀이가. 이 짱깸뽀이 해 {가지구서} 그 또 인제 술래 맨들어서...또 허구 그랬
:화에 있는 어... 그 사당에 가 {가지구서} 그 문헌 조사를 했어요. 근데 그 문헌이
여기 노동청이 그 때 갓 생겨 {가지구서} 그 양반들하고 전부 이렇게 만나보고 그러

단종의 시신을 갖다가 수습해 *{가지구서}* 그... 나중에 유:명한 그.. 이제 그... 재
시장에 가서 사다가 그걸 잡아 *{가지구서}* 그걸 동네에 집집마당 전부 분배를 해서
에 장마가 져 가지구선 비가 와 *{가지구서}* 그냥 모들을 다 너나 나나 할껏이 모들을
. 그러구 인제 이:듬해 지나가 *{가지구서}* 그때, 내가 생각하기루 인제 그때 당시에
보는 거는 양가 부모네들이 봐: *{가지구서}* 그저 좋으면 하는 거야. 그러면 아들딸들
무하다가 거기 이제 신축이 돼 *{가지구서}* 그쪽으로 와서 거기서 제:댈 하고, 그 다
그때 또 쌀장살 한다구 자전걸 *{가지구서}* 내 친구허구 개성으로 다니면서 쌀장사했 **持**
어. 지금겉이 완전 성인이 되어 *{가지구서}* 내가 그래서 그걸 느껴. 내가 그 나이에
를 갖다가 내가 인제 해방 되아 *{가지구서}* 내가 책을 사 가지구 내가 배웠이니까 한:
고 사람들이 다시 또 집으로 와 *{가지구서}* 또 어떻게 잘못된 사람은 국군으로 끌려나
주 야멸차게 제대로 계획을 짜 *{가지구서}* 모든 걸 해. 이담에 나이 먹어가믄 아이구
박물관에서도 나한테 연락이 와 *{가지구서}* 뭐 이제 한 얘기가 있어서 그거 조금 추가
는. 지끔은 거기서 다 이리 와 *{가지구서}* 살다가 남녀가 그저 맞눈에 맞으며는 결혼
그때 소를 잡었어. 소를 잡아 *{가지구서}* 삼치성 지내구 소 고기를 갖다 전부 분배
월곡이라는 게 다리꼴이라구 해 *{가지구서}* 순전히 박씨촌이라구 할 쑤 있어. 내가 어
인원이 많으니까는 분교를 해 *{가지구서}* 숭곡 국민학교가 있구. 고 또 앞쪽에는 숭
다:시 인제 용산서 연결이 되 *{가지구서}* 신길똥까지 직통으루 가는 전차가 또 생겼
서. 그러면 인제 동대문까지 가 *{가지구서}* 어떻게 허는 거냐. 옛날엔 연결을 허믄 됐
으루 가자 누구 집으루 가자 해 *{가지구서}* 어른 있는데 가서 전부 절허게 되며는 그
또래가서 직접 저이끼리 좋아 *{가지구서}* 연애했다는 사람은 혹 배운 사람, 그야말
었구 해방 돼 가지구 육이오 나 *{가지구서}* 이렇게 되고보니까는 왼 싸움통 고 중간에
::게 인제 봄에 이케 해:도 해: *{가지구서}* 이릏게 인제 뿌릴 뽑어보믄요. 뿌리가 항
양:쪽에서 찚:는 거지. 그거 해 *{가지구서}* 인제 그 어머니, 작은 어머니 이런 분들이
저거했었는데, 거 간빵 저거해 *{가지구서}* 인제 그걸 먹구, 과자 배급을 주더라구.
게 이렇게 말았어. 이렇게 말아 *{가지구서}* 인제 정초에 그저 떡:국 해서 먹구 그랬는
에. 그래 *{가지구서}* 인제, 그때 당셴, 놀:이래는 게 모:냐면,
얼마씩 다달이 부어나가. 그걸 *{가지구서}* 일년 붰:다가 섣:달에 가서 섣:달이믄 인 **持**
원도엘 간 거에요. 강원도를 가 *{가지구서}* 있다가 구 년 팔 개월만에 서울에 다시 와
거기서 좀 허다가 연:수를 받아 *{가지구서}* 저 몇 해 있이면 기관사가 되는 거지. 화
저거 아무 것두 아닌데 저걸 *{가지구서}* 저짓허나 허는 생각들이 들어. 너무 몰라. **持**
가지구, 전:차 시구, 전:차 셔: *{가지구서}* 전:차 탄 사람들 내레 가지구선 그거 맞게

부 고기를 주지. 그러면 그거 {가지구서} 전부 그때 국두 끓여 먹구 또 개인적으로 **持**
던? 낭:구 쪼개는 사람이 있어 {가지구서} 쪼개 놓고, 일년내 떼:는 거지, 쓰구.   그
지끔은 하두 각처에서 올라와 {가지구서} 처가찝이 뭐 경:상도다 절라도다 강원도다
번 봐 가지구 떨어졌어. 그래 {가지구서} 청량리 철또 기관사 되는데 거길 들어갔지
저 놀러가기두 허구 봄이 지내 {가지구서} 초여름 되며는 그 뻐:찌가 있어. 봇꼿에서
돈암동에서는 지금 이렇게 해 {가지구서} 충무로 사:까지 가는 것이 끝이구. 인제
게 쭉쭉 나오지만 옛날엔 빻:아 {가지구서} 큰: 암반이 있는데 암반에다가 이 암반 찧
어떻게 초등핵교때 그렇게 좋아 {가지구서} 티:브이는 사랑을 시:꼬에서 어린애들이
가 허니 요 선생들이 약어빠져 {가지구서} 학교서 인제 우리 반을 갖다 뭐 반이래야
와야 했을거야. 그런 식으루 해 {가지구서} 했는데 우리가 육학년 인제 오학년 요때서
하게 뭘 갖다가 딱 계획을 세워 {가지구서} 했으면 내가 오늘랄 이러지 않았을텐데.
 물 릏:구 그래 가지구 채루 쳐 {가지구서} 허는데.. 편뚜께가 요만해요. 편 두께가.
음엔 잘 되다가 아 요게 잘못되 {가지구서} 홀랑 들어먹었네. 그러니깐 어떻게 해. 생
왜정때도 쌀 빻:아서 흰떡을 내 {가지구서} 흰떡은 지금 방아간에서 이렇게 쭉쭉 나오
지 할머니가 그냥 꼭 머든지 사 {가지구서는} 가구 또 좀 신접살림이니까 쫌 저거허니
에요. 요만큼씩 그거 고기를 해 {가지구서는} 그걸 갖다가 갖인 양념 해:서 허분허분
 이게 인제 잘못댄 거지. 그래 {가지구서는} 그냥 경제적으루 능력이 없:이니까 사변
마할 쩨에 윤치형씨가 반:대해 {가지구서는} 그냥… 그르니까, 윤치왕씨라는 분이
 짜서는 인제 물기가 없:이 짜 {가지구서는} 노믄 소독소독:: 헐 꺼 아녜요? 그러믄
요. 그 소위 양반 쌍눔얼 같아 {가지구서는} 소위 좀 살만헌 사람은 양:반이라구 해:
일 후에 그 사람이 또 왔어. 와 {가지구서는} 어뜨신가… 그거 많::이 났다구 그럼
 달치. 열레 살에 여기 시집 와 {가지구서는} 이날 입때까지 요 방구석에만 있지 나가
을 그냥 유장을 갖인 양념을 해 {가지구서는} 허는데 파:, 마눌, 생:, 기름, 깨:소금.
는 구라부에다가 다: 기입을 해 {가지구서는} 혼나지, 인제 많이 뻿은 애들은 의기가
동해 통해 가지구 배:급쌀 타 {가지구선, } 그때 그 줄서서 배:급쌀 타라 그러믄 머:
이나 절에 가서 머? 한다구 해 {가지구선, } 머 살풀이한다구 전:부 그런 엉뚜당뚜한
가므는 노인네들 낭:이라구 해 {가지구선…} 낭:이라구 해 가시구 침 뱉는 요런 ㄱ
:볕에 그냥 개천에서 고기 잡아 {가지구선, } 그러니까는 지끔은 팬티라 그랬는데 팬티
서서, 글 잘 익:는 사람이 있어 {가지구선} 거 읽으믄, 그거 듣구서 질기구 그랬지.
데가 있구 그랬어. 고기가 없어 {가지구선} 거, 몰래 사구, 그때 당시에 고기가 파동,
니까 나는 뭐 볼꺼 없지. 그래 {가지구선} 결혼을 헌거야. 그러니까는 우리 아버지

만 나가는 거예요. 그른데 그래 {가지구선} 고종 때 그 증산 동네 싸람들이 시루 증짜
때 양:담배라구 인제 츰: 나와 {가지구선} 구:경허고, 그때 그랬지. 그래 가주구 그
. 그래 그 당시 걔네들 내려와 {가지구선} 군인가족, 경찰가족 몽조리 그냥 부셨지
가지구서 전:차 탄 사람들 내레 {가지구선} 그거 맞게 가게 허구.. 그전에 그랬어. 그
요렇게 불에다 잠깐 고:[구워] {가지구선} 그걸 요만큼씩 납족납족허게 썰:어요. 그
고기를 육회 재:서 육회를 재: {가지구선} 그걸 지져 먹는데 옴:파허구 아주 무:를
이렇게 있구 나무막대에 끼워 {가지구선} 그걸루 양:쪽에서 찔:는 거지. 그거 해 가
여 집안에 그 동서들 머 불러 {가지구선} 그냥 같이 허구. 장: 당글 때는 고:사는
그래 {가지구선} 그때 내가 또 학교, 중학교를 갖다 그땐
에, 에. 그게 있었어. 그래 {가지구선} 그때 머냐믄 에, 효재국민핵교가 미:군부
젠 저짝으루는 영:등퍼라구 해 {가지구선} 그때두 인:구가 같은 인:구라구 해:두 그
일 랄이야. 그때 비들이 안 와 {가지구선} 논에 모를 못 심었어. 근데 인제 육이오
사짓는 게 싫으니깐 그걸 팔아 {가지구선} 무슨 장사를 했지. 그래 인제 처음엔 잘
이오 나기 메칠 전에 장마가 져 {가지구선} 비가 와 가지구서 그냥 모들을 다 너나 나
어려선 음력 섣:달루 했어. 해 {가지구선} 소를 인제 우시장에 가서 사다가 그걸 잡
전문가가 아니구 어영버영 지내 {가지구선} 얼치기지. 그래 가지구선 인제 쪼금 허다
:차를 타구 종로사:가에서 내려 {가지구선} 요렇게 쪼끔 내려오면은 한:일, 지금 한:
게서 고종.. 님께 아마 저거 해 {가지구선} 이름을 고쳤대나 바요. 그래서 고치긴 어
인지 열:짱인지 요거 쪽지를 줘 {가지구선} 인제 구랍을 맨들어. 내가 이렇게 허다가
국민학교를 들어가셨어요. 그래 {가지구선} 인제 제이고등보통핵교라구 검:정시험 바
그래 {가지구선} 인제 쪼금 허다가 육이오 나왔이니까는 거
이 상:당히 많:어요. 수모가 와 {가지구선} 일::똥일쫑을 수모가 해주니까요. 수모가
들오셔서 옐:에섯에 혼자 돼: {가지구선} 일흔둘에 돌아가셨는데 색:시루 돌아가신
이 이렇게 된 거 이른 데다 해 {가지구선} 집안에서 인제 생신을 지내든지 허믄 그거
안 됐어. 그래 가지구 해:방 돼 {가지구선} 쪼끔 있다가 백만을 쳤지. 나? 피란 저기
시:루에다 그릏게 앉히지. 그래 {가지구선} 팟을 이릏게 놓:구 거기다가 인제 찹쌀을
시댁엘 오니까는 열레 살에 와 {가지구선} 혼인을 허는데 세상에 다리가 아퍼 견딜
, 종교 아닌 미:신 종교를 지켜 {가지구선} 희생덜을 당한 사람두 있구 그렇지.
라구 있에여. 산:고기를 다져 {가지구선요} 이릏게 해: 가지구 요렇게 불에다 잠깐
시:에서 그걸 팔었다가 다시 사 {가지구설랑} 거기 서울 육백 년 멀: 맨들어놨든 거
였다 허는 그러헌 말이야 이율 {가지구설랑은} 대:원군과 가까운 사람을 전부 잡어 持

가셨거던. 그래 진도 구양가서 {가지구설랑은} 말이야, 거기서 그 진도 거 청년 글을
약을 몇 벙 주구 가길래 그걸 {가지구설랑은} 말이야, 아, 이 약을 발렀지. 발르면 持
맨들었... 저 즈히들이 맨들어 {가지구설랑은} 말이야... 아, 나무쪼각에다가 막 저
, 잘 랄리구 못 날리기에 의해 {가지구설랑은} 승패가 많:이 결쩡이 돼. 아마 삼분에
그전엔 한:강에 체방이 없:어 {가지구요} 체뱅이 없:어 가지구 기냥 물이 마:을까징
괜찮은데 이거 가지고, 이 약품 {가지군} 안된다 허며는 다른 걸루 해야 돼거든. 요즘 持
도 있지. 그런데 수입 면에 봐 {가지군} 일반 의료 저거보다는 못허니까 그게 얼마
까 차가 없:어 가지구... 그래 {가지군} 참... 장:가 들었지. 그릉까 얼굴두 서루 안

위에서 {가지구설랑은}은 서울말 구어체에서 흔히 허사적 삽입을 하는 아주 흥미
로운 형태인데, 그 6 용례 중 2개는 실사적(持)으로 쓰인 점에 주목할 필요가 있다.
또 그 6 예 중 3개는 '말이야'가 후행하는 {가지구설랑은} 말이야의 상투어로 굳어있
음을 보여 준다.

'가지고'의 준말 형태로 '갖고'가 나타나기도 한다. 6 : 9로 실사쪽의 용례가 우세하
다.

쪼::그만 책이다 고기다 매달려 {갖고 } (웃음) 게서 인제 몇 번 써서 재료를 느: 났
지는 거기서 쓰는 돌: 돌:싼을 {갖고} 계셨기 때문에 거기로 인제, 이사를 갔지요. 持
분들, 새:롭게, 새:로운 생각을 {갖고} 계신 분 있으면 그런 분한테 좀 주고 싶다는 持
데, 이 그런 것 이제 관심들을 {갖고} 그랬어. 이제 컴퓨타 시대가 돼서 그때완 또 持
는데 지끔은 큰댁에 전부 헤져 {갖고} 업고. 여기 본거지루 지키지를 않구 이케 있구
램밀잽기. 오램밀잽기라고 그래 {갖고} 이세 이렇게 땅에다 그:려요, 이렇세. 그:려서
옳지 않냐 하고, 그런 생각을 {갖고} 있는데 이런, 그... 말씀이 나오니까... 또는 持
에 그 행장문을 쓴 것이 우리가 {갖고} 있어요. 그, 거개 거기 이렇게 보므는 돼:계 持
는 게 아니라 그 증권을 상환해 {갖고는} 이:십 년 후에 어떻게 한다는 그걸로 해:서
동을 건너야 되요. 청와대 지나 {갖구 } 그걸 타구 전차를 타구 갔던 기억이 나요. 한
비치됐던 거, 고걸 어떻게 그걸 {갖구} 그걸 증거 삼아서, 인제 오는 거예요, 인제 안 持
는, 야, 아무개 선생은 그 옷을 {갖구} 밤낮 그렇게 짝짝이로 입고 오니까, 저 신고 持

게 더 널:께도 하고 이렇게 해: {갖구} 요만한 오램말이라고, 개왓장 깨진거 또 뭐 그
래서 이제 언어에 대한 관심을 {갖구} 이랬었는데 결국은 내가 이 그 일본어를 가르 持
덩. 그러니까 그 대리미 을:어 {갖기도} 어렵다고. 고모, 뭐 삼춘, 뭐 막내꼬모, 우 持

아래에는 아예 /그래가지고/를 띄어 쓰지 않고 한 접속사처럼 이어 써서 허사적
용법의 대상으로 잡힌 예들을 보이겠다.

사셨어요. 일년 반:을 살아서, {그래가} 일년반을 사:셨는데 그 때는 할아버지 돌아
이팔때 제이국민병 을 나갔지. {그래가주} 가 있다 한 몇, 일련두 뭐, 일련이나 십개
. 그래서 인제 집이 불이 났어. {그래가주} 다: 없어졌는데 아버님이 이제 그래서 이 (?)
이오가 나 가주구 피란을 갔지. {그래가주고} 우리집만 이 동네 아가씨들이, 괴:뢰군
죽였단 말이야, 시:해를 했어. {그래가지...} 이제 그 한:국을 말이야, 조선이지. 조
사람이 이명학이가 또 있었어. {그래가지} 내 편지를 받은거에요. (단절) '...그런데
만두죠? 우리쩍에는 대사게라고 {그래가지고,} 그래 그게 일번말이죠, 대사게. 그래가
그래서 이래가지고는 안돼겠다 {그래가지고,} 지끔은 검인을 찍지 않은 물건은 팔지
거기서 이은:애[yɨ:nɛ]한거야. {그래가지고...} 경상도 사람. 그래도 사:람이 말:을
보구 그리고 달:래면 집어준대. {그래가지고} (웃음) 우리 학교에 그 때 저기야, 훈:
미를 탁 잡은 거야. 걸렸지 머. {그래가지고} 가서 강냉이 든 채 마당 한가운데... 운
러다가 떨어져 가지고...(웃음) {그래가지고} 그 개천에 빠:져서 그냥 그 모두 저기가
살:다가 이제 이쪽에 살았죠. {그래가지고} 그 때 이사가고도 입:때까지 그냥 이동
. 아주 멀:리 간 거 거기예요. {그래가지고} 그 마름, 마름에 집에서 또 이제 소:작
화생방교육 허는 장:교셨대요. {그래가지고} 그 오빠를 모르는 사람이 없더라고요,
해에 처음으로 생겨 가지고... {그래가지고} 그 자격을 얻:으니까 이제 전임을 발탁
때에요. 보급하기 시작할 때. {그래가지고} 그 테레비 보급에 한 영향을 준 사람이.
허셨다고 그런 소린 들었어요. {그래가지고} 그게 잘돼 가지고 아주 그냥, 돈:을 잘
나에서부터 죽: 보시는거에요. {그래가지고} 그냥 내:일 모레 학교 갈텐데 작대기야.
그래 그게 일번말이죠, 대사게. {그래가지고} 그냥 수: 놔가지고 누가 더 이쁘게 수:
는 학교 다녔어. 그 수표동에. {그래가지고} 내가 이 창:신동에서 거기까지 걸어다녔
이제 마침 그 광산에 오셨어요. {그래가지고} 내가 이제, 그 때 노조위원장을 한 육
고 그랬어요. 그 때 또 혼났어. {그래가지고} 또 애:들을 데리고 또 피란을 또 나갔지

잖아요. 그러고 밤낮 내지끼라 {그래가지고} 바지, 요 밑에다가 저녁 때마다 매일:
얼:레는 거의 집에서 만들었어. {그래가지고} 실:은 사서, 실:은 뭐 저기 뭐 집에서(
교육에 안 좋다고... 아휴... {그래가지고} 애:들을 어디로 보내... 친척들도 다:
이렇:게 오려가지고, 깍때기. {그래가지고} 양쪽에다 놓고 붙여. 그러고는 이제 거
우리 여섯째 아버지 친구분이. {그래가지고} 오셔가지고, 이제 휴가 나오셨는데, 그
서 왜:국어에 대한 수요도 늘고 {그래가지고} 왜:국어, 왜:국어 대학이 좀 이렇게 빛
양반이 그때 꼭 좌측통행이라 {그래가지고} 왠:쪽으로 이렇게 걸으라 그래서 그 다
까 을:마나 화:가 나시겠어요? {그래가지고} 우리 다 벌썼다고. 그리고 인저 복도 청
배:급도 좀 타먹고 이래가지고, {그래가지고} 우리가 좀 나:았을른지도 몰라. 아주 어
가게 해요, 미군들이 있는데는. {그래가지고} 우리는 이응:[yɨ:ŋ] 장사를 못:허구 가
얼:른다 그러나? 잊어버렸네. {그래가지고} 이게 해서 나가게 하는 게 있어. 끊어지
더라고. 영: 아파트가 안돼요. {그래가지고} 일산으로 갔어요. 일산 가서 계속 힐라
게 살:다 보니까 시간이 많:구 {그래가지고} 자꾸 즉:다고 그래. "아이 애, 이거만
옥수수를 따서 담으라고 그래. {그래가지고} 지가 그냥 짊어지고 오더라고. 그리고
데 웨:는 걸, 웨우는 걸 못해. {그래가지고} 지끔도 이 소학교때 기억이 글세... 이:
막 그러는데, 불쌍허지 않어여? {그래가지고} 쪼끔 잘해줬더니 그렇게 잘하더라고. '
본 가서, 저기 교:또를 갔어요. {그래가지고} 학교공부 해야겠다는 뜻 가지고 내가 공
촌 화:장터까지밖에 못 갔다구. {그래가지고는} 거기서 신:천 그 쪽에 즈이 친척이 있
그때 농민병이셨나? 하여튼... {그래가지고는} 그분은 인제 우리집에 와서 기신거죠.
바양으로 쓰는 게 옳지 않겠나 {그래가지고는} 나중에 이제 노조위원장을 고만 두고
알을 거 아냐. 그거 보느냐구. {그래가지고는} 맨날 초칠해서 거기다가 머 백묵가루
돼 가는데 이런 짓하면 안된다 {그래가지고서} 검:인제도를 만들었어요. 검:인제도를
없다, 여기서 이제 더이상... {그래가지고서} 결혼하고 만 삼년 돼는 때에 그냥 무
니까 직장도 없고 그랬는데두. {그래가지고서} 서울에 와 가지고는 계속 서울에서 장
졌고 뭐했지 난 이건 못참겠다 {그래가지고선...} "옳은 일이 아닌 걸 소장님이 더
년에 두: 번을 올라가더라고요. {그래가지고선...} 어쨌든 육년 만에 왔어요, 서울을.
:위였었다구, 대:위 아:느내서, {그래가지고선} 그렇다구, 우리 오빠라고 그러니까는,
게 세: 송이가 싹 피었었는데. {그래가지고선} 아침에 내가 홰:사를 딱 가니까는 뭐
빨:고 뱉:고... 나오니까. 아, {그래가지곤} 가서 지혈제 주사 좀 놓구 뭐 이렇게 맞
신익히 그 양반이 으장을 했어, {그래가지구,} 그, 한태, 신익히, 저허구, 우리 청년

어요, 그 속:이, 속에 있어요, *{그래가지구,}* 한번 그 안엘 들어가 봤어요, 옛날에, 은으러, 먹으러 댕기는 사람이, *{그래가지구}* 거기, 지끔 감사원쪽, 그, 거기 한군데 :서 끓여놓지 인제. 그리실 때, *{그래가지구}* 거기서 깨뜨려서 뒤에 갖다 그리 담아다 지가 청년단 단장을 했잖아요? *{그래가지구}* 그 때 또 아버지가 많:이 숨어다니고 그 면 그거루 끝나는 거 아니예요? *{그래가지구}* 뭘: 허냐구 다 물어보드니, 그래서 혐이 공호예요, 일정때 파논 거예요, *{그래가지구}* 육이오 때, 괴:뢰군들이 내무성에서 그 허구, 이렇게, 마주 있었어요, *{그래가지구}* 육이오가 났는데, 말: 한마디두 안 허구 기고 동생허고 겉은 일을 했죠. *{그래가지구서}* 동생하고 갈라져 나와가지고 저 공구 :' 같은 것 '둔:' 그랬어요. 둔 *{그래갖고}* 이 '안경'도 '앤경', 학교도 '핵교' 이런 세한거야 다, 우리 어무니하고. *{그래갖고}* 이제 그쪽으로 그렇게 했:는데, 우리 선생 뭐 빵:꾸나고 뭐 막 그런건데. *{그래갖고}* 인저 문에다가 그걸 걸어났어. 그 선생님 삼무리가 꽉 찼을꺼 아니에여? *{그래갖구}* 고기다 또 벽돌 놓는다구. 응? 그른데 지 박골, 영천쪽은 압박골 무승 꼴 *{그래갖구}* 골이라고 그러는데 인제 서울 사람들은 압 혀갔다고, 인민군에 잽혀갔다고 *{그래구...}* 그러니까 거:짓말 허구 내가 애들을 오:

위의 자료에서 {그래}를 중심으로 다시 정렬시켜 보면 다음과 같다. 앞서 말한 hgrep으로 kwic 색인을 만든 결과 {그래}에 관련된 사항만 쉽게 보도록 만든 것이다. 이렇게 {그래} 뒤에서 허사적 용법의 대상으로 잡힌 가주구의 용례들에는 구태여 실사적 의미를 부여 하자면 '–서'의 의미가 있다는 사실을 감지할 수 있을 것이다. [1. 가지구 류(類) 서두 부분 참조] 아래에서 가주구 전체를 사체로 해야 하지만, 여기서만은 편의상 정체로 둔다.

못 다루믄, 또 나는 이, 피부가 {그래} 가주구 가려와요. 그러니까, 그거를 저 삶어 졸업장 못 타구 갔어요, 개가. {그래} 가주구 가서는 미국 가서 공부해 가주구 석사 　　　　암:: 있었구. 그럼. {그래} 가주구 개천에다 뿌리구 강에다, 산에다두 뿌 기까지 졸아요. 조리는 거예요. {그래} 가주구 건 갖인 양념, 고기 양념허듯 해 가주 죠, 여기 청년단에 있었으닌깐, {그래} 가주구 그 당시에, 그, 누가 으장을 했었냐며 수두 있구 그런데 그냥 허자구 {그래} 가주구 그 때 헌 거야. 다시 안 한다구 그랬다 그늠을 친단 말야, 고::께... {그래} 가주구 그 애교허구 고 부레허고 합쳐서 끓인 　　　　　　　　　　{그래} 가주구 그 이듬해, 추석두 시:구, 저거허는데,

　　　　　　　　　　　{그래} 가주구 그 풍선과 겉이 매달아 놨어요, 공중에
어. 백통. 배:추 이런 거 백통. {그래} 가주구 그거 계속해서 그거 먹지 뭐. 그건 날
구선 구:경허고, 그때 그랬지. {그래} 가주구 그때 전:차 타기가 또 심 들었어요. 전
래요, 인천에, 인천에 상륙했다 {그래} 가주구 그런가보다, 지 그 당시에, 매부 되는
부님이시구 생활아부지 기시죠. {그래} 가주구 그리루 내려오시기 때민에 저 충청두
를 갖다가 소금을 살짝 뿌레요. {그래} 가주구 꼭: 짜요. 꼭 짜서는 인제 물기가 없:
공 장난을 여기서, 운동장두, {그래} 가주구 나무가 이런 나무가 막 이렇게, 저 집
, 이 썩은 살이 다: 빠져나가. {그래} 가주구 났:어. 응, 은인인데, 그 사람을 찾을
테 그따우 행동이 어딨니? 그냥 {그래} 가주구 다리 걷어놓구 볼기짱 내놔라 그르구
때는 그렇게 잘하드니 이 동네, {그래} 가주구 데리구만 오면 너 어저께 부모헌테 그
, 낼부터는 나가지 말자, 튀자, {그래} 가주구 도루 튀었다구요, 친구들이, 해가지구,
구 꽤소금 치구 설땅 치구 인제 {그래} 가주구 맛을 바서 맛있으믄[마시쓰믄] 난 그거
께서는 한:국에 유림에 대표야. {그래} 가주구 무슨 일을 허셨냐며는 이왕직에서 이:
문 시장에서 크:게 장사허다가 {그래} 가주구 뭘 좀 했는데 실패해 가주구 마음이 좀
네가 건:물이 큰 게 읎었어요. {그래} 가주구 비가 오며는 하천두 복기 안 허구, 옛:
헌 사람이 거기다 모:셔 논다. {그래} 가주구 사진 거기다 놓구, 향, 초때, 초, 향뿔
장히 많았어. 경장히 많았는데, {그래} 가주구 열따섯에 내가 장:갈 들었거던. 국민핵
아래가 집이 상::당히 적었어. {그래} 가주구 으르신네가 공무원으루 계:셨었거든.
　　　　　　　　　　　{그래} 가주구 이제 굄:질 채려놓은 거, 돌아가신 분
구 뭐, 약물이 많::아 저기가. {그래} 가주구 저:: 꼭대기 올라가믄 약수터가 있어.
핵교를 입학을 시켜준 거에요. {그래} 가주구 졸업을 했지. 갈 쩬 끌:구 가구 인제
만 그전에는 거기가 밭이에요. {그래} 가주구 중국 싸람, 일본 싸람이 와서 밫을 허
가신 지가 상당히 오래 됐는데. {그래} 가주구 피:란을 가다 으르신네가 가는 대루,
히천두 복기 안 허구, 옛:날에. {그래} 가주구 허면, 내가, 내가 헌 건 가주구 얘기허
내가 그, 저 방:모에서 살다가 {그래} 가주구, 내 친구가 인제, 저 성내라구 효자동
　　　　그럼 나갔었지. {그래} 가주구, 내가 유월, 유월딸에 결혼을 했는데
　　　　　　　　　　　{그래} 가주구, 뭐:를 하냐 허믄, 명주벨 짜요, 상주
야 하니까 이 구뎅이를 팝시다 {그래} 가주구, 언: 땅이 잘 파지우? 그래 억::지루
가지구 날뛰는데요, 못 봐요, {그래} 가주구, 의장찝을 들어가 보니깐, 어, 어휴,
그게 많았었어. 몇십년 전에. {그래} 가주구, 인제 그 삼년상 날 쩨 대:상이라구 그
, 보장이 되니까 나보구 오라구 {그래} 가주구, 정씨하구 내허구 갔지, 가서 일허니깐

네, {그래} 가주구, 즈이 동네, 내가 요기서 살 때, 뭐:냐
그렇잖어. 인제, 거기두 그래, {그래} 가주구, 쪼:끔 대우가 괜찮은 쪽에 있었어. 거
, 하루에 한 번두 갈 쑤 있구. {그래} 가주구.. 구경허구, 거 머, 눈치 바서 또 머:,
허게 대:추 모양으루 맨들어요. {그래} 가주구는 고 속에다는 잣: 하날 박구 요그다는
들어서…또 허구 그랬지. 응. {그래} 가주구선 그때 당시에 인제 그래 가주구선 인
란 아시죠? 어란을 이릏게 놓구 {그래} 가주구선 요거는 마:치구선 요: 위다가 육조란
그 무:가 물르믄 맛이 없:에여. {그래} 가주구선 이걸 한데 넣:가지구 기름 치구 꽤소
래 가주구선 그때 당시에 인제 {그래} 가주구선 인제, 그땐, 지끔은 순경을 무섭지
요새 인제 가을에 무:를 갖다가 {그래} 가주구선.. 응, 해보셔 그거. 요새 그거를 그
하나 그런 거 머 다 해서 싸구 {그래} 가지고 그게 함 쌍이구, 또 몸종으루다가 하나
커:피두 들구, 우:유두 들구. {그래} 가지고 도마도, 그전엔 몰랐어여. 그래, 내가
. 여자분 한 분 끼어 가지구서. {그래} 가지고 문헌 조사를 거.. 지끔 봉:화, 경북 봉
그래서… 그때. 그게 있었고, {그래} 가지고 에, 서울 수복, 아니 저, 대한민국 수
가지구 이:명학 대:위 아:냐구 {그래} 가지고선, 그 땐 오빠가 대:위였었다구, 대:위
　　　　　　　　　　　　　　　{그래} 가지구 거기는 일본 싸람들이… 많이 달르지.
베끼구 해서 그걸 녹헤요 땅을. {그래} 가지구 거기다 얼:갈이 배추를 심으믄요 배:추
니깐. 지방서두 오구 그른데… {그래} 가지구 겨울게 내가 인제 혼역을 앓구, 눈이
끌려나갔어. 거 고생 짙했지. {그래} 가지구 고 사람들이 다시 또 집으로 와 가지구
그 삔: 다리를 부딪쳤단 말야, {그래} 가지구 곪았어. 지끔두 난 여기 아주 그 상처
던. 국민핵교 오:학년 쩍에… {그래} 가지구 국민핵교 이:학년 쩍에 다리를 다쳤어.
녀, 인민군들한테 시달림 받어, {그래} 가지구 군대 나가서 군대생활 어영버영허다보
우리 밤:낮 약탈만 헌 거 같다. {그래} 가지구 궁을 다 불 론 거예요, 우리가. 우리가
른간 들어가시지 못:했단 말야. {그래} 가지구 그 광:하문 밖에서 밤을 새:셨거등. 근
했어. 경북궁에서 허진 않구. {그래} 가지구 그 대:원군에 가까운 사람 모두 잡어가
는 버젓::이 서 있어요, 아주. {그래} 가지구 그 집을 사 가지구 자기 학교 나오고
전부 저 이거 부서지지 않어? {그래} 가지구 그걸 인제 그 해: 가지구 힌떡을 맨들
거 떡을 갖다 쌀루 찌지 않어? {그래} 가지구 그걸 판에다 놓고 방맹이루 쳐. 그른까
　　　　　　응, 그릏지. {그래} 가지구 그때 내, 저거허니까 우리 쪼:끄말 땐,
림픽이 대서 축제가 있었어여. {그래} 가지구 그때 당시에 서울 짱안에서 그때 마:르
룽지. 그런 게 있었어. (웃음) {그래} 가지구 그때 동네 애들허구 노는 것은 머냐,
그때 그, 그런 장사두 있었구, {그래} 가지구 그때 양:담배라구 인제 츰: 나와 가지

엔 순경을 상당히 무서와했어. {그래} 가지구 그때, 두둑늠집기 했지, 두둑늠. 편 짜
{그래} 가지구 그땐 제 치안이 안 대니깐, 그때 순경
은 그것이 실:에 묻어. 그러믄 {그래} 가지구 그러믄 말려. 말리믄 실:이 아주 날카
거기다가 머 백묵가루 칠하고 {그래} 가지구 그런 적도 있었에요. 한:참 장난 심한
그 뻥:티기 장사들이 많:었지. {그래} 가지구 그전엔 미:국 사람이 무슨 미제물건 머
시대엔 토행금지가 읎:었어여. {그래} 가지구 기울게 밤만 되믄 총쏘리가 경::장히
본거지, 그거 재미루 본 거지. {그래} 가지구 꽃전:차 보구, 거 보느냐구 거, 시굴서
지게루 지:구 서울에 들어와서 {그래} 가지구 나무장이 스는 동:네가 있어. 거그다
만큼씩 납족납족허게 썰:어요. {그래} 가지구 납족납족허게 해 가지구 담:구서는 거
르지. 거 어딜루 갔는지 몰라. {그래} 가지구 났:어. 그래... 모냥은 그거야. 긍까
고기구 그룽::게... 고기. 인제 {그래} 가지구 또 요새 전: 부친 거 겨란에다 머 부쳐
는 아이가 또 있어요. 거기서, {그래} 가지구 머 오십대 가서 머... 요새 그, 저 테
. 그걸 애국갈 불렀어. 첨:에. {그래} 가지구 바꿔 가지구, 그래, 바꺼 가지구 저거
이 먹구, 배불리 먹구 살으라구 {그래} 가지구 보내주구. 그러다보믄 기반이 조::끔
이 아니라 삿바 씨름이 나오구 {그래} 가지구 삿발 이릏게 매: 가지구...

    응, 그른 게 있었어, 나두. {그래} 가지구 서울 쨩안에 그때 내 전:차가 업:구 그
게 해서 방을 지가 을:어가지구 {그래} 가지구 시집을 가구. 우리 막내 아들두 그냥
별나게 키우고 싶었던 것 겉애. {그래} 가지구 아주 숙제두 학교에서 열: 쨩 해 오라
때는 겨울이 상:당히 추웠에요. {그래} 가지구 어디 나::가지 못 했에요. 버선 하나를
울에 독에다 한 독을 끓여 놔. {그래} 가지구 얼어붙었어. 그러믄 위에서 깨 가주구
어렸을 때부텀 전:기 있었지. {그래} 가지구 에, 그전에 을찌로 입구 앞에가 오두바
동, 그때 있었구, 거 내 알:구. {그래} 가지구 에, 우리 조선 명절이니깐, 인제 한:국
감쳐놓구 애:끼구 먹구 그랬지. {그래} 가지구 에, 해:방되구 그 일 련 지나가구선,
거허싰구 아드님두 과걸허시구 {그래} 가지구 우리 백부께선 멀: 허셨냐문 주:서라느
가 없:어서 그건 못 열고. 에, {그래} 가지구 을:찌로 입구꺼정 가는데 사:람이 없:
뭐뭐 며칠이었고 뭐 어쩌구... {그래} 가지구 이 사람이 이를 하나 빼:, 빠:졌다, 뿌
했:더니 그 사람이 찾어온거라. {그래} 가지구 이:명학 대:위 아:냐구 그래 가지고선,
분이니깐 잡어 갇혔어. (웃음) {그래} 가지구 이완용이가 무슨 장난질을 했냐면, 뒤:
타구 내리구 타구 할려려니까. {그래} 가지구 인제 그 후에 다:시 인제 용산서 연결
료를요. 재료를 갖다 맜:는데. {그래} 가지구 인제 그걸 정:리해 가지구 책을 낸: 거
아니야. 딴 사람두 다 그랬어. {그래} 가지구 인제 그때 돈: 주구 봄에 인제, 저거

에, 에.. 그게 이거구,
: 군이 와서 쳐: 서 버리드라구.
왜정 말기꺼정 있었던 거예요.
응.
선 맨들어 쓰구, 그때 그랬지.
장사들이 많: 았어, 골목마다.
살 필요가 없: 다구 올러오셨죠.
아냐, 안 나가. 그르구,
. 그 물이 아주 맑: : 었었거든.
서 예: 천에서 서울루 오셨거던.
역사가 또 그렇게 된 거니까.
: 다 말야 거: 부를 해버렸거던.
안 댄다, 살을 비: 면 안 댄다.
: 부 좌이정 우이정 영이정이야.
제 한 삼백육십년 지끔 오는데
간 사실 업: 다. 나하구 밤샜다.
그, 이, 아니, 옷을 입으면...
그 꿀물 릏: 구 승겁치물 릏: 구
산을 그냥 쏘는 거야, 거기다.
안 됐으니깐. 백만이 안 됐어.
분이 예: 천에서 서울 오셨거든.
때두 교통은 좋지 않았어여...
랬어. 그때 그른 일이 있었지.
: 하가 여러가지가 있었는데...
그, 으: 른들두 했어, 그때.
명절은 잘 치렀어여, 그래두.
좋지 않아서, 내가 못 고쳤지.
지푸래기로 맨든 방. 응. 그거.

{그래} 가지구 인제 그때부텀 장사를 아까 말: 쏨대루
{그래} 가지구 인제 봄이 닥치구 허니깐, 그때 왜릏게
{그래} 가지구 인제 에, 거기서 인제, 을찌로 사가에
{그래} 가지구 인제 해: 방이 되니까 참 소위 인제 개
{그래} 가지구 인제, 그게, 핵교 주벤에 그런 장사들
{그래} 가지구 인제, 내 그때, 돈암동 쪽으루 주로 많
{그래} 가지구 인제, 저거해 가지구 침발라 가지구 그
{그래} 가지구 인제.. 지끔으루 생각허믄 많: 이 깨셨
{그래} 가지구 일 련이 넘어갔지, 인제 그릏게서. 아,
{그래} 가지구 일본 싸람들이 여기 와서... 토끼를 잡
{그래} 가지구 자리를 회현동을 잡었는데 도깨비들이
{그래} 가지구 잘못허다구 미안허다고. 그래서 머 내
{그래} 가지구 재: 판을 했어 이제 그때. 그름 일국에
{그래} 가지구 저고리두 함부루 못 벗었에요, 어디가
{그래} 가지구 죽 내려오면섬 정승이 열레 분이 있어.
{그래} 가지구 지끔 인제 우리 인제 그 자손이 한 이:
{그래} 가지구 진도 구양을 가셨다가 십오 년 유배형
{그래} 가지구 찌끄래기넌 나: 만 입었다하믄 왜 옷이
{그래} 가지구 채루 쳐 가지구서 허는데.. 편뚜께가
{그래} 가지구 피: 란 나갔든 사람들이 도루 들어와서
{그래} 가지구 해: 방 돼 가지구선 쪼끔 있다가 백만을
{그래} 가지구 회현동에 자릴 잡으셨어. 난짜 정짜라
{그래} 가지구, 그 이, 인제 그, 정월 명절 끝나구,
{그래} 가지구, 그때 우리 나이 인제, 저거헐 때두,
{그래} 가지구, 그때는 만: 하 사서 바이지, 만: 하 까
{그래} 가지구, 그땐 제 공장이 인제 가: 동이 대 가
{그래} 가지구, 눈: 이 와 가지구 전: 차가 못 대녔어,
{그래} 가지구, 눈: 이 와 가지구, 그때 거, 시굴섬은
{그래} 가지구, 여름에는 저거허구, 거기두 그 이: 가
응, {그래} 가지구, 와 가주구, 잠은 편히 자니깐 좋: 드라
응, {그래} 가지구, 왜정 시대엔 토행금지가 읐: 었어여.

강:도가 많:았어 그때 당시에. {그래} 가지구, 읋:어져 가지구, 에, 그 이듬해 인제,
{그래} 가지구, 이: 년 있다가 그 설:날을 인제 셨:는
가지밖에 없:었어, 그때 당시. {그래} 가지구, 이:북 사람들이 들어와 가지구 인제,
냈으니까, 그대루 넘어갔는데. {그래} 가지구, 친구들이 그때, 명절 때면 새 옷을 사
구 가구, 벽보 붙이구, 그거야. {그래} 가지구, 투표날인데 그때는 공일허면선 동네
육개월만에 {그래} 가지구... 면:회는 그냥 거기서두 여기서두
는데 시간이 많이 걸리잖아요? {그래} 가지구는 그거 꾸기믄 또... 아, 지끔 즌:기
에. {그래} 가지구서 인제, 그때 당셴, 놀:이래는 게 모:
을 몇 번 봐 가지구 떨어졌어. {그래} 가지구서 청량리 철또 기관사 되는데 거길 들
? 근데 이게 인제 잘못댄 거지. {그래} 가지구서는 그냥 경제적이루 능력이 없:이니까
들었이니까 나는 뭐 볼꺼 없지. {그래} 가지구선 결혼을 헌거야. 그러니까는 우리 아
구 물만 나가는 거예요. 그른데 {그래} 가지구선 고종 때 그 증산 동네 싸람들이 시루
{그래} 가지구선 그때 내가 또 학교, 중학교를 갔다
에, 에. 그게 있었어. {그래} 가지구선 그때 머냐믄 에, 효재국민핵교가 미:
쌀에 국민학교를 들어가셨어요. {그래} 가지구선 인제 제이고등보통핵교라구 겸:정시
{그래} 가지구선 인제 쪼끔 허다가 육이오 나왔이니까
시:루에다 그렇게 않히지. {그래} 가지구선 팟을 이렇게 놓:구 거기다가 인제 찹
때니까 차가 없:어 가지구... {그래} 가지군 참... 장:가 들었지. 그릏까 얼굴두 서

2 갖다 류(類)

어기 '갖다'는 앞서의 '가지디'의 같은 어근을 기지지만, 문맥에서의 해석이 단순히
'가시나'의 준말로서 持의 뜻이 아니라, '가지어다가'의 준발로서 取의 뜻을 품는
것으로 보아야 더 자연스럽다.
  '갖다가'로도 많이 나타나며 그 때는 거의 다 허사적으로 쓰이는 것이다. 다만,

를 이:구 왔더니 아버지가 다: {갖다가} 그냥 뒷:거리에다가 갖다 버리드라고. 그렇   取
비 나온다고 귀:신 나온다고 다 {갖다가} 버레요. 아 그거 들으니까 참 쓸쓸허대요.   取

정도에서 取의 뜻이 간취된다고 할 수 있다.

개씩 이렇게 사다 놨:으믄 그걸 {갖다…} 이렇게 보:관을 잘 하면 그게 다 귀:중품인 **取**
김치 깍뒤기 그릏게 허구 조길 {갖다} 고기를 넣구서는 파를 겨울엔 움파를 여름엔 **取**
그때 내가 또 학교, 중학교를 {갖다} 그땐 전부 중학교야. 고등학교가 아니구 중학 **取**
조란예요. 그걸 고기 다진 거를 {갖다} 그렇게 다져서 양:념을 해 가주구서는 양념해 **取**
래가지구 거기서 깨뜨려서 뒤에 {갖다} 그리 담아다 디어서들 식구들이 노나 먹구… **取**
할아버지 저이 할머니 나이를 {갖다} 기억허느냐. 물론 나보담 똑똑허구 공불 많이 **取**
보구 음:식을 시:장이서 사서 {갖다} 노:믄 안 댄다. 난 그런 건 먹지 않겄다. 난 **取**
있지? 늘 떠는 거. 그거 한장 {갖다} 놓고. 그게 일:가고, 명절 때 보믄. 늘판이 일 **取**
기다 다: 똑같이 담어. 담어서 {갖다} 놓고 '아무나 가져가시요'지, 이거는 니 꺼다, **取**
군지 갖다 쓰라구 거기다 돈:을 {갖다} 놓구 그래서 녹을 보렸다 해서 녹번이 고개에 **取**
단 저거였기 땜에, 사무실에다 {갖다} 놓구 동민들두 막 노나주구 그랬어요, 그렇게 **取**
여기가 넓은데 거기다 대포를 {갖다} 놓구 인제 전:장을 허는데 두 시간 전장에 여 **取**
아:이들을, 동네 아이들을 죽:: {갖다} 놓구 집집이서 이불을 떼다 두:겹, 세:겹 이불 **取**
, 그러구 인제 제쌍 인제, 초때 {갖다} 놓구, 이 향로 사다가 향, 그전에는 지끔같이 **取**
족 유가족한테 전화허구 사진두 {갖다} 놓구. 게서 이번에 그런 걸 좀 늘:려구 그러죠 **取**
, 개나리 꺾어다가 그냥 집이다 {갖다} 놓구. 그, 지끔 허면 안 대는 얘긴데, 아니, **取**
다:: 실어다가 저 큰 행길에다 {갖다} 놔줬어요. 그랬더니 인제 미군 한 사람이 자기 **取**
기 마:누라 죽으니깐 마:누라를 {갖다} 늘 보기 위해서 정능에다가 산소를… 정녕 말 **取**
래두. 그 시백문님 허시는 거를 {갖다} 다 밸:라믄 우리집두 그만:헌 생활력이 있어야 **取**
장소엘 가면 거기서 다 장:전에 {갖다} 다시 취:색만 허구, 장식 겉은 거 손질만 하믄 **取**
이 많:이 잘러 먹느냐? 그러믄 {갖다} 대구 서루 왔다 갔다 허다가 얼:리잖어? 얼:리 **取**
일쩜을 가져가두 사탕 이런 걸 {갖다} 두개씩을 받았으니깐 일쩜에. 그러니깐 지끔 **取**
셔서 감사헙니다. 그러구 인제 {갖다} 드리는 거야. 그러믄 그것들 아이들허구 으른 **取**
그게… 내가 요기 책 책을 좀 {갖다} 디릴게. 말은 머냐믄 헐:씬 앞서서 있었거든요 **取**
었어. 그러믄 위에서 깨 가주구 {갖다} 디어서 먹고 옛날에두. 싸지, 싸. 인구가 없 **取**
에 거름통 있잖아요? 그 안에다 {갖다} 또 집어늫드라고? 그:렇게 해:병들 아주, 훈련 **取**
어려우니까. 근데 그 동:네물을 {갖다} 마시는 형편이구. 왜정때 애:기두 그래요. 왜 **取**
그땐 때리기두 허구. 벌:을 {갖다} 많이 세웠지. 무릅 꿀꾸 이럭허는 거. 많이 세

재료를요. 재료를 {갖다} 맜:는데. 그래 가지구 인제 그걸 정:리해 가지 取
신통치들 않아. 우선 이거래두 {갖다} 먹게. 고맙네 그래. 손 붙잡구. 이제 그때 손 取
쌀 삼십 가마니구 오:십 가마니 {갖다} 먹는 사람 외에는 전부 사서 먹으니까 그때 다 取
서울에 다 집안이 있으니까 다 {갖다} 먹었지.   응, 그래 가지구, 와 가주구, 잠은 取
아이 그런 건 지끔 {갖다} 멀 허우. 갈 날이 얼:마 안 남었는데 나 갈 대 取
자랐기 때문에 나두 부모님을 {갖다} 모신 거지. 인제, 그러니깐 생전에 내가 잘 해
. 거 그때는 무네미, 수유리를 {갖다} 무네미라구 그러구 그랬지. 그렇게 살았는데.
사람들이 많아서 나 보고 기냥 {갖다} 물건 팔어라, 넌. 지끔은 아마 안 그렇겠지만 取
실:고추 늫구 그러구 호:두를 {갖다} 물에 담었다가요 깝:디기를 까요. 깝:디기를
지구서 학교서 인제 우리 반을 {갖다} 뭐 반이래야 육칠십명 한반이야. 일학년서버텀
, 저기 먹을 께 많이 미군들이 {갖다} 버렸다구 그러더라고. 그런데 그 때 먹을 께 取
:같이 생기고 그런 걸, 한 차를 {갖다} 버렸다는데 가보니까 이렇게 먹을만 하더라고. 取
어트게 귀:신이 나온다고 그걸 {갖다} 버리고 거 외[ö]:국 사람들 요즘에 보믄 우리 取
하나씩 퍼서 인제 그 갠천에다 {갖다} 버리구 나니까, 그게 맨 돈:이야. (신:쭈)라 取
다: 갖다가 그냥 뒷:거리에다가 {갖다} 버리드라고. 그렇게 유:난스러운 할아버지야, 取
들어가면 그 산곁은 산. 그걸 {갖다} 봉호산이라 그래. 봉호산. 그리구 동네를 봉호
집에서, 즈이 집에서 책을 많이 {갖다} 빌렸져. 새 책 갖다가 빌려주는 거야. 친구가
오이 소백이허고 무 장아찌를 {갖다} 빼:구 오이 장아찌허고. 오이 장아찌가 이와
네 그때 학교 다닐 때 월싸금을 {갖다} 사:십전을 냈다구 내 어저께 얘기했지만두 사:
세상이 돼서 이래. 왜 저런 걸 {갖다} 사:형을 허구 기강을 딱 세 놓지 못 허구 저릏
시게 허느라고 만:인에 이름을 {갖다} 수를 나서 우산을 했에요. 그래 그거를 집에
무판에다가 저 이 인제 거 떡을 {갖다} 쌀루 찌지 않어? 그래 가지구 그걸 판에다 놓
구 그냥 누구 주지 않구 누군지 {갖다} 쓰라구 거기다 돈:을 갖다 놓구 그래서 녹을 取
에서 받은 녹을 갖다가 서:민들 {갖다} 쓰라구 그냥 누구 주지 않구 누군지 갖다 쓰라 取
둘째아든님을 우리가 아부지를 {갖다} 양:자를 하셨죠, 또. 그른데 우리 아부지께서
예요. 여름에는 여기서 김치를 {갖다} 열무 김치에다가 오이 소백이허고 무 장아찌를
그걸루 땠:어요, 요렇게. 향을 {갖다} 인제 그 문갑, 냄:새를 피워가지구 귀신 다 가
보믄 아부지가 지게에다가 숫을 {갖다} 인제 빨렐 끝에야 헐 꺼 아녜요. 숫을 허구 지 取
이야. 서온이지 말하재믄. 이걸 {갖다} 일번말루 번역하면 니시아라야. 그 선생 괜히
거. 짭짤허게 말린 거.. 그거를 {갖다} 저며서 놓구. 또 북에 자반 아주 곱::게 뜯어
가지구 장회빈에 친정에 골리를 {갖다} 전부 맡어 가지구 그래서 인제 그 고개가...

구서 삼치성 지내구 소 고기를 {갖다} 전부 분배해서 각 집마당 전부 고기를 주지.
리 형님이 있지만 내가 부모님 {갖다} 좋:아해서 내가 모셨지. 월래는 형님이 모시는
또 쌀두 한 되빡씩 한 서너번 {갖다} 주구, 고추씨는 또 으트케 잘 먹는지 몰라요, 取
든 친척두 저:: 건너살면 같이 {갖다} 주구. 지끔은 아래 싸람이 옛날엔 추석되면 친 取
거다구 뺀:헌 시세에 뺀:헌 거 {갖다} 주는 거구. 그래서 그게 안 받았죠. 팔일오 해 取
으면 뫘:다가 덜: 먹구, 비둘기 {갖다} 주지. 동네에서 또 어떤 사람에 집은, 식빵 있 取
여기 뼈쓰비행기 있는 데까지 {갖다} 줄 수 있겠느냐구 날더러 그래. 내가 그때 반 取
사진을 찍어 가지구 번역사한테 {갖다} 줄려구 그러는 거야. 한:문 밴: 사람덜. 이게 取
거 많::이 났다구 그럼 또 약을 {갖다} 줘. 그래서 거 몇 번 발르니까 없:어졌어. 깨: 取
는 그랬어여. 저기 그 음:식을 {갖다} 집에서 두구 먹는 일은 거이 없:에요. 전:부 取
먹는데 옴:파허구 아주 무:를 {갖다} 채:쳐서 놓고 또 배두 이릏게 채:쳐서 놓고 그 取
무슨 뭐지. 그러니까 천:엽을 {갖다} 철럼이라 그래. 거 뭐:냐면 애:들끼리 한 너댓
는데 아 그 당시에 뭐 백만원을 {갖다} 타는데 어떤 사람은 복권을 타 가주구서 가다
만나는 사람이 이거 물건 몇 개 {갖다} 팔어, 너 돈: 업:잖어 팔어 가주구 와라, 그러 取
응. 하나를 {갖다} 해:서는 이릏게 허머는 몇 쪽이 나죠. 그러믄 取

'갖다가'로도 많이 나타나며 이 때는 거의 다 허사적으로 쓰이는 것이다.

친군데, 요릏:게 꼬부리구 여길 {갖다가,} 머릴 갖다가 맨날 이제 지끔 겉이 드라이,
진왜란 때 일본눔들이 그 책을 {갖다가,} 아... 가지고 지끔 일본에 어디 숨겨놨다던
졌어. 달어 팔어 먹었어, 모두 {갖다가.} 그 좋은... 예:전 백지라는 건 지끔 백지보
그런다든가, '다시마' 그럴 것 {갖다가} '곤포' 그렇게 써서 그 저 이 무슨 전문용어
오' 라든가 또 '이:미' 그런 걸 {갖다가} '기히' 그런다든가 그런 한:글전용이 돼서야
'꼭 오십쇼' 이렇게 허믄 될 걸 {갖다가} '꼭 오십시오'. 물론 이 문장하고 저기 구어
래도 '꼭 오십쇼' 그러믄 될 걸 {갖다가} '필히 오시압' '오십시오' 라든가 또 '이:미'
느냐 이 말이야. '김:' 그럴걸 {갖다가} '해:태' 그런다든가, '다시마' 그럴 것 갖다
아부지 그게 그릏게 그 체력을 {갖다가} 감:사하면서 그걸 머:라구 쓰십니까 말이야.
거 고기를 해 가지구서는 그걸 {갖다가} 갖인 양념 해:서 허분허분허다가 또 쫀독쫀
내는데 그때 그 역대 공신덜을 {갖다가} 같이 제사를 디려줘. 거기 우리 선조가 세:
었어요 그 때는. 그 앞에 그걸 {갖다가} 걸:어놨지, 이렇게. 걸:어놓구 그 선생님 들

다 물어 봤으믄 더 많이 알 걸 *{갖다가}* 게 얼:마 남지 않잖았어요. 그래서 이것두
가 땅을 갖다가 세:겹 네:겹을 *{갖다가}* 겨울에 얼: 때 그 덮어서 인제 밤엔 덮구 낮
힐:면 그 한옥을 갖다가 전부 *{갖다가}* 그 동네에다가 집촌으루 이렇게 새루 제 났
있구 그 나쁜 때 얽힌 덩어리를 *{갖다가}* 그 앉어서 떡을 빚이면서 오손도손허게 애길
마 그럴 때 겨:오 그 많:은 걸 *{갖다가}* 그 옛:날에 계약했던 벼, 응 벼 한 말 그렇
를 이:구 왔더니 아버지가 다: *{갖다가}* 그냥 뒷:거리에다가 갖다 버리드라고. 그렇 **取**
네들이 일 크라스에다가 쪽지를 *{갖다가}* 그때 다섯장인지 열:짱인지 요거 쪽지를 줘
선 김치류를 하자면 깍:두기를 *{갖다가}* 그때는 전무라구 그랬어여. 그른데 감:동젓
:어서 요새 인제 가을에 무:를 *{갖다가}* 그래 가주구선.. 응, 해보셔 그거. 요새 그
. 그러믄서 그런 식으로 우리를 *{갖다가}* 기하 시간에 웃:기면서 애:들을 잘 이끌어서
섬 새끼를 갖다가 윈[ö]:새끼를 *{갖다가}* 꽈:서 둘러놨는데 그 윈[ö]:새끼가 말하자믄
쓰래. 그러서 내가 이냥 이틀을 *{갖다가}* 나가지도 못허구, 아주 팔이 아파 죽:을 뻔
때나 또는 설: 목에는 그 돈:을 *{갖다가}* 나라에서 받은 녹을 갖다가 서:민들 갖다 쓰
렇게 하고 그러는 게 싫다는 걸 *{갖다가}* 나중에 단 두 분이서 이제, 소장님하고 같이
할:아부지들이 그 진: 그 집을 *{갖다가}* 내가 이렇게 전수해 가지고 그걸 이렇게 보
사 배왔어. 나는 한:국 역사를 *{갖다가}* 내가 인제 해방 되아 가지구서 내가 책을 사
러는 분인데, 경비원 세: 분을 *{갖다가}* 내쫓으니까는 나도 모르게 그냥 화:가 나서
이라 그르죠. 경상도는 사과를 *{갖다가}* 능금이라구 그러잖아요, 서울은 큰 사과를
맘에도. 그랬는데 나:중에 그걸 *{갖다가}* 대:충만 검:사를 하셨으면 좋은데, 이 하나
잘 읽었... 그 다음에 그 책을 *{갖다가}* 대충이라도 보믄 알것 같았어. 서점에 가도
중핵교도 고등핵교도 기숙사를 *{갖다가}* 댔:는데 거기 으:전 뼝원이라고 거기 중앙청
제 그 옛날 싸람 말은 그런 걸 *{갖다가}* 들으며는 옛날 생각이 더 나는 법이지. 지끔
했나 내가 그때 좀 확실하게 뭘 *{갖다가}* 딱 계획을 세워 가지구서 했으면 내가 오늘
꺼정. 그게 이런 거 크게 헌 걸 *{갖다가}* 땅을 갖다가 세:겹 네:겹을 갖다가 겨울에
는 사람이 없구. 그릏게 우리만 *{갖다가}* 때:구. 옌:날 생각이 자꾸 선생님 때문에...
으로 해가지고서 그 종업원들을 *{갖다가}* 뜯어 먹는거야. 이제 에... 일꽈가 끝나고서
몽을 꾸셨는데 이 천도복숭아를 *{갖다가}* 막: 이 만큼을 따:셨대요. 따:셨는데 그걸
어. 게서 내가 책에두 사진을 *{갖다가}* 많:이 제공해 줬다구 그걸 썼는데. 어린 시
게 꼬부리구 여길 갖다가, 머릴 *{갖다가}* 맨날 이제 지끔 겉이 드라이, 고대가 어딨어
니까 자기 애들도 다 우리집에 *{갖다가}* 맽겼는데 그 갖다가 일르겠어요? 못 일르겨.
아버지 할머니들 입은 속빤쓰를 *{갖다가}* 무엇이라구 그랬나. 사리마다라구 다 그럴테

오는 물을 갖다가 우이천 물을 *{갖다가}* 뭣이라구 허니 한:내라구 허기두 허구 한:천
으:른 중에서. 내가 초등학교에 *{갖다가}* 미동국민학교 거기 다녔어요. 서대문인니까
일쩐. 응. 일쩐을 *{갖다가}* 백개가 백전이 일원이거등. 그니까 이찌 주:
비 나온다고 귀:신 나온다고 다 *{갖다가}* 버레요. 아 그거 들으니까 참 쓸쓸허대요. **取**
까 우리네 사용할 쩍엔 일쩐을 *{갖다가}* 보:통 지금 백원이상 썼단 말야. 백원 이상
부서진 게 있었어. 근데 그걸 *{갖다가}* 부:숙을 떠: 가지구 가구, 껍:데기는 기양
가 엔:날부터 내려오는 지도를 *{갖다가}* 분:실했는데. 그즘 아부지 어무니 즘 이 미
산허죠. 그래서 거 참 땅이름을 *{갖다가}* 비:단 증짜루 고쳐가지고 그릏게 부:자가 됐
책을 많이 갖다 빌렸져. 새 책 *{갖다가}* 빌려주는 거야. 친구가 좋아서. 팔 책을. 그
있지. 있는데 이거는 이를 *{갖다가}* 빼:서 오래 두며는 그냥 이렇게 몰리거든.
그러잖아요, 서울은 큰 사과를 *{갖다가}* 사과라구 그르구, 적은 거는 능금, 거기서
알어듣지. 한 오십몇년 똥안을 *{갖다가}* 사용을 안 하다 보니까는 잘 몰르겠어. 그
열짜가 있다 그러믄, 고 일때를 *{갖다가}* 새끼줄 쳐 놓구선 가지 못 허게 해. 그 골:
:을 갖다가 나라에서 받은 녹을 *{갖다가}* 서:민들 갖다 쓰라구 그냥 누구 주지 않구
런 거 크게 헌 걸 갖다가 땅을 *{갖다가}* 세:겹 네:겹을 갖다가 겨울에 얼: 때 그 덮
를 그릏게 쓸:어 가주구 요거를 *{갖다가}* 소금을 살짝 뿌레요. 그래 가주구 꼭: 짜요.
도. 평민으로써 단종의 시신을 *{갖다가}* 수습해 가지구서 그... 나중에 유:명한 그..
지, 재봉이구 뭐구 기구를 다: *{갖다가}* 시설을 해놨어요, 지 친구가 거기서 일:을
기 듣느냐고 있는것 없는 것 다 *{갖다가}* 아부해야 해. 지끔 말로 해서. 빵:떡을 이렇
. 그... 어트게 보면 당신딸을 *{갖다가}* 아주 좀 특별나게 키우고 싶었던 것 겉애.
요전에두 서울시에서 그 기능 *{갖다가}* 애:길허는 걸 내가 애:길했더니 집사람이 펄
깨끗할 꺼야. 그래서 우이천을 *{갖다가}* 어저께 내가 우이동을 소귀라구 그랬지? 이
ö:국 사람 우리나라 이 그것두 *{갖다가}* 연결을 시키는데 으 우리나라는 그냥 엔:날
을 해서... 그 몇 푼 안돼는 걸 *{갖다가}* 왔다갔다 하고, 신경이 쓰이고... 이것도 한
대레서 붓:구 붓구 나섬 새끼를 *{갖다가}* 왼[ö]:새끼를 갖다가 꽈:서 둘러놨는데 그
데 인제 거기서 내려오는 물을 *{갖다가}* 우이천 물을 갖다가 뭣이라구 허니 한:내라
계를 어... 부자분간에 광게를 *{갖다가}* 원만히 해주고 그러셨기 때문에 돌아가...
. 장히빈헌테 그 통했느냐는 걸 *{갖다가}* 이 간:투 꼬갤 이 넘었느냐 넘었냐 허믄 그
안타까워서 그래서 그런 재료를 *{갖다가}* 이거 대학에서 연구하는 분들, 새:롭게, 새:
아니 고사가 아니다 이 저 간장 *{갖다가}* 이런 독에다 대레서 붓:구 붓구 나섬 새끼를
. 그 엿치기라구 허는데. 엿을 *{갖다가}* 이렇게 부르뜨려 가지구 구녁 구녁에 콩 거.

거에요. 뭐 어떤 때는 이 칸을 *{갖다가}* 이렇게 사:선으로 그:려 놓고 사이사이를 다
고풍가보다, 아침에 도시락을 *{갖다가}* 이렇게 주구 가요 이제. "아저씨", 할아버지
서도 가따가나와 응? 이런 거를 *{갖다가}* 이렇게 혼:용을 하니까 이 시각적으로도 속
이 어떻게 표준말 때문에 나를 *{갖다가}* 이제 오:시라고 하니까, 호오, 이거 조상님
그걸 사오며는 사온 날버텀 딸 *{갖다가}* 인제 메느리들 교대루 동:원시켜서 이거 허
으루. 저기 정:진성이 아버지를 *{갖다가}* 일:심정력으루 키:셨어요. 우리 사:촌이지마
우리집에 갖다가 맽겼는데 그 *{갖다가}* 일르겠어요? 못 일르져. 그러면 이제 이쪽으
구. 그러니까는 순전히 역사를 *{갖다가}* 일번 역사를 배웠어. 지리두 지금 일번에 내
말 맛있에요[마시쎄요]. 그거를 *{갖다가}* 자루에다 느: 가지구 짜 가지구 그 국물에다
문화와 그 지끔 문화와 고리를 *{갖다가}* 잘 연결시키고 외[ö]:국 사람 우리나라 이
지가 그, 이제 칠써 언해한 걸 *{갖다가}* 재간행 했다는 그런 기록이 나와 있어요. 그
구에두 거기 봉화대 옆에 옆에 *{갖다가}* 저 머 있구. 허참 그 일번 싸람덜은 그 옌:
요즘에 보믄 우리나라 가:구를 *{갖다가}* 저: 집이다 전:시해 놓구 허는데. 어트게 우
런 데서 집을 헐:면 그 한옥을 *{갖다가}* 전부 갖다가 그 동네에다가 집촌으루 이렇게
서 이거 허는 걸 배:에지 그걸 *{갖다가}* 전부 그냥 맨들어 가지구 노나 주면 되느냐
었지. 한데 그렇게 남에 여자를 *{갖다가}* 정면으루다 이렇게 본다구 허는 거는 드물었
단골루 몇 집을 맡어서 인지, *{갖다가}* 줘:. 날라다 주믄 그거 인제 그 계:산해서,
     아니, 그래서 우리 조부를 *{갖다가}* 지끔 말이야, 머 여기 대학 교수들이 말이야
금 야:구지, 야구나, 비슷헌 걸 *{갖다가}* 찐푸라구랬지. 그, 뽈 가지구 있는 애들은,
사람덜이 말이야, 그 구십 명을 *{갖다가}* 친일파를 정했는데 거기다 집어 넣은 거야.
구 자는 거에요. 아:니, 요:를 *{갖다가}* 편안:하게 두고 자야지 그걸 안 꾸기지, 자
들 믿잖아요, 사람들은. 호떡을 *{갖다가}* 하나 먹었다능 거를, 세: 개를 포갠대. 세개
국 사람보고 짱꼴라래. 호떡을 *{갖다가}* 하나를, 여럿이 가서 막 시킨대. 그러면 정
가 봤에요. 가 봤드니 그 동:네 *{갖다가}* 한:옥으로 서울, 수원 이런 데서 집을 헐:면
이 배웠어. 그래서 일번 역사를 *{갖다가}* 한국 역사보다 오히려 더 잘 알 쑤가 있어
람 뭐 그저 쓰는, 그거 한:자를 *{갖다가}* 한글음으로 그냥 옮겨논 한글 전용을 해서는
이 "하나 먹었어" 그런다는 걸 *{갖다가}* 한꺼분에 세 개를 포갠대. 납작:하게 이렇게
게 열 십짜루 허구... 대까지를 *{갖다가}* 한나, 둘:, 셋:, 넷:을 너는 거야. 대까가지
상대에서두 잘 발표 안 허는 것 *{갖다가}* 할아부지 맘:대루 그릏게 허면 되냐구. 아
맨들어서 해지 어디서 머 그걸 *{갖다가}* 해: 오는 게 없:어. 지끔 나이가 많:구 그
봐서는 조금 이:상해. 군대를 *{갖다가}* 해:병 장교로 갔어요. 건축설계학과, 아니

3. 말이야 류(類)

'말이야'를 줄여 '말야'로도 많이 쓰이며 '말이에요, 말이지' 등도 나타난다. 이러한 '말이다'는 특별한 뜻이 없이 어감을 고르게 하기 위해, 또는 상대의 주의를 끌려고 군말로 이르는 일종의 감탄사이다.

주구 가길래 그걸 가지구설랑은 /말이야,/ 아, 이 약을 발렀지. 발르면 한 시간만 지

위 예에서 '가지구설랑은'이 앞서 말한 대로 전형적 상투어구일 뿐 아니라, '말이야'나 '아'도 그러하니 결국 '그걸 = 이 약을'만 남기고 중간을 다 빼고 읽어도 되는 문장이다.

운 책이. 지끔 그거 좀 있으믄 {말야,} 가치를 따질 쑤 업:는 좋은 책들이 다 없어졌
가게라 이릏게 답변이 나온단 {말야,} 걸 좀 알려주구 싶지만 말야... (웃음) 주부 름
것을 뺳: 가주구 그늠을 친단 {말야,} 고::께... 그래 가주구 그 애교허구 고 부레 름
산소가 저 이 그 과:천 지내면 {말야,} 과:천 막 지내자믄 말이야, 여기 인도교라구
, 그땐 나무 때는 것이 머냐면 {말야,} 그 사람덜이 나무를 잘러서 지게루 지:구 서
나무는, 나무는 어트게 하냐면 {말야,} 그 서울 근:교에 있는 사람덜이, 그땐 나무
러다가 그 삔: 다리를 부딪쳤단 {말야,} 그래 가지구 곪았어. 지끔두 난 여기 아주 그
까는 지끔은 그게 없:어졌지만 {말야,} 금칭교라는 게 있어. 거기가 어디냐면 말야,
복고등핵교 댕길 쩨에 기억으룬 {말야,} 내가 아마 이: 학년 쩍인가... 이: 학년 쩍에
나는 {말야,} 내가... 가만 있어, 경성고등상업 들어가기
데 대전에 그때 으:사두 업:구 {말야,} 다: 부서지구 말이야, 다: 폭격당해서 말이야
그 연이 크구 적으구에 딸려서 {말야,} 대가 굴:꾸 가늘구 허는데, 큰 년은 대까지를
내외가 살구, 그 사람들이 가서 {말야,} 모:든 음:식물을 사오지. 아, 그런데 근데
아니, 이 실:을 감은 거 {말야,} 바퀴[ü]같이 생긴 데다 감:잖았어? 그걸 사다
있었거든. 그 연 잘러 먹는 거 {말야,} 벼:먹는 것이 기가 맥힌 그 통:쾌감을 느끼는
장수가 물을 길어온 게 머냐면 {말야,} 수도가 멀어. 그때는 수도가 없었거덩. 공동
, 그 경성중학 짜리, 거기 지끔 {말야,} 시:에서 그걸 팔었다가 다시 사 가지구설랑

. 문:제가 안 돼. 원 그 연허곤 {말야,} 쌈:이 안 되니깐, 그건 여간해서 잘 안 맨들
데, 봉지에 들은 건데, 그것두 {말야,} 쓰다구…. 쓰다구 안 먹구 버리구. 거, 우유
쌈: 안 해 그건. 그건 쌈:허면 {말야,} 아무 것두 아냐, 그건. 문:제가 안 돼. 원 그 +
. 그래서 그 깩깩이라는 사람이 {말야,} 아주 유:명헌 연날리기야. (웃음) 그릏지,
렀지. 발르면 한 시간만 지내면 {말야,} 아퍼 못 견뎌. 펄펄 뛰어, 아퍼서. 그렇게 세
라가다가 이늠을 거꾸루 틀려면 {말야,} 얼:레를 이렇게 처이지 허거든. 그럼 연이 거
었는데 옷을 입는 것두 우습구 {말야,} 예전과 달르구. 아니, 머라구 내가 표헌힐 쑤
사회자가 답변을 머라구러냐면 {말야,} 옷을 맨드는 가게다 이렇게 답변을 해. 근데
:을 이쪽 얼:레루 윙겨 감는단 {말야,} 윙겨간 중간에 고 그릇에다가 고길 통괄 시켜
대:식구니까는, 집이 크니까는 {말야,} 우리 백:모, 우리 형님덜, 우리 어머님, 아버
고 허니까 아 왜 무슨 소리냐고 {말야,} 우리 아가씬 매:일끝이 변또 싸서 가방속에다
          그게 어떻게 되냐면 {말야,} 우리가 저기 적선동서 체부동 왔을 쩍에 말이
나는 이 연 양:쪽 대가리에다가 {말야,} 인제 거 모냥을 맨드는 거야. 이거를 궁어리
본 일이 없:어. 시굴이라는 건 {말야,} 일련에 저 추석허구 저 이 한식에 산소에 가
. 그르니까 유:명허지. 그 연두 {말야,} 잘 랄리구 못 날리기에 의해 가지구설랑은 승
라는 게 있어. 거기가 어디냐면 {말야,} 종합청사 있지? 종합첨사에서 효:자동을 올라
응, 방패연이라는 건 그건 {말야,} 지끔 얘기허는 건 이렇게 아주 거… 어트게
          그릏지. 거 머 우리두 {말야,} 체부동 사나 사:직동 살 쪽에 물장수들이 물
:든 사람, 내가 만나는 사람은 {말야,} 하나 볼 쑤가 없:어. 아, 내가 그 지금 종합
말야, 걸 좀 알려주구 싶지만 {말야…} (웃음) 주부들이 생활에 편리헌 거만 바라 言
거든. 이건 연날리는 기술이란 {말야.} 유:명한 사람들이 있지 그렇게. 응, 응. 많: 言
그늠에 약 바르니까 대:번 났단 {말야.} 한:이사두 아니지. 요리집허는 사람이란 말 言
릴:을 했:을텐데 그걸 못 했단 {말야.} (웃음) 아니지. 이게 저 이 광:하문 아냐? 이 言
그럼 하:가 나서 더 안 해쥬다 {말야.} 게서 인제 우리 보구 밤나 행복허다구 그러죠 言
보구 있다가 어머니가 오신단 {말야.} 그거 인제 마당에다가 좁은 마당에다가 끈을 言
러 가거던. 그 머 시아버지헌테 {말야.} 그때 가실 쩨 옷덜을 어트게 입구 갔느냐면
어. 그른간 들어가시지 못:했단 {말야.} 그래 가지구 그 광:하문 밖에서 밤을 새:셨거 言
서 대:단히 섭섭허다구 그런단 {말야.} 그래서 내가 그 얘기했거든. 손이 이래서 못 言
에 반대항 축구 대회가 있었단 {말야.} 그러다가 그 삔: 다리를 부딪쳤단 말야, 그래 言
줄을 주거든, 얼:레를 풀러준단 {말야.} 그러믄 조호케 그 갬치를 잘 멕인 쪽이 이겨 言
다가 보:통 지금 백원이상 썼단 {말야.} 백원 이상씩. 응. 그러니까는 천분에 일이 되 言

근데 그 사람 잘못 답변을 했단 {말야.} 예:전에는 웃을 맨들어 파는 집이 없:어, 한: 言
있구 내 아우두 있구 나두 있구 {말야} 같이들 즉접 맨들었어 아주... 그르니까 걸 일
일번허구 관게헌 사실두 업:다 {말야} 거:부를 해버렸거던. 그래 가지구 재:판을 했
일본말엔 그런 게 업고. 머냐면 {말야} 공: 가지구 야구하구 치는 거야, 꼭 그 물렁헌
섰는데 그때에 몇 분이냐 허면 {말야} 우리 시할아분님 한 분 허구 이중하씨라구 우
생활들이 아직도 확립이 안됐다 {말야} 이렇게 보는데. 물론 이제 이렇게, 이제는 나
는데. 우리가 그걸 뱄어야 했단 {말야} 일번 싸람헌테. 그래 인제 그 선생이 또 이렇
. 머 너는 나가서 겨우 하능 게 {말야} 학교 댕기랬더니 그:지나 사기고 댕긴다고. 그
꼭지허면 이... 빨간 걸루 허면 {말야} 홍꼭지라구 그래. 연을... 홍꼭지. 홍꼭지라

'상것' 하며는 양:반들이 쓰는 {말예여,} '쌍것'. 그른간 중칭에 있는 사람들은 그래 言
대:단한 거든. 대:학이라는 건 {말예여,} 서울대학, 경성제대밲에 업:지. 전부 전문 言
지 하믄 그 양반 축에 들어간단 {말예요.} 과:거에 과거를 못 보게 하는 거는 전:부 言
엔:날 임금님이 머 허셨느냐 이 {말예요.} 남북 합해서 남북 합해서 인:구가 총인구가 言
가 이 왜정 때 성꺼정 겉은 거 {말예요.} 성꺼정이라구 이런 거 이 집으루 맨든 거죠 言
또 왜 고생을 시킬려고 그러냐 {말예요.} 요릴 잘 허는 게 아니라 전통 음식이야 그 言
에 해가 동쪽에서 이렇게 뜬단 {말예요?} 그럼 벽:에서 들어가서 밥을 하며는 동쪽에 言

이동에두 가구, 그땐 우이동이 {말이야,} 거 머... 우이동이 지끔 딴 세상이 됐:지만
서지구 말이야, 다: 폭격당해서 {말이야,} 거 형편 없:었거던 대:전이. 그래 부산을
래 진도 구양가셔 가지구설랑은 {말이야,} 거기서 그 진도 거 청년 글을 가르치시거던
그때 그저 그렇게 살았이니깐 {말이야,} 겨우겨우 참 조부께서 그렇게 되시구. 우리
제 그 영이정 허신 분이 누구냐 {말이야,} 고종황제 때 정양모 중앙 박물관장, 고조, 言
그러헌 이것 땜에 그 사람덜이 {말이야,} 그 구십 명을 갖다가 친일파를 정했는데 거
드팀전이라는 게 무슨 말이냐면 {말이야,} 그 라디오에서 드팀전이 머:냐허는 퀴즈루
렁지. 사직공원 죽:: 올라가면 {말이야,} 그 배화여고 밑에 있지. 그래 난 핵교를 열
산 돈: 내라 막: 그러면 나도 {말이야,} 그거 내가 뭘 안다고 "나도 돈줘여" 그러고
나면 경성고등상업 졸업해며는 {말이야,} 그때는 지끔 산:업은행이 식산은행이라구
르지, 떡방맹이... 그거를 쳤단 {말이야,} 그러면 인제... 그렇지, 떡메라구 그러지. 言
영낙없이 우산을 가지고 온단 {말이야,} 그이가. 그러다 인제 선생님이 "왜 김주사, 言
사두 업:구 말야, 다: 부서지구 {말이야,} 다: 폭격당해서 말이야, 거 형편 없:었거던

는 거야, 오빠?" 그러면, "내가 {말이야,} 달떡 만들어 줄까?" "응!" 그르므는 어리석

쪼꼬레또 겉은 거 짤러서 주구 {말이야,} 덩겨주구 말이지, 그것두 좋:다구 줏어먹구

부 참 아주 뻐:스가 댕기구 조흔 {말이야,} 도로가 됐:지만… 그게 내:야, 전부. 그래

그렇게 해 가지구 연을 날리면 {말이야,} 동:네 여러 군데에서 그런 년이 나와. 그러

옷덜을 어트게 입구 갔느냐면 {말이야,} 두루매길 입구 가는데 얼굴 가리구 가 이릏

전문적인 교정을 하는 친구들이 {말이야,} 딴데서 이 뻘 꺼 다 빼고 그러고 와라. 그

난 떠 국군이 점령헌 줄 알:구 {말이야,} 땡:끄가 왔다갔다 허구, 인민군이 두 사람

메라구두 그러지. 그걸루 친:단 {말이야,} 떡메루. 그러면 그 머야 그 쌀알이 전부 저 릅

래서 우리 조부를 갖다가 지끔 {말이야,} 머 여기 대학 교수들이 말이야, 친일파로

두 되구 거 젊은 사람에 정신을 {말이야,} 머라구 헐까… 경:쟁심을 북돋어주는 좋:

는 거 야:마 이릏게 해 가지구 {말이야,} 먹는 야:마 딱지. 아, 그거 잃기두 허구

편을 들구. 그래서 일번늠들이 {말이야,} 명성황알 쳐들어가 죽였단 말이야, 시:해를

그러헌 와:중에 이제 일번늠이 {말이야,} 명성황훌 죽였단 말이야. 그러니깐 우리

기 적선동서 체부동 왔을 쩍에 {말이야,} 물장수가 물을 길어온 게 머냐면 말야, 수

아, 낮에는 번잡허구 그릏지만 {말이야,} 밤에는 번잡허지 않으니까. 그땐 자동차가

돌째비거든. 그래 이것이 머냐 {말이야,} 범:감투라는 거거든. 요게 앞에 범:에 모

억울헌 서:조모지. 처:녀로서 {말이야,} 사시면서 참 소:실 노릇을 허셨지 처:녀가.

말이야 항:상 그러지. 영어는 {말이야,} 스펠링이 틀리면 챙피하다고 생각하면서 우

야, 명성황알 쳐들어가 죽였단 {말이야,} 시:해를 했어. 그래가지… 이제 그 한:국을 릅

주구 가길래 그걸 가지구설랑은 {말이야,} 아, 이 약을 발렀지. 바르면 한 시간만 지

게 내:야, 전부. 그래 거기서들 {말이야,} 아이들이 썰매 맨들어 가지구 놀구 그랬지.

이야 그냥. 쪼옥… 거 시간이 {말이야,} 어둥컴컴해지면 와서 나와 파는 거야. 각종

니두 그릏지만 우리 마:누라두 {말이야,} 어머님 아버님 옷 전부 맨들어서 해지 어디

그럼. 일쩨 시대에 {말이야,} 여간해서 한:국 사람 취:직허기가 예가 어

내면 말아, 괴:천 믹 지내사믄 {말이야,} 여기 인도교라구 있지? 인덕원에서 남쪽으

:학년 쩍인데 핵교를 못 갔단 {말이야,} 여덜 딸 똥안. 백약이 무효야. 지끔 서울대 릅

고기서 뺑:뺑 돌았어. 산:데가 {말이야,} 오늘날꺼정 산:데기 이디나믄 적선농, 체

리만 입구 댕겨. 그르구 댕겼지 {말이야,} 외:투를 입거나 여기 머 잠바에 거 쓰구 댕

그리구 (웃음) 우리 선친께서두 {말이야,} 우리 아버님께서 천구백육십삼:년에 돌아가

해: 가지구 머 으복 문화재니 {말이야,} 음:식 문화재니 허는데, 우리 마:누라나 우

서. 그렇게 세:번을 허니까는 {말이야,} 이 썩은 살이 다: 빠져나가. 그래 가주구

전부. 예를 들으믄 {말이야,} 이:성게가 자기 마:누라 죽으니깐 마:누라
그 균이 들어가 가지구 그러면 {말이야,} 이게 썩어 들어가거든 자꾸만. 그래 여덜
구 풀러 주구 연을 올려 가지구 {말이야,} 이늠이 말이야, 이쪽 년이 있구 이쪽 년이
을 올려 가지구 말이야, 이늠이 {말이야,} 이쪽 년이 있구 이쪽 년이 있으믄 이게 서
그런데 가서 지원하라 그러고 {말이야,} 일본, 일본 소위 뭐라 그러나? 저 군사훈련
후에 일번늠들이 중추원에다가 {말이야,} 일쩨에 협력헌, 또 그 고관대작덜을 전부
글 서. 고게 무슨 벼슬이냐면 {말이야,} 임:굼 앞에서 삼공육조라, 삼공이라:: 허는
러구 인제 경기도에 있는 것이 {말이야,} 제일.. 셰종대왕에 용능이라구 허는 게 여
. 그래가지...이제 그 한:국을 {말이야,} 조선이지. 조선에 궐력을 잡았단 말이야 일
이 말이야, 친구들허구 논 것이 {말이야,} 주루 요새들두 혹시 그래, 딱지치기, 딱지
꽈를 허질 않고 문학을 했으면 {말이야,} 지끔 많:이 내가 도움이 될 릴:을 했:을텐
구... 아니, 저 이, 귀찝이드니 {말이야,} 지끔은 들구 쓰구 잠바두 입구 그치만 그땐
도대체가 {말이야,} 집안에 여자들이 그런 거 사러 댕기는 게
인제 그때는 {말이야,} 집안에 우리 아번님 혼:자만 기셨거든. 우
기 인제 거 상에 머를 놓느냐면 {말이야,} 천:자를 롱는 거야, 천:자. 천:자라구 있지
헐 쩍에 몇 번 그 연산군헌테 {말이야,} 충고허구 악정하지 말라 그러구. 그 영이정
그때 놀은 것이 {말이야,} 친구들허구 논 것이 말이야, 주루 요새들두
말이야, 머 여기 대학 교수들이 {말이야,} 친일파로 정해 놓구 있어. 친일파로 정해
조부께선 일번말두 못 해는데 {말이야,} 친일파로 증해 놓구 있는데, 머 그렇게 맨
. 겨울이 되믄 딱지 장난허는데 {말이야,} 터:지는 거야. 터:져, 이렇게 버:. 그렇게
데, 그리고 금들을 자꾸 속힌단 {말이야,} 품위를 속혀요. 그래서 내가, 야, 이런 짓 를
해 가잖어? 반::다시 마당에서 {말이야,} 하:인들 시켜서 떡을 쳤어. 큰: 나무판이
거 난 경복을... (웃음) 난 또 {말이야,} 학꼴 늦게 들어갔기 땜에 오:학년 쩨에 경
인제 한:국에 한:이라는 것이 {말이야,} 한:이라는 것이 참 거 우숩게 생각허면 안
그 머야, 저 훈민정음에 대헌 {말이야,} 해:석을 맨든 책이 있어. 근데 그 내가 가 를
구 이늠이 거꾸로 들이 박히게 {말이야,} 허는 방법이 이 얼:레에 잡는 대 있잖어?
즈히들이 맨들어 가지구설랑은 {말이야...} 아, 나무쪼각에다가 막 저 이 철사 대:
재밌으니깐 {말이야...} (웃음) 열씸히 허거든, 열이 나거든. 그
잉:굼에 잘못을 간:허는 기구란 {말이야,} 그래서 지끔두 사간동이라구 그래 거기를. 를
늠이 말이야, 명성황홀 죽였단 {말이야,} 그러니깐 우리 조부께서는 그 승지루, 비 를
어. 근데 레디메드를 얘길 헌단 {말이야,} 드팀전이라구 해, 그런 걸. 드팀전은 머냐 를

사 얘길 허자면 한:이 업:지만 *{말이야.}* 아, 남산두 가구 머, 내가 지끔 제:일 기

허거든. 그럼 연이 거꾸러진단 {말이야.} 응, 운전허는 거와 마찬가지. 연을 일:루 름

았으믄 돈:을 많이 벌었을텐데 *{말이야.}* (웃음)

:글전용이 돼서야 돼겠느냐 이 {말이야.} '김:' 그럴걸 갖다가 '해:태' 그런다든가, 름

어. 세:종 산소가 제:일이니깐 *{말이야.}* 거 용능이라 그러지, 여주에 있는 용능이라

번늠이 시:해를 했거등? 쥑였단 {말이야.} 건 왜: 그러냐믄 그때 고한국 말련에 노소 름

니까 둘:이 그릏게 쌈:을 했단 {말이야.} 고게 인제 그 머야, 몇 대조 임:금이냐, 십 름

건 인제 그 효자동쪽. 게:동쪽 *{말이야.}* 그 안동 김씨 세:력 부리던 게:동에 살었구

나 쌀을 싸:두고도 배가 고프단 {말이야.} 그 우리 시:할머니는. 그러니까 내가 이래 름

디 갔냐하며는 세종대학을 갔단 {말이야.} 그 유:명한 세종대학… 노:다지 데모하는. 름

구, 집안이 어렵구 그릏으니깐 *{말이야.}* 그때 한:문이나 국문을 해 가지구 먹구 살

그르니깐 느이들 가라구 그랬단 {말이야.} 그래 그 날 저녁에 아마 가서 술덜 읃어 먹 름

어요. 자기 것만 움켜쥐고 있단 {말이야.} 그래 자기 거 아무리 움켜쥐고 있어도 손가 름

말이야. 그럼 넌 살려 주겠단 {말이야.} 그래 조부께서 대:원군이 여기 관연두 사실 름

데 지끔은 너무 목소리가 커서 *{말이야.}* 그래서 가정 불화 일어나 머도 일어나지.

거든 십이 년 기:시다가 오셨단 {말이야.} 그래서 거기서 그 처:녀를 하나 데리구 사 름

보내고 그럴텐데 그렇지는 않단 {말이야.} 그래서 그게 치꽈에서도 분리해가지고 이렇 름

지. (웃음) 어릴 쩍에 생각에두 *{말이야.}* 그래서 병원에 입원 안 헌다 말이야. 그러

. 그래서 병원에 입원 안 헌다 {말이야.} 그러구 여덜 딸 똥안을… 름

서 정능에다가 산소를… 정녕 *{말이야.}* 그러구 인제 경기도에 있는 것이 말이야 름

이동이 지끔 딴 세상이 됐:지만 *{말이야.}* 그러구 인제 안양 유원지두 간 일이 있나.

씨가 좀 데루간다구 그러라"고 *{말이야.}* 그러구 저기 어:른이 데려가니까 학교에서 름

리도 국군에 끌려나가구 그랬단 {말이야.} 그러니까 그때야 징집이니깐 안 나갈 쑤 있 름

밑에까지 갔는데 그렇게 됐단 {말이야.} 그러니까 이거 파발을 띠워서 임금님한테 름

가잖어요. 다 그걸 줏으러 간단 {말이야.} 그러니까 지끔 보며는 그게 오렌진가봐. 그 름

국말을 쓰게되며는 고걸 뺏는단 {말이야.} 그러니까는 일본말만 쓰게끔 고렇게 유도헌 름

그런 사람들도 우리말을 틀린단 {말이야.} 그러면 말이야 항:상 그러지. 영어는 말이 름

려서는 거기가 동대문이 끝이란 {말이야.} 그러면 인제 환:승표를 줘. 왜말루다가 노 름

내주지 어디 부모헌테 그러냐구 *{말이야.}* 그런 일이 많:았지 옛:날에. 여긴 그랬어.

다' 에는 그냥 니은만 넌:다든지 *{말이야.}* 그런 철자법을 한 예:로 들면 철자법 틀리

래 딴 사람들은 탁탁 깎아준단 {말이야.} 그런데 금을 해: 가지고 가서 나중에 보면 름

그거를 제대루 조정을 못 했단 {말이야.} 그런데 명성황후란 여자는 아주 여걸이거든 言
셔서 그렇게 활똥을 못 허셨단 {말이야.} 그런데 이 조부나 우리 아버님께서 머리가 言
혹을 전부 했다는 증언을 해라 {말이야.} 그럼 넌 살려 주겠단 말이야. 그래 조부께 言
는 거야. 음식을 맛있게 채린단 {말이야.} 그럼 저 술쌍허구 데려가믄 먹구들 가지. 言
허지. 대:부분 며느리가 한단 {말이야.} 그릏지. 그러구 어머니두 그릏지만 우리 마 言
가느라 또 가서 세:배를 허구 {말이야.} 근데 그 당시에는 왜 그렇게 먹을 께 귀해 言
가지구 세:상이 몇 번씩 바꼈단 {말이야.} 근데 너머 오:르 살어. 여든 여섯이면 오래 言
는 사람이 있을는 진 모:르지만 {말이야.} 근데 서울에 예:전에 살은 사람이 없:어. 言
다보니까는 근 삼십이 다 됐단 {말이야.} 내 우리네 가만:히 젊은 세월을 지내구 보 言
니까 전문적이 돼지 않는다 이 {말이야.} 내가 내:꽈면 내:과만 봐야 돼거든. 딴거 言
:국에 이:가원이란 곁은 사람은 {말이야.} 다 우리 조부께 글밴 사람이구. 글쎄 내가 言
촌 된 사람. 아까 내가 애:기헌 {말이야.} 대:원군 때. 그른가 이게 머 한 이:백 넌 言
하면서 그걸 머:라구 쓰십니까 {말이야.} 말래요 서로. 그래두 난 그게 한 취[ü]:미 言
데 거 라디오에 잘못 보:돌헌단 {말이야.} 머냐믄 드팀전이라구 있어, 드팀전. 드팀전 言
르듯 허는 세상이 돼 버렸이니 {말이야.} 몇 억 곁은 거는.. 우리네 그때 학교 다닐 言
기두 구멍이 있어서 나간다 이 {말이야.} 물만 나가는 게 아니라 재산두 나간다 이거 言
그 상처가 보:통 싸람과 달른데 {말이야.} 복숭아 뼈가 없어. 근데 그게 핵교서 나오 言
노나 먹는단 {말이야.} 빌:러, 노나 먹어. 지끔은 안 그래, 그렇게 言
아니지. 요리집허는 사람이란 {말이야.} 아, 그래서 고:마워서 이 사람을 찾으니깐 言
대방에서 물어보는데 어떡허냐 {말이야.} 어 사둔되는 사람이 물어 보는데 그걸 대답 言
. 그래서 수술을 못 허구 왔단 {말이야.} 왔드니 하루는 어떤 사람이 찾아왔어. 찾어 言
그른데 인제 그 서울이 그렇단 {말이야.} 요새 거 인제 나:이두 먹구 그러니깐 그런 言
한:글 전용을 해서야 돼겠느냐 {말이야.} 응? 그거를 그 일본 사람들두 많:이 고쳤지 言
인데 우리는 더더구나 더 많단 {말이야.} 이게 내가 언젠가 (?) 선생보고 우리도 언 言
난 몰르겄어. 큰 산소만 알지 {말이야.} 자잘한 산소 일일이 다 기억헐 쑤두 업:구. 言
구 합쳤지. 그겟이 중랑천이라 {말이야.} 지끔두 아마 우이천에서 내려오는 물은 깨 言
남한테 으:지해서 살아야 됐단 {말이야.} 지끔은 난 남한테 의지해서 살 필요가 하나 言
말이죠, 한:글 전용은 좋다 그 {말이야.} 한:글 전용은. 그런데 한:글 전용을 한:글 言
, 결혼 안 했어, 썩은 달이라구 {말이야} 그간, 음력으루 오:월달이니깐 섣:달허구, 言
구 밤이 되며는 종로 거, 지끔 {말이야} 그 종로에 어느 쪽이냐면 남:쪽으루, 종로 言
길 남쪽. 남:쪽에 각종 장사가 {말이야} 그냥. 쪼옥... 거 시간이 말이야, 어둥컴컴

라, 먹어라 이래. 그름 그 맛이 {말이야} 아::주 꿀맛이지. 반찬은 읎:어. 오이지. 나
실무 회[ö]담을 헐 때 보니깐 {말이야} 어:다 설치허는 거는 이 쪼끄만 가방 속에
형님덜, 우리 어머님, 아버님 {말이야} 이릏게 한 집안에서 다 살었거든. 난 예:전　言
깐 며느릴 쥑였다 허는 그러헌 {말이야} 이율 가지구설랑은 대:원군과 가까운 사람을　言
지지. 그걸 가지구 연을 날린단 {말이야} 인제. 그러믄 연을 날리믄, 연을 올리머는..　言
선이지. 조선에 궐력을 잡았단 {말이야} 일번늠들이. 그런데 그때 그 나라에 불행하　言
리말을 틀린단 말이야. 그러면 {말이야} 항:상 그러지. 영어는 말이야, 스펠링이 틀
다 후:손들이 다 도망가 뻐렸단 {말이에요.} 그래 이 양반들 어턱하냐믄 시신을 메:고　言
많이 했지만 큰싸움은 못해봤단 {말이에요.} 그렇다고 해서 내가 무슨 태껸도를 하는　言
람들, 뭐 별 사람들이 다 있단 {말이에요.} 근데 거기 이렇게 왜길이기 때문에 어디　言
먹으면 이틀, 사흘 먹을 뜬이란 {말이에요.} 세: 식구, 네: 식구 나가 먹으믄. 그러니　言
참 쉬와요. 그래서 내가 그른 {말이예요.} 엔:날 임금님이 머 허셨느냐 이 말예요.　言
하 재미난대요. 게서 내가 그 {말이져.} 그걸 그릏게 사다가 허지 말구. 그걸 사오　言
요즘 얘:기를 허고자 하는 건 {말이죠,} 한:글 전용은 좋다 그 말이야. 한:글 전용
이제... 그래 지끔 난 도리어 {말이죠} 내가 그 칠십육년도부터 이 국제방송국을 통
이 그냥 그, 만:하 보구 싶어서 {말이지,} 그 동네 애들이 하나 인저 허믄, 골목 안에
짤러서 주구 말이야, 덩겨주구 {말이지,} 그것두 좋:다구 줏어먹구 말이지.
　　었다하믄 왜 옷이 찢어지냐 그 {말이지,} 그른깐 나두 화:내는 거지.　새옷두 입은　言
서 하루에 몇 장 쌓아? 하루에 {말이지,} 그릏게 싸:면, 하루에 한 삼백 장, 사오백
이지, 그것두 좋:다구 줏어먹구 {말이지.}
지나가는 그런 시:범을 보이고 {말이지.} 그래서 대단히 그 서상천씨가 우리에게 아
..그건 족보는 내 집안 족보만 {말이지.} 남으 집까지 다: 어트게 해서 아:는 거..다
　　　　그거는 평교에나 허는 {말이지.} 어디 가세요 해야지. 편교는 동등헌 입장에
애. 인세 극상 얘기가 나왔이니 {말이지.} 우리 어려서는 종로 삼:가에 있는 지금 단
, 손에나 뿌리구 저기두 뿌리구 {말이지.} 우리두 그걸 뿌려야지 이:가 없:으니까 좋
' 에다가 니은 히읗을 넌:다든가 {말이지.} 응? 또 '않다' 에는 그냥 니은만 넌:다든지
:랐지. 그거 또 근내에 개화된 {말이지} 우리 어려서는 사리마다야. 건 처음 듣는 소　言

4. 머/뭐/무신 류(類)

지시대명사 '무엇'이나 '무어'의 준말로 '뭐' 또는 '머'가 나타나고, 관형사 '무슨'이
'무신'으로 발음되는 예들을 아래에 보이겠다. 우선 그들 중 /머/ 무신이나 무신
/머/처럼 관형사와 대명사 양자가 같이 쓰이는 예들을 뽑아 보이겠다.

> 오는 물인데 그 물에가 붕아나 {머} 무신 미꾸라지 머 가:재 머 다 잡았죠. 그런데
> 않어도 넓었죠. 옌:날엔 그냥 {머} 무신 창고 무신 창고 이릏게 해서 허잖아요. 거
> 머냐믄, 홍도야 우지마라 무슨 {머, } 또 변사.. 밨지. 변사한 거 밨지, 활똥 사진두
> 니, 무슨 머 심청전이니, 무슨 {머, } 또, 무슨 그전에 만:주 벌판에서 일번늠허구 싸
> 게, 인제, 남인수 노래니 무슨 {머, } 배낄길로... 꼬집어 뜯어라 이러구 노래가 또
> 런데는 압박꼴, 노쩡꼴... 무슨 {머...} 그랬잖아요? 다방꼴 머 그랬지 않아요? 우리
> 었지만, 장:하홍년전이니, 무슨 {머} 심청전이니, 무슨 머, 또, 무슨 그전에 만:주 벌
> :길 들어보믄요. 지금처럼 무신 {머} 과:학적으루 무신 머 콤퓨타든 머 이런 거 허지
> 지금처럼 껌:이 있는 거고 무신 {머} 빵: 이른 게 업:고. 엿장사 그 엿장사래는 게 모

이들 관형사와 대명사들은 압도적으로 허사적 용법이 많다고 할 수 있다. 다만,

>   {머?} 고기, 어. 양념허구 같이 볶을 쪽에..
> :묵은 그 무당들이나 절에 가서 {머?} 한다구 해 가지구선

위의 예들처럼 **'머?'** 라는 의문사 어조로 뚜렷이 쓰였을 때는 '무엇'의 뜻이 느껴진
다. 그러나 **'머?'** 의 뒤에 또 '머'가 반복된 경우는 그렇지 못하다.

> ... 머 시집갔는데 시할머니가 {머?} 머 화토를 내가 노름을 못 해서 몰르는데 머 고

> 우리나라에 제:일 정치적으루 {머} 그 학문적으루 경제적으루 머::든지 그냥 으뜸
> 때까지 해: 가지구 봉조화래나 {머} 그거만 하며는 이기는 거예요. 그래 그거 놓구선

위에서 {머} 뒤에 그-가 따르는 여러 예들이 허사적으로 쓰임을 볼 수 있다.

서울 운동장에서 집해허믄 누구 {머, } 거, 머 누가 하는지 몰라두, 항상 머 그때 당시
싸람들이 생산 공장을 세우고 {머, } 고무신 꽁장, 머... 이런 거를 전부 맹기년 바
지마라 머, 그전에 에밀레 종, {머, } 그때 당시두 현:대 껏두 많:이 했구, 시골 풍습
응, 그건 {머, } 그때두 청게천두, 더:러웠었지. 게, 모래 사장
거니 무슨 일번 거 악세사리니, {머, } 그땐 제:품이 나온 게 없:구, 그것을 저 가서
인:심은 {머, } 그양 나쁘진 않었어. 이겟이 이, 육:이오 나구
에....홍도야 우지마라 {머, } 그전에 에밀레 종, 머, 그때 당시두 현:대 껏두
깜 정도 있었구, 그릏지 않으믄 {머, } 기:피, 기:피라구 알아? 그, 저, 그거 사먹구.
기서 물 떠다주구 그러믄 또 거 {머, } 나마까시두 주구, 과자두 주구 머 그러드라구.
, 또 게 이제, 선:거 끝나구선 {머, } 내가 번정통을 왔다갔다허구 머, 대:통령이 누
아, 남산두 가구 {머, } 내가 지끔 제:일 기억나는 게 머냐며는, 지끔
{머, } 놀았지. 응, 그랬지. 그러지. 그랬었지. 그게
구경허구, 거 {머, } 눈치 바서 또 머:, 심:부름해주구 그르믄, 거기
모허구, 지끔 머 정당 쌈:허구 {머, } 당파쌈:하구 그 식이나 마찬가지야, 내가 지끔
, 내가 번정통을 왔다갔다허구 {머, } 대:통령이 누가 되구 하구 그래서, 그때 라:지
때 또 한 쪽에서는 데모덜 허구 {머, } 데모나 비슷헌 거지, 그 인제 내가 가만히 보니
머냐믄, 홍도야 우지마라 무슨 {머, } 또 변사.. 밨지. 변사한 거 밨지, 활똥 사진두
니, 무슨 머 심청전이니, 무슨 {머, } 또, 무슨 그전에 만:주 벌판에서 일번늠허구 싸
네, 여기 있네. 근데 실은 요새 {머, } 먹을 께 다:들 신통치들 않어. 우선 이거래두
게, 인제, 남인수 노래니 무슨 {머, } 배낄길로... 꼬집어 뜯어라 이러구 노래가 또
. 피:란 가느라구. 피:란은 난 {머, } 배루 부산까지 갔이니깐 그릏게 큰 고상온 인
둑늠 물건이라구 할 쑤 읍:구, {머, } 버리구 가거니까, 아:수니까 샀지, 기. 그때 당
지구, 머, 행사두 많:이 허구, {머, } 쌈:두 많:이 허구, 그땐 제 미제물품이 인제 들
는 침:모, 뭐 빨래허는 사람들 {머, } 안짬재기들, 이제 그리고 행랑 아범, 어멈, 뭐
땐 그 우리가 거, 암컷을, 그, {머, } 요:즘에 들었지만, 그전엔 우린 그냥, 나 쪼끄
가서 시집두 제대루 못 갈거구 {머, } 으디다 또, 술찝 같은 데 팔을까바, 아::예 이
, 제무시, 찌:프차, 쓰리쿼타, {머, } 이런 게, 유:명한 차들이 전부 있어서, 그때에
엔 미:국 사람이 무슨 미제물건 {머, } 쪼끔 주면 아주 그거, 큰 영광으루 생각허구,

. 그러구 인제, 그 정도구 인제 {머, } 큰 놀이 없:어여. 고기 잡으러들 많이 댕기긴
. 그래, 점령해: 가지구, 이건 {머, } 피난 갈 쑤두 업:구 그른깐 을찌로 사:가루 인
구 봄에 인제, 저거 대 가지구, {머, } 행사두 많:이 허구, 머, 쌈:두 많:이 허구, 그
한 거거든. 긍까 내가 나두 참 {머... } 곡절이 있지. 피:란 가느라구. 피:란은 난 머
런데는 압박꼴, 노쩡꼴... 무슨 {머... } 그랬잖아요? 다방꼴 머 그랬지 않아요? 우리 何
잊을 수가 없어. 지리 선생님은 {머... } 만나, 그 시대 우리가 자동문을 몰:랐어요,
아무개네 집에서 온다 하며는 {머... } 많:이 가니까... 세:배뚜 그땐 많:이. 그때
깐덜 세상에 머 한국 사람들이 {머... } 스켓이 어딨어? 썰매 맨들어 가지구 개천까에
, 그래 가지구 머 오십대 가서 {머... } 요새 그, 저 테레비에 보면 화요일랄, 아니
구, 그땐 우이동이 말이야, 거 {머... } 우이동이 지끔 딴 세상이 됐:지만 말이야. 그
믄 머 몇 등, 몇 급 에:전에 거 {머... } 응. 그래서 등수를 매기는 거 가지구 참 친일
장을 세우고 머, 고무신 꽁장, {머... } 이린 거를 전부 맹기넌 바람에 영:등포가 인
연씨가 난: 거라구. 근데 이제 {머... } 지끔 우리 가정에두, 일반 가정에두 보며는
, 스켓... 겨울에 스켓이 있나 {머... } 참 형편업:지. 그룷지, 썰매 맨들었... 저 즈
학박산데, 그때 의학박사는 또 {머... } 참, 아주... 그 사람들 다 미국서 공부하구
그냥 언년이라구 지으라구, 또 {머... } 하이튼 많:어요. 그런 인제... 유화가 읍:는
정 말련에 대학교 들어갔으니까 {머.. } 나올 떼가 업:는 거지, 돈이. 그르구 이 사:람
달:르죠. 무 장아찌. 갈:랍은 {머.. } 생선 부치든지 머 허는 거 갈:랍. 편육, 양진
땐 그른덴 자상허신 거 겉으구 {머.. } 집에선 안 그래. 전:화를 해두 우리가 전화허믄
. 그때는 먹질 못 하는 판인데, {머. } 고혈압 생길 릴두 읍:구... 화학 약품 그른 것
교야 머 국어, 산:수 그런거져 {머. } 국어, 산수, 창:가... 음악이라는 게 창:가. 창
덜미를 탁 잡은 거야. 걸렸지 {머. } 그래가지고 가서 강냉이 든 채 마당 한가운데..
구 한번 하며는 혼::나는 거지, {머. } 그래서 그거 내 반찬 가지구 내가 충분히 먹는
수대 아니에요. 서루 신:호허구 {머. } 그래서 지끔 가만::히 보믄 남산두 거 봉화대
었어요. 한:참 장난 심한거지, {머. } 그런 장난도, 무슨 장난들을 그렇게 하는지...
      그 당시에도 있긴 있겠죠 {머. } 그런데 겁이 많아서 남학생 쫓어오믄 (웃음) 우
지고 소하오년에 시집을 왔는데 {머. } 그르니까 그게 얼마야. 배:급 받어 먹는 일이
밥이지, 머 쌀밥 을:마 안 섞구 {머. } 그른데 그거 하나 먹구 그룷::게 맛있는지 모르
가 막 저 이 철사 대:는 거지, {머. } 나는 그때 어렸을 최부동 살었이니까는 지끔은
까 핵꼴 가서는 공부허나마나지 {머. } 다:: 아니깐 그냥... 그럼요 벌찝이죠. 그리기
큰: 고생은 안한거져 남들겉이 {머. } 배가 고파서 그런거는 아니고, 동:네 사람도 그

전농…선전농… 여러 가지지, {머.} 에 그르니까 왜정 때 일부두 네온 싸인 같은 것
러니 가다보믄 머 벨일이 많져 {머.} 옛날에는, 지끔은 안 그러지만 그:지 많았잖아
에 세:상에선 그게 젤 최:고지 {머.} 우리 시아주버님은 공:무원으루다가 체신부 댕
아주 싹 몰라야 하는 거라구, {머.} 존 점은 따구 나쁜 점은 돌아보지 말어이지.
　　　　　　　　　　잘 보긴 {머.} 지가 감:히 선생님한테 책 드린다는 게 무모…
구경허구, 거 머, 눈치 바서 또 {머:,} 심:부름해주구 그르믄, 거기서 물 떠다주구 그
　머 그 학문적으루 경제적으루 {머::든지} 그냥 으뜸 나는 그 구에서두 그 동:네 지 何
더 데잖아요. 일하는 사람 있고 {머.} 안짬재기 있구 큰집 식구 있구 우리 식구 있구
가다 보면 머 이 중동관 나이쁘 {머:} 어디관 나이뿌하고 좀 만나잖아요? 지나오면 서
돼잖어여? 그렇지. 그러니까는 {머:} 우리 웨가도 서울에, 즈이 이모님은 그 때 으사
　전부 광 거기서 인제 열료꽝, {머:} 이런 걸 했:어요. 그래서 나는 지끔두 깨:스뺄
니겨서 요런 거 만든다 그러고 {머:} 이제 옛:날에는 머 넝넉지 않… 저기 특별한
　그 줄서서 배:급쌀 타라 그르믄 {머:} 타냐믄, 밀, 버리, 강냉이 지끔 이:북허구 똑같
경제가 망하구 국가가 흔들리구 {머:가} 될 쩨는 이거를 몰라요. 그 우선 식생활. 아 何
　넝넉지 않… 저기 특별한 게 {머:가} 없:으니까 소꿉장난 한다 그래두 깃:해야 뭐
전통은 그야말루 생활 습관이나 {머:나} 전통 머 물건이나 머나 다 싫여 허지만 그래 何
　　그렇져. 그 때 {머:냐} 하며는 지까증꿘이라는 게 있었어여. 그러니 何
쭐을 아:느냐구 해서 고도리가 {머:냐고} 물어보면서…걸 알켜주거든. 알켜주는 게 何
그런다구 그래요. 그래서 부인 {머:냐구} 그랬드니 왜 그르냐 그랬드니. 부인이 왜 何
　　　　빈사과라는 게 {머:냐며는} 강:정 맨든 찌께기들… 모두 거 잘못된 何
에 있습니다. 그래 증산동이 그 {머:냐믄} 그 증산동이 왜 증상동이냐믄 그 증상동이 何
서 인제 깜::짝 놀랐대요. 그게 {머:냐믄} 그게 우리나라두 한 백녀년 전에 봉:수대 何
　　　　근데 그게 {머:냐믄} 연신내래는 데 거기가 아주 거기가 엔:날에 何
번이 고개에요. 근데 우:신 건 {머:냐믄요} 그 엽전이 이렇게 구녕이 뚤려서 엽전에 何
이야, 그 라디오에서 드팀전이 {머:냐허는} 퀴즈루 나왔어. 그러니깐 인제 거 라디오 何
니 모두들 답변을 해. 드팀전이 {머:니} 이거다, 저거다 드팀전 답변을 허니깐 최:종 何
니깐, 앞에다 수도 두구 인제, {머:니깐} 거기서 일쩐만 주믄 이제, 두 지게… 지 何
이 들기 좋은 식으루 은행이다 {머:다} 하지만 다 그거 돈놀이하구 돈… 고:리대금 何
　　　애:껴주시니까. {머:든지} 허는 거를 심:드는 거를 해두 심이 안 들어 何
일어나니까 유성농 저 대:감이 {머:라구} 그랬냐믄 저 신애주꺼찡 피란갑시다. 선조 何
력을 갖다가 감:사하면서 그걸 {머:라구} 쓰십니까 말이야. 말래요 서로. 그래두 난 何

졌다구 그런 사람들 다 있어요. {머:래두} 도와주겠다. 그른데 항:국에 항국 싸람두 何
겉이 힘드는 게 없거덩. 그래 {머:를} 내가 지끔 가만:히 생각하니까는 무슨 날 뭐: 何
라 그게 여간 어렵지 않드라구. {머:를} 잡숫냐믄 준치 찌게, 조기 찌게. 짭짤허구두 何
{머?} 고기, 어. 양념허구 같이 볶을 쪽에.. 何
… 머 시집쟀는데 시할머니가 {머?} 머 화토를 내가 노름을 못 해서 몰르는데 머 고
:묵은 그 무당들이나 절에 가서 {머?} 한다구 해 가지구선, 머 살풀이한다구 전:부 그 何
{머?} 히어쓰기가 머야? 何
에가 붕아나 머 무신 미꾸라지 {머} 가:재 머 다 잡았죠. 그런데 그게.. 산은뇨 즈이
거 일이삼사부터 백꺼징 쓰구 {머} 가나다라 전부. 그르니까 읽어 보라는 거죠 심심
유가 없잖어여. 그 때는 그 냥 {머} 가방도 지끔들은 요만큼씩 딱하고 뭐 싫으면 그
구 있죠 시굴서는. 찾아 댕기구 {머} 가족 유가족한테 전화허구 사진두 갖다 놓구. 게
아니 {머} 같이 사는 사람 웁지. 거 대:식구니까는, 집이
저 친구다 하구. 우리두 그때 {머} 갠찮았이니까 아닌 게 아니라 쌀을 멫 가마니씩
져. 머 빨래허고, 푸지허구, 또 {머} 거기에 저거 해서 머 바누질하는 침:모 있구 또
, 띠:기두 허구, 별:두 그리구, {머} 거북이두 그리구, 배두 맨들구, 비행기두 맨들구
못해두 들어가지. 그건 {머} 거저 들어가다시피 허지만 한:국 사람은. 그러
심이에요. 막 뙤[ö]댕게두 누가 {머} 걸 건드리냐 머냐. 거기서 머야 머 따먹을 꺼 있
해서 찾는데. 그래 인제 지끔두 {머} 결혼식이다 머 어른네 생일이다 돌이다 해두 벌
버지 밑에서 이제 뭐 치:부하고 {머} 계:산하고 그러는 청지기가 있었어요. 김주사라
두: 개, 기껏해야 세: 개니까 {머} 고거야 열: 깨가지고 가는 애하고 세: 개 가지고
내가 노름을 못 해서 몰르는데 {머} 고도리 칠 쭐을 아:느냐구 해서 고도리가 머:냐
내 주장을 하는 게 아니라… {머} 공부를 했:다, 외(ö)국 가서 멀 잠::깜 일본 가
:길 들어보믄요. 지금처럼 무신 {머} 과:학적으루 무신 머 콤퓨타든 머 이런 거 허지
:부분이 다 죽었는데, 고등핵교 {머} 국민핵교… 대:학 졸업생은 인제 같이 한 달에
초등학교야 {머} 국어, 산:수 그런거져 머. 국어, 산수, 창:가…
은 가르침을 헌 선생님들이니까 {머} 국적을 저거허지 않구, 저 팔씹팔 련에 그 일번
선 잘 몰르시지만 아::주 그냥 {머} 그 광범허게 참 많:이 아세여. 더 넓었죠. 저 뒤
전부 댔:는데 기냥 깅깐 그건 {머} 그 다른 사람이 보기엔 꽤 지끔 겉으믄 큰 저걸
길 안 허구 그러는데, 테레비에 {머} 그 문화재라구 해: 가지구 머 으복 문화재니 말
어디 직업학교 댕긴 앤가 어디 {머} 그 쪽 한:성학교 댕기는 앤가봐. 그러고 우리는
우리나라에 제:일 정치적으루 {머} 그 학문적으루 경제적으루 머::든지 그냥 으뜸

때까지 해: 가지구 봉조화래나 {머} 그거만 하며는 이기는 거예요. 그래 그거 놓구선
옷 전부 맨들어서 해지 어디서 {머} 그걸 갖다가 해: 오는 게 없:어.   지끔 나이가
                    이렇게 해서 {머} 그까 인제 하나... 나는 이제 밤나 인제 일항년
, 머 누가 하는지 몰라두, 항상 {머} 그때 당시에 김구 선생이니, 머 이승만씨니 무슨
일가 싸람들이 오구 그러는데. {머} 그때 주루 허는 것이 그거야. 국민핵교 댕기믄서
무슨 머... 그랬잖아요? 다방꼴 {머} 그랬지 않아요? 우리는 이제 노쩡꼴이었었어요.
나마까시두 주구, 과자두 주구 {머} 그러드라구. 또 흠쳐먹기두 허구. (웃음) 흠쳐
  그러대요. 학:문두 좋구 아주 {머} 그러셨다구 그러대요. 그르니깐 나는 들와서 시
뭐 우리 아버님도 거기 다니고 {머} 그러셨으니 오:랫동안 그 학교에 죽: 대:를 이어
느라구. 그땐 무슨 약:이 있나? {머} 그런 거 손이 이릏게 터:져서 분:다구.   (웃음)
또 역시 있는 집이니까 그렇게 {머} 그런 거로 고생은 아니지만 이 심:쩍인 거는 많
릴 때는 그 그때는 동:네 무신 {머} 그런 꼬마들이 지금처럼 껌:이 있는 거고 무신
  그 배가 가다가 물에 빠:진다 {머} 그런 얘기가 많:지 않습니까. 헤헤 결혼요. 헌
테 아주 미안하다고 그러고 점 {머} 그런 얘길해요.   많지요. 교장 선생님은 돌아가
날:르구 벅:닐 하구, 하이튼 그 {머} 그런 차가 많:다구 바야지. 우리가 살... 지금
박골, 영천 올라가는데 교국동 {머} 그런데는 압박골, 노쩡꼴... 무슨 머... 그랬잖
, 친일파로 증해 놓구 있는데, {머} 그렇게 맨들었다구 해서 내가 항:이두 안 했어.
는 것두 있구 모:은 것두 있구. {머} 그렇지요. 그래 인제 즈이 집이 그 삼백오십 년
가야 허고. 다 했지. 그런 거는 {머} 그르니까 지끔은 잘 먹구 잘 사는 거야. 그래서
오구 이릏게 또 머 허믄 요새두 {머} 그릏게 지내는 거죠. 즈이요? 육이오 때는 참 육
. 인제 전::부 먹을 꺼... 쌀, {머} 김장 때 김장 배:추 이런 걸 사 가지구 멫 마차
거예요. 머 새:두 그렇잖아요, {머} 까:치두 그렇구. 까:치집이 머 하:눌루 뚤르며는
먼 그냥 흙들인데 거기에다가는 {머} 꼿을 심어도 안돼고 뭐, 딴 푸성귀를 심어도 안
인제 그 회:현동에 사는데, 그 {머} 난 기억 그런 거 보지 못했으니까, 아버님 말씀
, 또 동:네 이제 사람들 오니까 {머} 남자들이 좀 많어여? 한 집에 부글부, 버글버글
잘뭇허다구 미안허다고. 그래서 {머} 내가 도울 꺼 있으믄 돕:겠다구 그런 사람들 다
그른데 가구 싶지 않아요. 그거 {머} 내가 존중해서 그러는 게 아니라 거 나가서 머
하시겠어요? 막: 야단맞는다구. {머} 너는 나가서 겨우 하능 게 말야 학교 댕기랬더니
다 그러고 머: 이제 옛:날에는 {머} 넝녁지 않... 저기 특별한 게 머:가 없:으니까
  장에서 집해허믄 누구 머, 거, {머} 누가 하는지 몰라두, 항상 머 그때 당시에 김구
                    근데 {머} 다 살어 오면서 증말 저 큰: 일은 못 허고 소시

그러는데 이릏게 날짜가 가며는 {머} 다 알:... 공부허구 나믄 언제 보느냐 내가 그랬
도깨비가 많:어. 그르니간 이거 {머} 다 우:순 얘기지. 그 지끔 얘:기헌 문익공이라는
나 머 무신 미꾸라지 머 가:재 {머} 다 잡았죠. 그런데 그게.. 산은뇨 즈이가 벌 까
. 그러구 인제 또하나 그런 거 {머} 다 해서 싸구 그래 가지고 그게 함 쌍이구, 또
:: 있거든. 존: 일, 궂인 일... {머} 다:: 나와요. 내 탄탐::하게 산:다는 게 이게 제
하구 돈... 고:리대금업자하구 {머} 다른 게 업:는 거지. 원리.. 이론적으루 바서는
 걸으지. 달른 게 더러 있어두 {머} 달를 게 업:지. 존경허는 말에 대해서야 머가 달
 없:이니까 짓네. 시골 싸람덜 {머} 대:문을 그릏게 고급시럽게 대문하는 사람이 몇
기 부산꺼징 이런 데 가서 수원 {머} 대전 이런 데 가서 만났는데 그 만나는 사람이
랬거든, 우리가? 농구를 허면서 {머} 던지면서 넘어져도 이력허구 넘어진다고. 그런데
, 그때두 그, 말하자믄 지끔두 {머} 데모허구, 지끔 머 정당 쌈:허구 머, 당파쌈:하
, 그 인제 내가 가만히 보니까, {머} 데모허믄 한: 쪽에선 문닫게 맨들구, 힌쪽에선
면 그거 지꺼지 다. 근데 나야 {머} 두: 개, 기껏해야 세: 개니까 머 고거야 열: 깨
걸 건드리냐 머냐. 거기서 머야 {머} 따먹을 꺼 있이믄 따먹구 그렇게 했는데. 지끔
민에. 요새 거 부실공사가 지금 {머} 떨어지구 자꾸 그르잖아? 안양 같은 데 그거 그
지 그저께두 머 미도파에 가서 {머} 또 사다 디:밀구 왔다구 그러대요. 잘: 해요. 그
날리믄, 연을 올리며는... 지끔 {머} 매:년 연 날리는 대회두 허구 그러는데 어떡허는
대허며는 돈:이 머 몇 백만원씩 {머} 머시 들오는지 몰:르냐 그르니까 돌어와서 어 이
그러냐믄, 일본 싸람 집이 가서 {머} 먹구 오믄 으:른들이 야:단했거든? 거, 민족성
머 표창두 받구 요새루 말하믄 {머} 몇 등, 몇 급 에:전에 거 머... 응. 그래서 등수
두 제가지고 임:대허며는 돈:이 {머} 몇 백만원씩 머 머시 들오는지 몰:르냐 그르니까
그래, (웃음) 그거 {머} 몇 전이지. 품싹이야. 물갑은 업:구. 다 거저 길
오는 물인데 그 물에가 붕아나 {머} 무신 미꾸라지 머 가:재 머 다 잡았죠. 그런데
않어도 넓었죠. 옌:날엔 그냥 {머} 무신 창고 무신 창고 이릏게 해서 허잖아요. 거
:식 잘 맨든다 옷 잘 맨든다구 {머} 문화재니 머니 하는 거, 우리 마:누라한테 대믄
냥 정:리허구 머허니깐, 그때는 {머} 물건이구 모구, 전부 감추느냐구 난:리법석이구,
말루 생활 습관이나 머:나 전통 {머} 물건이나 머나 다 싫여 허지만 그래두 내가 요
냥 같이 먹구. 머든지 그저께두 {머} 미도파에 가서 머 또 사다 디:밀구 왔다구 그러
하:눌루 뚤르며는 그해 가물구 {머} 밑으루 들어가는 데를 출입구를 해노며는 비가
허구, 또 머 거기에 저거 해서 {머} 바누질하는 침:모 있구 또 애: 봐주는 언년이들
업:지. 전주 이씨네들이 그건 {머} 반대허지만 그땐 때가 어느 땐데 맘대루 반대해.

가 밤중이 집에 들오와서 이제 {머} 밥이건 죽이근 남 먹을 때 같이 먹어야 허니까.
위해서 그랬다구. 옌:날 얘기가 {머} 배에 무신 쥐[ü]두 머 배에 쥐가 없:이믄 그 배
  얘기가 머 배에 무신 쥐[ü]두 {머} 배에 쥐가 없:이믄 그 배가 가다가 물에 빠:진다
지고는 맨날 초칠해서 거기다가 {머} 백묵가루 칠하고 그래 가지구 그런 적도 있었에
으믄 큰 저걸루 아는데 옌:날엔 {머} 벨루 머 소:득이 안 나오는 거다구 뻰:헌 시세에
이래는 게 내가 지끔두 자꾸… {머} 벨별 사람 많:다는건 술 좋아하는 사람은 여전::
은 거리를 응. 그러니 가다보믄 {머} 벨일이 많져 머. 옛날에는, 지끔은 안 그러지만
또 요새 전: 부친 거 겨란에다 {머} 부쳐서… 고런 거 요렇게 썰:어 넣구, 그르니까
인제 머에여 집안에 그 동서들 {머} 불러 가지구선 그냥 같이 허구. 장: 당글 때는
없:어. 강:정, 타래과, 약과… {머} 빈사과… 빈사과라는 거 알어? (웃음) 빈사과
사:변 때는. 그러구 나오니까는 {머} 빨간 기 둘르구 야:단허구 나오래니간 나왔져.
  람들이, 안짬재기들이 살았져. {머} 빨래허고, 푸지허구, 또 머 거기에 저거 해서 머
지금처럼 껌:이 있는 거고 무신 {머} 빵: 이른 게 업:고. 엿장사 그 엿장사래는 게 모
새 거 머 젊은 사람들 시집가믄 {머} 살겠지 하구서 머 이렇게 살지만. 나는 그래 우
가서 머? 한다구 해 가지구선, {머} 살풀이한다구 전:부 그런 엉뚜당뚜한 종교에 대
맞:둔이래잖아요, 맞:둔. 또 그 {머} 삼춘두 여긴 보통 삼춘이라구 그러는데 삼촌이라
. 보리 농사가 망허는 거예요. {머} 새:두 그렇잖어요, 머 까:치두 그렇구. 까:치집
그런다구요 지끔도. 아 벌찝이 {머} 생일이야 벌찝이 제:사야 무신 머이고. 게 벌찝
론 거이 아녜요. 그르케 우린 {머} 서:러운 생활들을 허는 거죠. 그래서 지가요 불
        그건 {머} 서씨삼대록 겉은 거 명지기부공 겉은 거 그런 거
자꾸만 이러구 보니까 한 섬에 {머} 석:섬, 넉:섬이 배:가 나오구 자꾸 이러거덩. 그
저걸루 아는데 옌:날엔 머 벨루 {머} 소:득이 안 나오는 거다구 뻰:헌 시세에 뻰:헌
니까 없:어졌어. 깨:끗이. 아니 {머} 수술허구 그런 풍원을 한달 똥안 병:원 댕기라는
        고생이 많:죠. 아 그 {머} 술 겉은 것두 추석 머 이런 때 다:: 술 맨들어서
, 저녁 때면. 베:러 가거던. 그 {머} 시아버지헌테 말야. 그때 가실 쩨 옷덜을 어트게
겉은 거 해 논 거 있어. 건데 {머} 시언찮게 해 났어 내가 가보니깐.   아니, 옷 입
지. 일찡 시대에 젤: 고생했지. {머} 시집 올 때버터 일쩡시낸네 내가 대쭝오년에 나:
몰라요. 또 화토짝, 머 요새… {머} 시집갔는데 시할머니가 머? 머 화토를 내가 노름
었지만, 장:하홍년전이니, 무슨 {머} 심청전이니, 무슨 머, 또, 무슨 그전에 만:주 벌
가 많:았던 거지. 버리밥이지, {머} 쌀밥 을:마 안 섞구 머. 그른데 그거 하나 먹구
에다 요기 한판에당 머 써놓고 {머} 써놓고 그러니까 애들이 칭:구가 있에야 나가서

인제 벽 삭에다 요기 한판에당 {머} 써놓고 머 써놓고 그러니까 애들이 칭:구가 있에
사람 많:이 고생했어여. 지끔은 {머} 쓸려구 그러시는 거지 않어요. 어떤 거는 그런
론 때가 조금 많:지. 그릏지만 {머} 아이들허구 저거허니까 요새는 증손자하구 그냥
거 누가 가서 그런 거 하느냐구 {머} 안 한다구... 그때 세월루 바서는 그게 도리가
때 호떡을 먹는데 "짱꼴라들이 {머} 알어?" 그러시믄서... 중국 사람보고 짱꼴라래.
든요? 그 동네 이름이 옛:날에 {머} 압박골, 영천쪽은 압박골 무승 꼴 그래갖구 골이
자:치기나 이런 거 하구 인제 {머} 애:들끼리 놀다가두 야 낼: 능금 따러 가자:: 하
음) 아::니 그렇다구 해서 무신 {머} 양:정 군대를 많이 양성헌 것두 아니구. 그저 급
아 그냥 {머} 양복 바지 저고리만 입구 댕겨. 그르구 댕겼지
서 천::천히 걸어댕기지. 근데 {머} 어디 가는 데는 그렇게 남을 쫓아댕기루 빨리 댕
란델 하:나두 몰:라요. 친:척이 {머} 어디 시굴 가서 사는 사람이 하나두 읎:으니까.
쇼 그랬드니. 아 그건 니가 그 {머} 어디다 디주 어다 느: 놨잖어. 아 그래 거기 가
반 무신 책을 꼭 보시냐믄 그야 {머} 어렸을 때나 으:른 다 대 가지구 줄창 삼국지 책
래 인제 지끔두 머 결혼식이다 {머} 어른네 생일이다 돌이다 해두 벌쩝 아:무개 불러
먹을 꺼 어트게 사다 놓구 그 {머} 어트게 사다놓구 어트게 사느냐구 이러지. 업:는
머머머... 그른 때 승낙두 허구 {머} 어트게 하지마는 그게 우리 살기엔 그것두 많::
당히 규모가 즘... 그땐 장사가 {머} 없:에요. 그렇죠. 지가 개:인으루 나와서.
{머} 여, 동남 아시아나 지금 태국이나 버:마, 거 예:
리 조부를 갖다가 지끔 말이야, {머} 여기 대학 교수들이 말이야, 친일파로 정해 놓구
나 있었는데, 그리 댕겼지. 거 {머} 여기 지금 공원에두 감사원두 고게 게곡이 있어
냥예요. 지끔두 그 자손들이 에 {머} 여러가지루 활동허고 있는데 아주 증말 부러와요
종 때에 심:허게 그릏게 됐:지. {머} 역사 애길 허자면 한:이 업:지만 말이야.   아,
두 없:이니까. 그러구 그냥 또 {머} 옘:병이라구 해 가지구 머리가 죄 빠져 가지구
생각을 하는거지. 그래서 인제 {머} 오빨 찾는다, 부몰 찾는다... 나와요, 식구들이.
런 목판이 다: 있어가지고 그게 {머} 오십 개 이상 돼지, 잔치때 한사람 먹고 손님 오
있어요. 거기서, 그래 가지구 {머} 오십대 가서 머... 요새 그, 저 테레비에 보면
저야 {머} 외[ö]:따루 헌저 있으니까 누가 머 장난 안 하고
아 개울가 허믄 {머} 요기가 개울이 쪽:: 있었는데요. 여기가 상각산
을 버리지 몰라요. 또 화토짝, {머} 요새... 머 시집갔는데 시할머니가 머? 머 화토
:하게 해 가지구 거 보재기 그 {머} 요새루다 허먼 여러 가지 색동 저고리 보재기 이
그릏지. 거 {머} 우리두 말야, 체부동 사나 사:직동 살 쪽에 물장

님 소리 했겠어여? 그래도 이제 {머} 으꽈대악을 졸업을 다: 시키시고, 이렇게 하시고
머 그 문화재라구 해: 가지구 {머} 으복 문화재니 말이야, 음:식 문화재니 허는데,
대금업자라구 이렇게 바야해요. {머} 은행두 매한가지지, 지끔 사실은 말이 듣기 좋은
사람들 규무있게 생활허대요. {머} 이 박사 저거니까 다:: 아시갔지만 친:구들 본인
등학교 지나서 가구, 가다 보면 {머} 이 중동관 나이쁘 머: 어디관 나이쁘하고 좀 만
국억을 공부허시고 전공허니깐 {머} 이거에 대해서 애착심을 느끼구 머 허시지만 다
과:학적으루 무신 머 콤퓨타든 {머} 이런 거 허지 않구 엔:날 노인네들 말:씀허시는
신:기헌 것은, 감자 겉은 거니, {머} 이런 걸 끊어서 이렇게 놓드라구. 일:쌍 생활에.
라구요 색:시가 숫가락, 대:접 {머} 이런 걸 다: 해서는 이런 함지박에다 해: 가지구
아까두 얘기했지만 동:네 이름 {머} 이런 것이 기냥 소멸되는 게 너머 안타까워요,
는데. 그 인제 그게 머 잣:이니 {머} 이런 게 있는데. 하이간 저는 외[ö]따러서, 집이
구 와선 이런 대바구니 속인가 {머} 이런 데다 밥을 이만:: 하케 가지구 와선 거기 논
. 아 그 머 술 겉은 것두 추석 {머} 이런 때 다:: 술 맨들어서 대접을 허고 근데 아
런 데는 왕:궁에서 일어나는 일 {머} 이런 일만 있지. 나라에서 볼 쩨 우리 민:간에
제 하절, 여름인데 개구리 울구 {머} 이렇게 울 땐데 새벽이 대니까 이늠이 생각덜이
                더 넓었죠. 저 뒤 {머} 이렇게. 집은 좋지 않아도 넓었죠. 엔:날엔 그냥
:식구. 한 달에 쌀 두: 가마니, {머} 이렇게 반:. 그 때는 또, 생활 수준두 그렇고 잘
들 시집가믄 머 살겠지 하구서 {머} 이렇게 살지만. 나는 그래 우리 늙은이 둘:이 살
머 그때 당시에 김구 선생이니, {머} 이승만씨니 무슨 여운형씨. 이런 얘:기는 많:이
이 사실 이쪽에 전부 빈촌이죠. {머} 인:구가 여기가 은:평구라두 인구가 이:천 명두
볼 쩨엔 윤치호씨 같은 분은 참 {머} 인격상으루 나무랄 떼 읍지. 근데 가정적으루 보
기 하고. 또 그런 것두 하고 또 {머} 인제... 그 일정시대에 이제 하는 말이지만 오:
회 대통령이, 대:통령이 그래서 {머} 일 려 꺼 성꽐 바: 가지구 야 전:국에다 중게를
서 밤을 새:셨거등. 근데 이건 {머} 일:반 싸람들은 몰:르는 우리 집안에 얘기야. 밤
학교 때 재밌었 던 일이라는 게 {머} 일제시댄데 뭐 재밌었던 일:이 있었겠어요? 저기
구. 그르니까 이젠 의복상으로 {머} 입구 다 이렇구 하지만, 아프리카 싸람은 기후상
기 봉화대 옆에 옆에 갖다가 저 {머} 있구. 허참 그 일번 싸람덜은 그 엔:날 문화와
업:구 살 꺼 업:구 누구네 집에 {머} 있다 하며는 훔치러 가구... 그릏지, 광 있지.
들어온 여자들이기 때민에. 또 {머} 자기 맘:에 들으면 하루 이틀 가서 자구선... 또
이:구라구 그르든가? 그 친구는 {머} 자기 왕족이라구 하지만 왕족은 왕족이지. 우선
. 시집 와 가지구. 그런데 그게 {머} 잘: 해서가 아니라 그게 여간 어렵지 않드라구.

말이야, 외:투를 입거나 여기 {머} 잠바에 거 쓰구 댕기거나 그런 거 없:었어. 참

물구 그랬는데. 그 인제 그게 {머} 잣:이니 머 이런 게 있는데. 하이간 저는 외[ö]

외[ö]:따루 헌저 있으니까 누가 {머} 장난 안 하고... 공부는 그래서 항상 지:가 반에

람들은 지끔 겉이 그렇게 아주 {머} 재밌게 논:대는 것도 없었어요. 육이오 나구 뭐

지 옷이라는 거는 머 테레비에 {머} 저 음:식 잘 맨든다 옷 잘 맨든다구 머 문화재니

그건 절반밖에 안 되는데 그걸 {머} 저. (웃음) 아::니 그렇다구 해서 무신 머 양:정

귀쏙에 안 들어가요. 요새 거 {머} 젊은 사람들 시집가믄 머 살겠지 하구서 머 이릏

그래서..머 저허구 한번 만나서 {머} 점 허겄다구.. 예. 그래서 인제 따러서 가본 거

자믄 지끔두 머 데모허구, 지끔 {머} 정당 쌈:허구 머, 당파쌈:하구 그 식이나 마찬가

라믄 항:국 사람이 집이다 집이 {머} 좁고 그르기 때믄에 다 할 쑤 업지만 한 개씩은

라구. 그럼 불쌍하니까는 그냥 {머} 주머니에 있는것 제:꺼:내서 이제 좀 주구, 그

고 아 그래선 머 헐 쑤 있에요 {머} 증거를 베:죠. 아 그래 문을 열어 놓고 아:주머

그때 시대엔 증:말 아주 그냥 {머} 증말 승:배허게 대여. 야 너 올해는 풍년이 들갔

그거 {머} 지끔 항:이할 꺼... 지끔 한:문깨나 헌다는 사:

신 큰:: 책을 맨드는 게 아니구 {머} 쪼::그만 책이다 고기다 매달려 갖고. (웃음) 게

댕기는 늙은이들이 있에요. 거 {머} 쭉:: 섰잖어? 건 왜 그러냐면, 천상이 그런 게

그러는 게 아니라 거 나가서 {머} 찌르구 앉았어요? 아:는 것두 읎이. 그르니까 그

우리집이서는 이 {머} 참 꼭 그 무슨 때 정월이나 차례 지낼 쩨 음:식

자랐을 쩍에는 지끔 아이들겉이 {머} 참 완:구가 있나, 스껫... 겨울에 스껫이 있나

. 그때는 참 추웠으니까, 아주. {머} 참... 많:이 왔었구... 응, 많:이 왔었구. 그래

:었었기 때믄에 그러기 때믄에 {머} 참... 지끔식으루 얘기허면 통통통통...하는 발

서 인제 가::끔 그야말루 무신 {머} 책 사러거나 이런 때는 가도, 그 양반이 한:문을

라고 그랬지. 창:가 시간 있구 {머} 체조 시간 있구 또, 또 지끔 뭐라... 서예두 했

는 둥근달, 요렇:게 쪼끔 짤른 {머} 초생달, 요케 조금 짤라서 요거는 초승달, 요거

람은 할래야 자본 업:지, 누가 {머} 충고 하나 해주는 거 업:지. 그저 아침에 해 뜨

처럼 무신 머 과:학적으루 무신 {머} 콤퓨타든 머 이런 거 허지 않구 엔:날 노인네들

녜여. 내:도록 웃음 꺼리지. 그 {머} 킬킬거리고 뭐 야단나고 영낙없이 여기다 그냥

상으루 추:니까. 그렇다구 해서 {머} 털루 머 할 쑨 읎:는 거구. 그르니까 이젠 의복

인데 볼 쑤가 없:어. 다 없:어. {머} 텅... 저 이, 초등핵교, 고등핵교, 대학 동창들.

음:식이라든지 옷이라는 거는 {머} 테레비에 머 저 음:식 잘 맨든다 옷 잘 맨든다구

학교 교장이 박승주라구, 일번 {머} 표창두 받구 요새루 말하믄 머 몇 등, 몇 급 에:

댁식구들이 많이 와 있으니까는 {머} 풍족하게 먹을 수도 읎:에요. 육이오 사변 나기
머 까:치두 그렇구. 까:치집이 {머} 하:눌루 뚤르며는 그해 가물구 머 밑으루 들어가
오는거야. 까:망, 밤:색 무슨 {머} 하:양, 누:렁 그렇게 짝짝이로 신고 오신다고요.
서 인제 없:어지면 똥:그란 거 {머} 하나 주구. 그리구, 그전에 그, 엽전치기라구 있
생님보다도 그 호떡이라는 거, {머} 학교 댕길 때 호떡을 먹는데 "짱꼴라들이 머 알
. 그러니깐 인제 거 라디오에서 {머} 학생들이니 모두들 답변을 해. 드팀전이 머:니
떼 업:는 얘기밲에 더 있에요? {머} 학식이 있으니 무슨 요령있는 말이 있겄어요? 학
:은 식구가 먹능 거에여. 그냥 {머} 한 번에 한 오:십 명 더 데잖아요. 일하는 사람
이야. 대:원군 때. 그른까 이게 {머} 한 이:백 년 가깝게 됐은 글씨야. 게 이걸 내가
데 그 학교하구 차이가 불::과 {머} 한 이백메터두 안 떨어졌거든. 근데 그걸 식모가
두 그때는 어려우니깐덜 세상에 {머} 한국 사람들이 머... 스켓이 어덨어? 썰매 맨들
:니까. 그렇다구 해서 머 털루 {머} 할 쑨 업:는 거구. 그르니까 이젠 의복상으로 머
아, 이, 그 이름을... 체철이니 {머} 해서... 그 보스톤 마라톤에서 띨 때, 그게 그
:어 듣는데.. 지끔은 아이들 꺼 {머} 해주구 나두 어디 그런 게 있어요? 예:를 들어서
깐 그 시민들이 들어가서 왕이 {머} 해준 게 있냐 우리 밤:낮 약탈만 헌 거 같다. 그
잠::깐 일본 가서 공부를 했다, {머} 했다고 해서 아:는 게 아니라 그때 당신 학교 댕
여허거던. 내 며느리버텀두 거 {머} 허기 싫여 허거던. 또, 몸두 건:강치 못허니까
. 갈:랍은 머.. 생선 부치든지 {머} 허는 거 갈:랍. 편육, 양진머리 쓸은거. 그러구
허잖아요. 에 게서 그 어므리구 {머} 허는데 여러::가지 달르대요. 그 서울서는 음:마
느끼구 머 허시지만 다른 저거 {머} 허며는 그릏게 우리가 바:두 그렇드라구요. 예
인제 그 선생이 또 이렇게 점 {머} 허믄 느이한테 지끔 이르죠. 지끔두 연하짱이 와
그릏게 전:화가 오구 이릏게 또 {머} 허믄 요새두 머 그릏게 지내는 거죠. 즈이요? 육
그른 말이예요. 옌:날 임금님이 {머} 허셨느냐 이 말예요. 남북 합해서 남북 합해서
이거에 대해서 애착심을 느끼구 {머} 허시지만 다른 저거 머 허며는 그릏게 우리가 바
치시면 어뜩허냐고 아 그래선 {머} 헐 쑤 있에요 머 증거를 베:죠. 아 그래 문을 열
안국동 요기서 지금 살:지마는, {머} 형편 읍:지. 그 아들덜하구... 왜? 우선 경제적
마:마가 있다, 마:마가 있다가 {머} 호열짜가 있다 그러믄, 고 일때를 갖다가 새끼줄
옷 해주는 것만 저거해서 그냥. {머} 혼인헐 쩨 입는 옷들 있잖어요? 그런 거 입어 보
머 시집갔는데 시할머니가 머? {머} 화토를 내가 노름을 못 해서 몰르는데 머 고도리
:하는 데 가서 바:주지두 않구 {머가} 나쁜 게 있:나 업:나 안 보구 한쪽에서 돈 먹　何
업:지. 존경허는 말에 대해서야 {머가} 달러.　그런 데는 사람이 우리는 으:른들 허시　何

변이 자꾸 나버리니까 모:든 게 {머가} 먼지를 모르구 사는 거야. 그르니까 이제 제: 何
그래. 저렇게 됐으믄 저런 숨은 {머가} 있는지 않나 그런 생각 들어간다구. 뱀:두 있 何
기 도달 안 했기 때민에 산이구 {머구} 김성 많:구 먹을 께 많:으니까 그냥 그래 사는 何
관이나 머:나 전통 머 물건이나 {머나} 다 싫여 허지만 그래두 내가 요 몇 해 전에 수 何
생각하기루 인제 그때 당시에 {머냐,} 그때 그 이:듬해, 과자 배급을 줬어요, 미:국
이 대. 하루는 잃어이 대. 그게 {머냐,} 그때 그 장질부사니 이런 게 많:아서, 그걸
. 그러니깐 그땐 쌈:패라는 게 {머냐,} 떼:거리루 댕기면섬, 집단 쌈:을 많:이 했지,
그때 동네 애들허구 노는 것은 {머냐,} 제기차기, 자:치기, 자:치긴 몰를꺼야, 자:치
기. 그때 당시에 공치기 헌 게 {머냐,} 찐뿌, 지금 야:구지, 야구나, 비슷헌 걸 갖다
[ö]댕게두 누가 머 걸 건드리냐 {머냐.} 거기서 머야 머 따먹을 꺼 있이믄 따먹구 그
산이 읎:이니까. 그때는 무기가 {머냐.며는} 식량이거덩. 총칼이 무기가 아니었어요. 何
이게 돌째비거든. 그래 이것이 {머냐} 말이야, 범: 감투라는 거거든. 요게 앞에 범: 何
줄 쑤 업겠냐 니가 경찰관이냐 {머냐} 안내는 무신 안내냐. 헐 쑤가 업:드라구. 그래 何
했다구 반찬이 그 솜씨가 이게 {머냐구} 그럼 하:가 나서 더 안 해준다 말야. 게서 何
:두 있었구, 칼:두 있었구 또, {머냐면,} 새: 겉은 것두 있었구, 인:형 겉은 것두 있 何
그때 거 장난감이래는 거 주로 {머냐면,} 칼:두 있었구, 칼:두 있었구 또, 머냐면, 何
, 내가 지끔 제:일 기억나는 게 {머냐며는,} 지끔 여기 어덨어, 서대문 가는데 그게 何
이라구 해, 그런 걸. 드팀전은 {머냐며는} 옷감 파는 데, 옷감 파는 델 드팀전이라: 何
는 게 일본말엔 그런 게 업고. {머냐면} 말야 공: 가지구 야구하구 치는 거야, 꼭 그
사람덜이, 그땐 나무 때는 것이 {머냐면} 말야, 그 사람덜이 나무를 잘러서 지게루 지
이야, 물장수가 물을 길어온 게 {머냐면} 말야, 수도가 멀어. 그때는 수도가 없었거덩
거. 신경도라구 있어요. 그게 {머냐면} 한:국에서 그 벼슬허는 사람들 그 벼슬 과가
저, 장난했어, 그때. 그때 거 {머냐믄,} 에, 손에 이렇게 지면선 그, 이, 일본말루
누::런 살탕을 줘 가지구 그때 {머냐믄,} 일번 싸람들이 그전에… 오마께 장사라구,
많이 했지. 연:극이 그당시에 {머냐믄,} 홍도야 우지마라 무슨 머, 또 변사.. 밨지
인제 하목허는 게 {머냐믄} 그게 재산에다 욕심 부리지 말:구 그저 상대
디오에 잘못 보:돌헌단 말이야. {머냐믄} 드팀전이라구 있어, 드팀전. 드팀전이라는
게 있었어. 그래 가지구선 그때 {머냐믄} 에, 효재국민핵교가 미:군부대가 있어 가지
그렇죠. 그릉간 {머냐믄} 우리 또 큰댁이 있에요. 큰댁이 있는데 지끔
돈을 꼬:달라고. 그른간 그게 {머냐믄} 차라리 이렇게 돈을 아주 날 달:라구 그르는
그래서 인제 {머냐믄} 출판사에서 그래요. 한번 내가 무신 잘 아는

책 책을 좀 갖다 디릴게. 말은 {머냐믄} 헐:씬 앞서서 있었거든요. 거 우:편 제도가
기는 마늘은 안 들어가여. 그게 {머냐허므는} 육조란예요. 그걸 고기 다진 거를 갖다
　　　　　　보학을.. {머냐허므는여.} 양:반에 집 어떤 거 누가 어떻구 누
래과니 강:정이니 유:조란이니 {머니} 그런 건데. 며느린 배:서 이런 걸 다 허지.
둑간하구 우이는 인제 독가지니 {머니} 이런 걸 놓구. 독가지 인제 그런 건 업:지마는
다 옷 잘 맨든다구 머 문화재니 {머니} 하는 거, 우리 마:누라한테 대믄 문제가 안돼.
. 왜정 말기만 해두 버리꼬개니 {머니들} 많:이 떠들지 않요? 그게 전::부 그런 상
겉은 거, 또 인제 저거요. 그게 {머더라..} 준:치젓, 준:치젓은 준:치 알젓 있에여.　何
이야. 그래서 가정 불화 일어나 {머도} 일어나지. 게서 옌:날 증말 전통은 그야말루　何
. 허시는 거 보구 배:는 거지. {머든지} 그래요. 음식이나 으복이나 다. 그르니까 요　何
저녁 불러서들 그냥 같이 먹구. {머든지} 그저께두 머 미도파에 가서 머 또 사다 디:　何
가. 할아버지 할머니가 그냥 꼭 {머든지} 사 가지구서는 가구 또 좀 신접살림이니까　何
많:어. 그걸 단어라구 그러나 {머라} 그래? 말:이 많:어. 한 가지 말을 여러가지루　何
. 그래서 우리 형님이 날:보구 {머라} 그랬냐며는 너는 병:을 무:역을 해다가 알른다　何
람이 찾아왔어. 찾어 와 가지구 {머라} 그르냐면, 제:가 여기다가 요:리집을 하나 냈　何
르시대요. 방송에 그 방송인이 {머라고} 말씀허시냐믄 당신은 왜 당신을 불른지 아:　何
쫙: 빠져요. 그래서 그게 그걸 {머라구} 그랬냐문 옌:날에 노:인네들이 그랬어요. 아　何
헐 껄 딴 사람을 시키니. 요거 {머라구} 그러는 지 알어? 이게 인제 증조 수암공. 인　何
　　　　　아니, {머라구} 내가 표헌헐 쑤는 읎어. (웃음) 꼭 맞지 않　何
거 젊은 사람에 정신을 말이야, {머라구} 헐까... 경:쟁심을 북돋어주는 좋:은 재료가　何
종적으루 인제 사회자가 답변을 {머라구러냐면} 말야, 옷을 맨드는 가게다 이릏게 답　何
에 으:른, 그, 우:에 싸람들은 {머라구르냐믄,} 부랑자. 부랑자. 부랑자라구 그랬지.　何
조상이신 극자, 석자에 그... {머랄까,} 처남이 데요. 그러구 태종하고는 어... 그　何
. 비상용으루 또 불이 없:이먼 {머래두} 해서 끓여 먹을 쑤 있는 거. 그런 흔란시에　何
　　　그러구 여기 인제 거 상에 {머를} 놓느냐면 말이야, 천:자를 롱는 거야, 천:자.　何
:구. 그래 인제 동인에 대장은 {머야,} 김용언이란 사람이구, 서인에 대작은 심:이겸
:을 했단 말이야. 고게 인제 그 {머야,} 몇 대조 임:금이냐, 십 대, 십일 때, 십이:
　　장실을 개조해 논 거지. 저... {머야,} 수세식으루 전부 개조해놔서 저거 예전식으루
그래, 딱지치기, 딱지 장난. 이 {머야,} 여자덜은 저 공:기, 돌:루. 공:기허는 거. 맨
여를... 우리 고조께서 쓰신 그 {머야,} 저 훈민정음에 대헌 말이야, 해:석을 맨든 책
산이라는 걸 받으셨에요. 저기 {머야,}.저.. 황:주 목사루 게실 쩍에 거기서 못: 가시

쩍에, 기름허구 설땅허구 저기 {머야.} 간장허구 해 가주구 유장을 발르믄 어:떤 구
　　　히어쓰기가 {머야?} 글 쓸 때?　　　　　　　　　　　　　　　　何
:단 말이야, 떡메루. 그러면 그 {머야} 그 쌀알이 전부 저 이거 부서지지 않어? 그래　何
　머 걸 건드리냐 머냐. 거기서 {머야} 머 따먹을 꺼 있이믄 따먹구 그렇게 했는데.
늫지. 미나리. 파:는 채:치구, {머야} 이 생:은 갈어서 저기 그 물을 좀 내야해요.
　　　　　　　그 저기 {머야} 호:두, 잣: 그런 거 늫구서는 다 볶아 놓구서
거를 그래두 하나래두 알:어서 {머에} 조끔 이익이 된다면 참 좋은 일이거든. 그러는　何
큰: 아주 행사에요. 그럼 인제 {머에여} 집안에 그 동서들 머 불러　가지구선 그냥
　　　　　　찍는 게 {머예요?} 우선 떡을 헐라믄 떡 한 말을 하잖아요? 한　何
생일이야 벌찝이 제:사야 무신 {머이고.} 게 벌찝이라구 해서 찾는데. 그래 인제 지　何
　당시에 인제 거, 낭:구래는 게 {머이냐면,} 순허구, 순허구, 청솔까지, 솔까지. 그거　何
찾아왔어. 아니, 지점장. 그거 {머처럼} 초대를 했는데 안 오서서 대:단히 섭섭허다　何
소하구… 전::부, 이불 깔:구 {머하구…} 그릉까 예전에두 살만한 집은 자기네 또　何
지끔 생각하니까 그까짓거 해서 {머해?} 매:일 곁이 선생님한테 혼나면서. 지끔도 그　何
　새루 말허믄 애, 야… 너 지금 {머해?} 이런 식으루두 나올 쑤두 있는 얘기 아니예요　何
야. 아니, 다릴 잘르구 살으면 {머해?} 죽지. (웃음) 어릴 쩍에 생각에두 말이야. 그　何
해도 그저 칭찬해줘라. 부인이 {머해도} 칭찬해줘라, 간섭은 마라. 그 칭찬을 해주믄　何
문 시:장 가서 떡장사두 하구, {머허구} 자기가 자라났다구. 그름 암만 망하구 암만　何
하케 가지구 와선 거기 논 메구 {머허는} 사람덜 맥여요. 죽 내려오거덩? 내려가면,　何
　도루 들어와서 그냥 정:리허구 {머허니깐,} 그때는 머 물건이구 모구, 전부 감추느냐　何
아우가 참는 거 겉구 아우가 좀 {머허믄} 지에 벨루 그렇게 참을 것두 없에요. 인제　何

가야한다고 그래서 저 의정부 {무슨,} 무슨 학곤지 잘 모르겠어요, 지끔. 의정부 무
병원엔, 교정꽈, 보:철, 보:전, {무슨,} 소아치꽈, 애:들만 하는 소아 치꽈. 이제 액
울 사람들은 깍쟁이… 그리고 {무슨,} 옆에서 무슨 일이 벌어진다 하더라도 상관을
아주 그냥 혈기가 방장하고, 그 {무슨,} 요:새 정이라든지 그런하고는 상관이 없고.
하기를 좋아하지, 그 뭐 뒤에서 {무슨,} 이렇게 무슨　야:바우짓이나 하고 낮에는 종
　번, 동:네에서 그냥 쫴: 저기 {무슨,} 저기 먹을 께 많이 미군들이 갖다 버렸다구
새우젓 냄새만 나구, 네, 지끔 {무슨,} 저기, 그 호텔이 그 뭐든가… 여 : 가든호텔
제 생겨 가지구, 해:태 미르꾸, {무슨,} 해:태 미르꾸. 그때 그, 어린이 미르꾸 인제
:원도 같은 게 많고. 한 건물에 {무슨…} 그런데 각 과별로 다르며는 그것도 괜찮은

가 버턱 고개라구 그러던가… {무슨…} 어드루 가는데요, 사:람이 어터케:: 새끼줄
끔겉이 이런 글을 안 가리키구 {무슨…} 재:봉. 바느질허는… 저고리 짓:는 거, 치
지, 그 뭐 뒤에서 무슨, 이렇게 {무슨} 야:바우짓이나 하고 낮에는 종업원들 앞에서
　　　　그래 억::지루 그냥 {무슨} 곡괭이를 주드군, 군인들이. 그래서 구덩이를
여자가 이름짜나 알믄 돼지 뭘 {무슨} 공부를 중학교를 또 가느냐고 야:단을 하시고
　　　　　　과:정이라니? {무슨} 과:정? 소학교가 내가 저 이 우리 나라사람들　何
참 채리는 건 다 채리지만 인제 {무슨} 굄:질겉은 건 안 하지. 쪼끔 좋아하시는 거,
지 않어. 그리구 뭐 교겉은 데 {무슨} 교는 절두 안 허구 그냥 기도 드리구 그냥 허　何
됐어, 서대문 가는데 그게 지금 {무슨} 구인가 그게 이름 잊어 버렸네, 그 경성중학　何
머 심청전이니, 무슨 머, 또, {무슨} 그전에 만:주 벌판에서 일번늠허구 싸우는 거,
가 지끔 가만:히 생각하니까는 {무슨} 날 뭐: 음식들이 그냥 허무는 그걸 어떻게 허
. 논농사두 쪼끔 했는데 젊어서 {무슨} 농사가 돼? 괜히 어영버영 세월 보낸거지.　참
이 언년이예요. 그래서 언년이 {무슨} 누구 그래서 그렇게 했었구. 그러고 그간 그
　　사는데 성씨가 어디냐믄 거기 {무슨} 대:장이에요. 선생두 그 말씀허시네요. 많:죠.　何
서는 구경만 갔지 우리 어려서 {무슨} 돈 가지구서 가나? 그 해방갓때가 돼서 경마　何
앞두구, 우리가 딱지치기할 때 {무슨} 딱지치기를 했냐믄, 미리꾸 껍데기 있지? 미리　何
우리집이서는 이 머 참 꼭 그 {무슨} 때 정월이나 차례 지낼 쩨 음:식을 사다 쓰는　何
많:이 들어요. 그르니까 그게 {무슨} 때:나 허지. 무 장아찌 아녜요. 여름에는 또　何
인제 요 방은 무슨 제사 때나 {무슨} 때나 아이들이 많:이 오구 하며는 그때 불을　何
, 해: 먹지 뭐. 번거로우니깐, {무슨} 때나 해 먹지 바쁘니까, 그걸 해 먹을 시간이　何
백몬님은 잘 허시구. 그러니깐 {무슨} 때만…　　　　　　　　　　　　　　　　何
　　돼 있지마는. 그 밑에서 먹구 {무슨} 때믄 그 밑에서 잔치를 먹구 그 밑에서 찾아보　何
많:아요. 배울 점이 많:으니까. {무슨} 때믄 큰댁엘 가믄 이러 이러헌데 우리집이 오　何
촌찝에 그릏게 있었구 그러니까 {무슨} 때에는 그 집 행랑 싸람만 매두 헐 쑤 있어요.　何
링간, 우린 쪼:끄마니깐 저, 그 {무슨} 또, 그, 또 공산당 집해가 있다구선 또, 그 멋　何
　　　　내가 요전에 {무슨} 말을 생각허구 이런 말은 하나 해줬으믄 참 좋　何
있어. 드팀전. 드팀전이라는 게 {무슨} 말이냐면 말이야, 그 라디오에서 드팀전이 머:　何
않겠는가? 그런데 써농 건 전부 {무슨} 말인지 알아 들을 수 없구 음만 적어놔서 해:　何
본말 그대로 그냥 옮겨 논 거, {무슨} 말인지 지식인들도 모르죠. 어때? 그런 면에서　何
이 잊었지만, 장:하홍년전이니, {무슨} 머 심청전이니, 무슨 머, 또, 무슨 그전에 만:
신고 오는거야. 까:망, 밤:색 {무슨} 머 하:양, 누:렁 그렇게 짝짝이로 신고 오신다

시에 머냐믄, 홍도야 우지마라 {무슨} 머, 또 변사.. 봤지. 변사한 거 봤지, 활똥
년전이니, 무슨 머 심청전이니, {무슨} 머, 또, 무슨 그전에 만:주 벌판에서 일번늠허
래는 게, 인제, 남인수 노래니 {무슨} 머, 배낄길로... 꼬집어 뜯어라 이러구 노래가
머 그런데는 압박꼴, 노쩡꼴... {무슨} 머... 그랬잖아요? 다방꼴 머 그랬지 않아요?
메:고 온 군사들은 임금님한테 {무슨} 명령을 받았나 하며는 세: 분까지 죽음을 무릅 何
요. 요:새도, 요새도 아주 그냥 {무슨} 명분으로 했든간에 데모하면 아주 나 딱 질색 何
떤 사람이란걸 입증할 수 있는 {무슨} 문헌이 있고 다: 있어야 할 것 아녜요? 그, 그 何
고 이제 그렇게 하지, 특별하게 {무슨} 뭐 내:기 그런건 없잖아요, 공기 내:기.   이렇
요런 색깔 사탕두 팔구, 산:자, {무슨} 뭐 잣:, 호두 까 가주구 다... 응, 쌓:는 거.
야말로 국어, 뭐 산:수, 수학, {무슨} 뭐 저:기... 부:기. 애, 부:기는 안했다. 저
서 찾어오니까, 낮에는 나가서 {무슨} 뭐... 왜 꽈:배기 장사, 꽈:배기 그런 거 받어
뭐 이 말하재믄 사냥 다니는 데 {무슨} 뭐지. 그러니까 천:엽을 갖다 철렵이라 그래.
래 가지구 그전엔 미:국 사람이 {무슨} 미제물건 머, 쪼끔 주면 아주 그거, 큰 영광으
주짜 있지? 그러구 글 서. 고게 {무슨} 벼슬이냐면 말이야, 임:굼 앞에서 삼공육조라, 何
때 당시에는 과장제도라든지 {무슨} 부장제도 그런 게 하나도 없고, 담당계... 예,
인제 그때 통에 {무슨} 빨갱이 겉은 사람만 남어 있어가지고 죄:: 집
가 글쎄 그냥 종쏘리두 아니구 {무슨} 소리가 하여튼 전차 간다구 하게되며는...그도 何
어줄 사람도 아니고 그러니까. {무슨} 소리냐? 웅? 그러고 너 함부로 까:불다가는 쥐 何
안가지고 오냐"고 허니까 아 왜 {무슨} 소리냐고 말야, 우리 아가씬 매:일겉이 변또 何
칠건데... 들리질 잘 않으니까 {무슨} 소린지를... 내 엉터리루 배운 거지, 뭐. 예? 何
테 이제 돈을 꾼다든지 남한테 {무슨} 아쉬운 소리를 안하는 대신, 나는 또 남한테
릏게 버: 그거 허느라구. 그땐 {무슨} 약:이 있나? 머 그런 거 손이 이릏게 터:져서 何
에 해:방되구 에, 약이래는 게 {무슨} 약이 지:일 돌았냐, 다에찡. 다에찡, 거 노:: 何
서울 밖을, 어... 여자분이니까 {무슨} 어디 간 적이 없죠. 공릉동에 사세요.
죽는다그러지요. 요새 잘먹어도 {무슨} 어떻다 어떻다 그러지 않아요? 그 때 그렇게
김구 선생이니, 머 이승만씨니 {무슨} 여운형씨. 이런 얘:기는 많:이 들었지. 그링깐
. 그렇잖어 지끔 한복 해두 뭐 {무슨} 예식장 갈 때나 입지, 별루 입을 새 있우? 이
돼가지고 지끔 엑스레이 담당이 {무슨} 왜:꽈 전문의 아니고 소아꽈도 보고 내:꽈도
더 있에요? 머 학식이 있으니 {무슨} 요령있는 말이 있겠어요? 학식두 업:지. 주책
:이 나와, 인제 욕. 그때 욕은 {무슨} 욕이냐믄, 에, 자식, 자식. 임마, 어른들이 애 何
뭐 또 한번 신청하면 한사람당 {무슨} 이:천원이다 뭐 삼천원... 만:원 이상 돼는 거

히 어느 한 분을 편애한다든지 {무슨} 이렇게 게:승하게끔 하질 않았기 때문에, 많:

니면섬 해: 가지구 그 당시에야 {무슨} 이렇게 세:상이 야박허지 않으니까는 밭에 가

들이 있긴 있었지. 있었는데 저 {무슨} 이제... 뭐야? 모임이 있을 때나, 모임이 있을

대청 마루에서 이릏게 쳐다보구 {무슨} 일루 왔느냐 그르믄 이 밑에서 하지, 이 올라 何

, 그링까 그, 유성기 같은 거니 {무슨} 일번 거 악세사리니, 머, 그땐 제:품이 나온

잘 모르겠어요, 지끔. 의정부 {무슨} 일본 학교를 다녔어요. 다니고 그러니까는 그

에 유림에 대표야. 그래 가주구 {무슨} 일을 허셨냐며는 이왕직에서 이:조 실록을 맨 何

깍쟁이... 그리고 무슨, 옆에서 {무슨} 일이 벌어진다 하더라도 상관을 안하잖아요? 何

하는 거지. 그러믄 가서 갑자기 {무슨} 일이 생기믄 가:게문두 닫구 그땐 어디 가서 何

난 심한거지, 머. 그런 장난도, {무슨} 장난들을 그렇게 하는지... 아, 이은:애[yɨːn 何

(웃음) 그래 가지구 이완용이가 {무슨} 장난질을 했냐면, 뒤:루 사람을 놔 가주구 대: 何

서 인제, 그르니깐 그때 당시에 {무슨} 장사가 많:았냐믄, 콩, 콩 볶어서 팔구, 과일 何

여자랜것은 집안에서 살림허지 {무슨} 장사냐? 이:북서 나와 가지구 맨 장사 시켜 가 何

:수니까 샀지, 거. 그때 당시에 {무슨} 장사를 했었냐믄, 먹는 장사는 떡:장사가 젤 何

싫으니깐 그걸 팔아 가지구선 {무슨} 장사를 했지. 그래 인제 처음엔 잘 되다가 아 何

우리는 이제 형식상루 나가서 {무슨} 장사한다구 핑개대고 나가서 낮에 인제, 학교

'곤포' 그렇게 써서 그 저 이 {무슨} 전문용어라 해가지고 일반사람 뭐 그저 쓰는, 何

지. 안빵만 쓰구 인제 요 방은 {무슨} 제사 때나 무슨 때나 아이들이 많:이 오구 하

그래. "아이 얘, 이거만 하지 {무슨} 즉:으냐 즉:으냐" 그랬드니, 그냥 팔아야겄어,

그런 건 사실입니다. 그 왜냐믄 {무슨} 직업이 전부 그런 장사하다 건축업 허구. 또 何

오빠들은 뭐 그때는 {무슨} 직장 겉은 게 없잖어요? 직장 같은데 없:는데

응, 기억허지. 응. 그때 {무슨} 청년단, 무슨 청년단이 많:이 생기드라구. 그 何

가지구, 에, 그 이듬해 인제, {무슨} 청년단, 무슨 청년단이 생기드라구. 청년단. 何

억허지. 응. 그때 무슨 청년단, {무슨} 청년단이 많:이 생기드라구. 그링까, 같은 청 何

그 이듬해 인제, 무슨 청년단, {무슨} 청년단이 생기드라구. 청년단. 응, 기억허지. 何

총쏘리가 경::장히 났어. 그래, {무슨} 총인지는 몰라두 토행금지 맨들어 놓구 총쏘리 何

응, 타산. {무슨} 타산, 무슨 타산, 옛날에두.. 지끔 저, 타:산 何

응, 타산. 무슨 타산, {무슨} 타산, 옛날에두.. 지끔 저, 타:산이래는거, 저 何

말이에요. 그렇다고 해서 내가 {무슨} 태권도를 하는 것도 아니고, 힘도 없구 그런데

: 것두 아니고, 그렇다고 해서 {무슨} 특별한 능력이 있는 것두 아닌데도 그 사람들

테 견디질 못해. "이 음식점에 {무슨} 파:리야, 이게? 파리 다 잡아!" 그렇다고 해서 何

업:는 사람 집에 자꾸만 들려서 {무슨} 폐를 끼쳐요? 그래 그런가브다 그러구. 그래   何
지끔 울산에 있어요. 그 학교가 {무슨} 학교더라? 이렇게 늙어서 인제 정신이 없어.   何
생각이 나고, "거기 그 거기가 {무슨} 학교지? 저쪽 그 경:신학굔가? 그 혜화동…"   何
니던 것도 잊어버렸네. (웃음) {무슨} 학굔지 그것도 잊어버렸네. 또, 넷:째도 고등   何
, 다른 학교에 또 나가더라고. {무슨} 학굔지 나가더라고. 그러니까는 아:주 그렇게   何
한다고 그래서 저 의정부 무슨, {무슨} 학굔지 잘 모르겠어요, 지끔. 의정부 무슨 일   何
대단했으니까. 해:왜 못갔지, {무슨} 흠:이 있었으면.   내가 그때는 이제 경남무역
에 머 압박골, 영천쪽은 압박골 {무승} 꼴 그래갖구 골이라고 그러는데 인제 서울 사
보전 않고 그랬드니. 아이 그거 {무신} 말씀이냐고 지끔 신식 여성들이 도깨비 나온다   何
게 애:길 들어보믄요. 지금처럼 {무신} 머 과:학적으루 무신 머 콤퓨타든 머 이런 거
요 어릴 때는 그 그때는 동:네 {무신} 머 그런 꼬마들이 지금처럼 껌:이 있는 거고
들이 지금처럼 껌:이 있는 거고 {무신} 머 빵: 이른 게 업:고. 엿장사 그 엿장사래는
. (웃음) 아::니 그렇다구 해서 {무신} 머 양:정 군대를 많이 양성헌 것두 아니구. 그
. 그래서 인제 가::끔 그야말루 {무신} 머 책 사러거나 이런 때는 가도. 그 양반이 한
지금처럼 무신 머 과:학적으루 {무신} 머 콤퓨타든 머 이런 거 허지 않구 엔:날 노인
이 머 생일이야 벌찜이 제:사야 {무신} 머이고. 게 벌찜이라구 해서 찾는데. 그래 인
래 당신이 오래니깬 왔지만 난 {무신} 목적으로 온: 것도 몰른다고 그랬드니. 종로구   何
지에두 보믄 대:개 무신 행정상 {무신} 문화 무신 이런 거만 썼지, 동:네에 지명 유래
는 물인데 그 물에가 붕아나 머 {무신} 미꾸라지 머 가:재 머 다 잡았죠. 그런데 그게
니가 경찰관이냐 머냐 안내는 {무신} 안내냐. 헐 쑤가 업:드라구. 그래서 한 오:십   何
고 고조부가 누고요. 그러니까 {무신} 오:십이 넘었기 때문에 그 몰:른다구래. 그럼
대:개 무신 행정상 무신 문화 {무신} 이런 거만 썼지, 동:네에 지명 유래에 대해서
이렇게 어려운 집안에 초상이나 {무신} 일:이 나며는 내가 꼭 한 십만원 정도 헐 때도   何
출판사에서 그래요. 한번 내가 {무신} 잘 아는 지 알구 서울시 껄 한번 해보자구. 그
랬다구. 옌:날 얘기가 머 배에 {무신} 쥐[ü]두 머 배에 쥐가 없:이믄 그 배가 가다가
어도 넓었죠. 옌:날엔 그냥 머 {무신} 창고 무신 창고 이렇게 해서 허잖아요. 거기
죠. 옌:날엔 그냥 머 무신 창고 {무신} 창고 이렇게 해서 허잖아요. 거기 일:꾼들 또
그전에두 이렇게 보믄 그 양반 {무신} 책을 꼭 보시냐믄 그야 머 어렸을 때나 으:른   何
마:났어요, 제가. 내가 헌 일은 {무신} 큰 도움되는 것두 업고 지역에 이렇게 요런 거
않구 밤::나 책 그냥… 지금 {무신} 큰:: 책을 맨드는 게 아니구 머 쪼::그만 책이
. 기냥 하나 업고 전부 냉:장고 {무신} 테레비 신식 거만 있어요. 그래서 그 어떤 분

꼭 몇 번 필요헐 때가 있다. 거 {무신} 필요헐 때요. 당신 아들 장:개하고 딸 시집 보 何
나오는데 구지에두 보믄 대:개 {무신} 행정상 무신 문화 무신 이런 거만 썼지, 동:네
절을 허구선 그 무언갈 어려운 {무어} 이런 게 있으믄 가서 말씀을 디리믄요, 아 그 何
지 어무니헌테 절을 허구선 그 {무언갈} 어려운 무어 이런 게 있으믄 가서 말씀을 디
할머니들 입은 속빤쓰를 갖다가 {무엇이라구} 그랬나. 사리마다라구 다 그럴테니. 그 何

아래에서 {뭐}가 거의 다 허사적이므로 대부분을 사체로 고쳐야 하지만, 고쳐야
할 수(200개 이상)가 많아 편의상 정체로 둔다.

분들 뭐, 한:국통신에 댕기는 {뭐,} 관광회사 뭐 다:: 잘 살구 다:, 왜 여기는 그
　　　　　잔치음식 그거지 {뭐,} 국수 장:국허구... 한:식이랜 게, 그런 거지
은 과:부가 될 팔짜에 있으면은 {뭐,} 군인 안 나가두 되는 수두 있구 그런데 그냥 허
데, 뭐 들리는 소문에 들으면은 {뭐,} 그 군대 안에서두 폭동이 나 가주구 그랬다 그
, 어빠가 오시는, 우리는 이제 {뭐,} 그 어빠한테 옛날 얘기 듣느냐고 있는것 없는
　　　　　　　　그치 {뭐,} 그때 그래두 아이들은 목... 뽀뿌린 겉은 거.
들 허지 신부찜이서 허는 거지, {뭐,} 그러니까 싱겁지. 쓸쓸허지, 뭐...
　되라구 말허지. 그래서 구엽지 {뭐,} 그러니깐 그래두 구엽게 내가 자랐기 때문에 나
색을 지끔 군청색이라구 그러나 {뭐,} 그런 거 있잖어. 거 그런 색깔, 하여튼 청색계
　달:르지 뭐. 여기선 그전에 {뭐,} 그럼, 다 달라. 그 시장엘 한번씩 가 보니까,
　　　　　　　인민군들이 {뭐,} 그렇게 해:꼬자는 안하더라고. 그러지는 않더라
그런 길이 생기는거지. 뭐 이제 {뭐,} 늙은 사람들이 팔십 구십 뭐 이렇게 살아가지고
하구, 매동, 교동, 제동, 수송 {뭐,} 다:: 와요, 어렸을 때... 그때는, 공립핵교 있
재료가 그거지. 무: 놓고 거기 {뭐,} 다시마두 들어가구 고기두 들어가구 또 그게 있
에서 막 생선 사다 회 쳐 먹구 {뭐,} 닥 잡아 먹구 뭐, 약물이 많::아 저기가. 그래
학교보다는 동:네에서. 학교는 {뭐,} 동:네에서... 학교는 뭐 이... 그... 이제 불행
다가는 머 꽃을 심어도 안돼고 {뭐,} 딴 푸성귀를 심어도 안돼요. 그런데 거기 소:장
옛날에 청계천에 배만 들어오면 {뭐,} 맨날 그러지 않았어요? 청계천에 배는 안 들어
뭐 한총련 뭐 이런데... 지난번 {뭐,} 몇 달 전? 내가 여기 일기를 쓰니까 그, 그 한
이꼬르 빨갱이라고. 그래서 뭐, {뭐,} 뭐 사:방에서 조사를 하고 뭐 이렇게 하더라고.
장 이꼬르 빨갱이라고. 그래서 {뭐,} 뭐, 뭐 사:방에서 조사를 하고 뭐 이렇게 하더

으니깐 남상꼴에 있지않고 아마 {뭐,} 사직동 어디, 이쪽 어디에 계셨을 것 같은데.
강에 시장이 있어. 새우젓이니 {뭐,} 생선이니, 나무두 그리 들어오구. 옛:날엔. 그
그래. 삼년 대:상이고 일년에 {뭐,} 소아허믄 소상. 그렇게 했지. 이제 세:빵살이
생각나는 겟이 {뭐,} 시아버님... 우리 시아버님이 그렇게 착헌 분이
그거 {뭐,} 신부가, 사는 사람이 별루 없어 자기가, 자기
든 집이거등. 그래서 거기다가 {뭐,} 아주 저 허름한 집이지만 연구소 간판 붙이고
갔다 너:났는지, 굴 안에다가, {뭐,} 악기두 있어요, 피아노구, 뭐구, 다, 그거를 우
회 쳐 먹구 뭐, 닥 잡아 먹구 {뭐,} 약물이 많::아 저기가. 그래 가주구 저:: 꼭대
이 육이오때, 후퇴헐 때, 그냥 {뭐,} 어휴, 들어가보니깐, 먹을 께 그르케 많이 쌓아
: 저두 안 끓여 먹어봤는데요, {뭐,} 엄마가 그래, 작년까지 해주셨는데 뭐...   여 :
우리 시어머니는 뭐... 그 때 {뭐,} 여자들이 뭐 헐 꺼 있어요? 집이서 살림이나 하
한:식이랜 게, 그런 거지 {뭐,} 요새는 또 비슷허잖아... . 전: 겉은 거, 과일.
시어머니 고향이 어디고 그런건 {뭐,} 우리가 물:어보길해요, 뭘:해요... 모르지. 도:
지끔두 그르겠죠, {뭐,} 이 여기 여기 괴뢰군이 들어올 때두, 우리 살던
래가주 가 있다 한 몇, 일련두 {뭐,} 일련이나 십개월 나:구 여길 저, 부산에 갔다가
는 얼마:전까지도여. 그러고는 {뭐,} 자연히 그것이 없:어지게 데 있어요. 그래서 다
도에 가서 뭐 카:든, 그런데서 {뭐,} 제사, 가서 채려서, 먹구 그런다구 그러지 않어
만적인 생활 못했지. 지금들은 {뭐,} 지금들 젊은이들이 생각할 수 없:을 정도로. 그
떠날라구, 인제는 그때는, 인제 {뭐,} 지끔 말하면은 유골이 온다구 그러는 게 손톱허
아니지 {뭐,} 지는 사람들두 있잖아. 물장사 허는 사람 있잖
서 떡 버티고 안나가니까 이건 {뭐,} 직원들이 와가지고 날 막 끌어내려고 난리 법석
주구, 저 집, 설겆이 해주구, {뭐,} 청소 해주구... 여자는 식모.
있지만, 거기가 놀이터였는데 {뭐,} 청와대... 거 점: 잔디예요. 잔디였었어요, 이
많구, 몇십년씩 다 댕기는 분들 {뭐,} 한:국통신에 댕기는 뭐, 관광회사 뭐 다:: 잘
사람두 있구, 공무원두 있구 {뭐,} 핵교 선생두 있구, 선생들두 살:구. 아, 그럼.
짱, 옷장 뭐 화장대가 경:대지 {뭐,} 화장대..화장 그때만 해두 화장대가 경:대라 그
몰:래 가서 보구 나오고 그랬지 {뭐....} 집이 엄:해요. 우리 어머니 껭:장히 무서웠
쓸쓸허지, {뭐...} 맞어.
가 그래, 작년까지 해주셨는데 {뭐...} 여 : 지금두요, 예, 살아계신 거 같애요.
라진, 그런 데 다: 갔지. 은:산 {뭐...} 춘천...
선: 보지 맞선, 맞선 본 거지 {뭐...} . 덕수궁에서.

에요. 허다 못해 여자 뾰족구두, {뭐...} 가심... 가리는 것 뭐 별걸 다:: 맨들어서 하
　　　　　　　　　거기 {뭐...} 가이당이 한 서너층 요롷게 있구 그 위에 또.
:통학교라고 그러지, 지끔걷이 {뭐...} 국민학교니 초등학교니... 중학곤 그 때 읎:
　　　　　우리 시어머니는 {뭐...} 그 때 뭐, 여자들이 뭐 헐 꺼 있어요? 집이서
? 전체가 다 항 게. 지역, 직장 {뭐...} 그때는 직장하고만 됐는데 이제 지역이 없었
구 짧게 해서 쓴다든가 아니면 {뭐...} 그랬던 생각이 나. 응, 글세 그건 주로 남자
한다 그래두 깃:해야 뭐 이렇게 {뭐...} 기왓장 가루 빠서 밀가루다 하고 뭐 그렇게
새도록 이제 뭐 피가 많이 났네 {뭐...} 낮에 뽑으문 연락이 온다든지 그렇지 않으면
, 제::일 치는 거야. 그 나머진 {뭐...} 먹을 만큼 허지 뭐. 대두 한말두 뽑아다가,
　그려요. 그러니 뭐... 재주가 {뭐...} 메주지. 그 때는 그렇져. 초등학교요?
됐다고 그러더라고. 웨:국에서 {뭐...} 물건들이, 존: 물건들이 많:이 들어와서 우리
아퍼서, 가서 쓸 질 못하니까, {뭐...} 미친놈이 지랄허구간 동네 곁애요, 거긴.　안
어왔어요. 아, 이래가지고 이, {뭐...} 상이군인 때문에 못 당하겠다고. 홰:사에서는
없었어요. 육이오 나구 뭐하고 {뭐...} 여유들이, 마:음에 여유들이 없는거지, 그러
어오니까, 낮에는 나가서 무슨 {뭐...} 왜 꽈:배기 장사, 꽈:배기 그런 거 받어다가
그만큼 받아야 돼는데 안돼니까 {뭐...} 의료보험에선 허는 게 일쩡허게 규격돼 있어.
이 적어지면서. 그런데 한:국은 {뭐...} 일반 의료원 저거도 토요일 일요일만 돼면 다
야. 그:림을 못 그려요. 그러니 {뭐...} 재주가 뭐... 메주지. 그 때는 그렇져. 초등
꿋히 살아나오고, 그 또 심지어 {뭐...} 저 길가에 거름통 있잖아요? 그 안에다 갖다
서버텀 저 끄트머리 오오지방에 {뭐..아,} 거기 아오모린가? 거기까지두 역사루, 저
, 경찰가족 몽조리 그냥 부셨지 {뭐.} 거기갔다가 거기가서 뭘: 먹구 사나? 도루 들
이들도 역시 그렇게 데는 건데 {뭐.} 그래두... 내가 그 때 제주도에서 온 아이도
　나라가. 지끔은 부:자된 거지 {뭐.} 그럼. 왔지, 그러구 옌해 제:사, 기지사, 보통
. 하여간 웬만한데 다 댕겨봤지 {뭐.} 근데 저기, 온산 저 온산 지:내서 이쪽으루 통
색:시는 뭘 해. 신부는 않었지 {뭐.} 대접받는 거지...
또 그러면 다음에 또 끓여먹지 {뭐.} 아, 젓갈 쓰지. 그전에 옛날에는 새우젓으루
정적인 분이죠, 우리 어머니도 {뭐.} 어머니도 그 이웃에서... 저, 우리 웨갓집이
를... 내 엉터리루 배운 거지, {뭐.} 예?
례 부모님을 그렇게 모:셔야지, {뭐.} 형님은 한분, 누님 한분. 세:상 떠났지 다.
　참: 얌전하고 착실한 분이죠, {뭐.} 가정적인 분이죠, 우리 어머니도 뭐.　어머니도
그때 백만원이면 어마어마하지 {뭐.} 감히 그땐 그러니까는 나 어려서 그래 한 열:한

에 유성기야, 유성기. 유성기지 {뭐.} 그 다음이 축음기라지, 예전이 유성기라 그러잖
주구 그거 계속해서 그거 먹지 {뭐.} 그건 날이 추웠거든, 그전엔. 지끔은 날이 더웁
:덨어? 다 잊어먹구 뭐 그랬지 {뭐.} 그때 그때 그것까지 머리에 느면 머리가 뽀개졌
오셨으니까 몇년돈지도 모르지, {뭐.} 그때 뭐 그런거 뭐 알:기를 해요? 그저: 시어머
막: 떨어지구 돌아다니시는 데 {뭐.} 그래도 우린 그 때 선생님이 그런다고 해서 꼼
몇식구 식구꺼정 내가 다 알지 {뭐.} 그래서 동:에서 동직원이 갈려 오구, 전근하지
아니지만 이 심:쩍인 거는 많져 {뭐.} 그러고 인제 우리 삼춘들도 굉장히 원만들 허세
면 에이하고 나가는 것 그거지 {뭐.} 그러구 이제 개:네들 가서 옷 갈아입구, 들어가
점점... 이게 양:만 늘은 거지 {뭐.} 그러니깐 치:꽈에 의료보험제가 가지고 발치하
열쌀, 열한살 그때 뭐 그랬지 {뭐.} 그러니깐 한... 응. 내가 그르니깐 지끔부텀두
스가 많:이 갔는데 익숙해:야지 {뭐.} 그러려면 증: 안돼면 뜯어서 다시 해주고 그러
이 사먹다 그랬다"고 막 그러지 {뭐.} 그린 일도 많:구. 히여튼 개중에는 아주 옷 갈
수: 놔서 선물 허구, 그런 거지 {뭐.} 그런 정도지 뭐. 버선, 버선. 고렇게 간딴한 거
야. 그러면 그게 소송허는 거지 {뭐.} 그런데 미:국에는 그 소송건들으가 많은데 한국
풍로에, 풍로에다 피:지 {뭐.} 그럼, 며누리가 했지.
생도, 뭐 고생도 말:도 못했죠, {뭐.} 그렇게 해서 그 집을 고쳐가지구 살:다가 영감
잖아요. 아휴, 무서와서 혼났지 {뭐.} 글쎄 이응:감[yi:ŋgam]이 이렇게 천장 속에...
그렇겠지 {뭐.} 나무에 질:루 가겠지... 다:: 채려 가져 가지,
애를 붙여 본댔자 별 수 없지, {뭐.} 남들은 열: 개 딸 때 세: 개 따서 뭐 될 껏도
먹을 만큼 허지 {뭐.} 대두 한말두 뽑다가, 대두 한 말은 뽑아야 돼
그거지, {뭐.} 무: 늫구, 고추 늫구, 미나리, 또 파 늫구...
한 집에 부글부, 버글버글허져, {뭐.} 뭐 맨... 마치 우리는 이제 형식상으루 나가서
렵기만 헌 거지, 도:제 모르죠, {뭐.} 뭐 친정에 누가 계:신지 이것도 몰:라. 할머니
김치들 반찬으로 많이 싸갔지, {뭐.} 뭐 특별히 반찬들이 있어요? 그럼 뭐 흐르므는
밥은 내가 하죠, {뭐.} 밥허구 빨래허구 저기... 설겆이는 때때 내가
구, 그런 거지 뭐. 그런 정도지 {뭐.} 버선, 버선. 고렇게 간딴한 거야. 그것두 형편
만들어 먹구 싶으면, 해: 먹지 {뭐.} 번거로우니깐, 무슨 때나 해 먹지 바쁘니까, 그
계절마다 있는 거 놓지 {뭐.} 생과가 없:으면은, 곶감겉은 거. 곶감, 대추,
않았지. 거기두 뭐 비슷:헌데 {뭐.} 서울 시:내니깐. 이제 문 밖에지. 서대문, 동대
애:들은 다홍색 있구 그렇지, {뭐.} 아주, 빨건 거, 원:색 빨건 색.
어보면 내가 많:이 아리켜 주구 {뭐.} 여기 집 질 쩨는 우리집허구 요 아래찝허구 기

달:르지 {뭐.} 여기선 그전에 뭐, 그럼, 다 달라. 그 시장엘
어서 이렇게 그거 그거 정도지 {뭐.} 예:단 같은 거두, 그때두 있긴 있었는데, 이렇
시계 업는 집들이 허:다했는데 {뭐.} 우리 어려서만해두 그랬어 글쎄.   그 당시에는
시합두 나가구. 그러구 놀았지 {뭐.} 이거 들어, 이거. 여기 이리 올라가믄 집이 하:
        음... 그렇지 {뭐.} 이제 이... 그렇죠. 음... 글세. 어미가, 어미
차례상에 허는 거야 그거지 {뭐.} 저기 산:적해 놓구. 요새 그 허는 거 똑같애.
그리고 주일날은 하루종일이지, {뭐.} 주일날은 이제 저기... 열한시에 예배보고, 우
빨어야지, 하루 걸러 빨아야지 {뭐.} 지끔 겉이 비니루가 있으니 뭐 도시락... 그 땐
산에다두 뿌리구. 지끔 똑같지 {뭐.} 지끔은 하:천에 못: 뿌리게 하잖아. 몰:래 뿌리
거 해:두 안 입으니깐, 안 허지 {뭐.} 털실 타래라구 있어, 또, 안 짜 입히지. 그래,
        {뭐:,} 근데 그게 동:네서 이렇게 군인 가족이구 이렇
가만:히 생각하니까는 무슨 날 {뭐:} 음식들이 그냥 허무는 그걸 어떻게 허시냐며는
방학해서 사위가 데리고 있지. {뭐:} 좀 얘길 많이 들어야 하는데 내가 주변이 읎:어
절허구. 지끔은 뭐 학원에 간다 {뭐:} 한다. 다:들 빠져. 그저 옛날에는... 그럼. 그 何
요, 관에서 뭐 이런 경:찰이구 {뭐:구,} 우리를 찾으러 댕기는 거예요, 뭐 있냐구, 何
, 이 동네 고도에 제한이 있고, {뭐:나며는,} 지붕이 새두 신고해야 돼요, 마구 지붕
즈이 동네, 내가 요기서 살 때, {뭐:나며는,} 군인가족이, 이북 싸람인데, 나왔는데,
가 거기서 일:을 허러 갔는데, {뭐:나며는,} 뜩 가보니깐, 그 당시에 한끼를 쌀밥을
무개, 이렇게, 근데, 그 당시에 {뭐:나며는,} 을마 있을래니깐, 인천 상륙을 했어요,
성인데, 지끔두 이 우에, 이 저 {뭐:나며는,} 청와대꺼지 굴이 있어요, 여기, 인제,
꼬만 거 있구, 큰 게 있구, 그 {뭐:나며는} 천::천이 가요, 그러믄, 그 가는 거를,
근데, 고 후:에 고역을 받은 게 {뭐:냐면,} 내가 사일구허구, 붙잡혀가기 싫어서, 거 何
:엽을 갖다 철렵이라 그래. 거 {뭐:냐면} 애:들끼리 한 너댓이서 개천에 가서 미꾸라 何
이, 우리 소사가, 우리 소사가 {뭐:냐믄} 청지기, 우리 사랑채에서 할아버지 밑에서 何
명치유신에 사이고 다까모리니 {뭐:니} 일본에 이 장:수들, 도:고 겐세이니 로끼 다 何
에는, 요새는 뭐 먹고 싶은 것 {뭐:든지} 먹을 수 있지마는 그 때 당시에는 취:직하 何
다는 얘기 했잖아요. 상대방이 {뭐:라} 그러든 말든 난 여기서, 난 서울에서 놀:고 何
다 먹자" 그래. 그럼 나는 이제 {뭐:라고} 말:은 안해요. 그러냐구. 그럼 이제 망:을 何
안 주구 저 헐래니깐, 낭중에 {뭐:라구} 그러냐며는, 아 요런 게 있어서 그랬다 그 何
    그래 가주구, {뭐:를} 하냐 허믄, 명주벨 짜요, 상주에서 명주가 저 何
우리 아들이 하는 소리 들으믄, {뭐:인가} 아마 한:글두 하셨더고 그러더라고. 그러니 何

글쎄. {뭐} 귀여움 받었구, 자란 건 사실이것지. 부모는 자
:벽에, 포쏘리가 막:: 들리구, {뭐} (전원충을 하니) 뭐니 정보가 들어왔어요, 그러
서 제:사니까. 우리가 인제 이 {뭐} '단추' 겉은 것도 '댄추' 그랬잖아? 댄추 뭐 그
거겠지만 그게 뭐 잘못 쓴거지. {뭐} '스탠드빠' 같은 것도 '어이 빠'로 적어놓고, '
준 발음으로 해야겠다 생각해서 {뭐} '핵교'도 '학교'라고 그러고 '둔:'도 '돈:'이라
떡헐 꺼야. 거기 반대해서 내가 {뭐} 개네들허구 맞대항해서 싸울 꺼야 뭐 헐 꺼야.
고 그랬거든. 크:다란 아이들이 {뭐} 거기가서 구경허느냐고 그러고. 거기서 학교에서
:시고. 공릉꾜홰 이제 뭐 그냥 {뭐} 거의 거기 계시죠. 그러구 비교적 이제 여든넷:
가 떨어져도 큰일나구, 이런데 {뭐} 검부레기 하나가 떨어져도 큰일나고, 그러시던
, 꼭 가자 뭐 우리가 이 나이에 {뭐} 것:두 못가니." 어쩌구 그러다가 그날 모임은 어
한텐 못가게 해. 다른 사람들은 {뭐} 겨란장수도 허구, 빵:장수도 허구 뭐 벨 장수 다
렇게 해서 결혼시키구. 그래도 {뭐} 결혼시키면서, 결혼시키면서 그저: 그렇게 줄잡
에서 올라와 가지구서 처가찝이 {뭐} 경:상도다 절라도다 강원도다 이렇게 많잖어. 우
{뭐} 경력이 다양하다기보단 호기심이 많아서 이것 저
근데, 인제 차례니깐, 탕에는 {뭐} 계:절마다 으레 있는 거, 무우가 흔하니깐, 무우
또 쬐:끔 크다는 게 열레살이니 {뭐} 고까진 애들, 조그만 것, 뭘 제가지고 갈 쑤가
고 그걸 다시 고치라고 고생도, {뭐} 고생도 말:도 못했죠, 뭐. 그렇게 해서 그 집을
올라와서 한국 음식점에서 한국 {뭐} 곰:탕을 먹는다고 그렇게... 학생 시절이니까.
울 싸람이 그걸 몰:르지, 그땐 {뭐} 공구 시합두 허구, 나가서. 열 몇살 쩨 시합 나
세 개 가지고도 이렇게 하고... {뭐} 공기 못하는 사람이 그거 잘하겠어요? 그것도 못
여기 사는, {뭐} 공무원, 공무원들두 많구, 과장끕들 되는 분들두
. 교감 하나 있구. 교감이래두 {뭐} 교감은 거 한:국 사람이 교감 노릇허구 했는데.
그런다구 그러지 않어. 그리구 {뭐} 교겉은 데 무슨 교는 절두 안 허구 그냥 기도 드
님..." 그, 원:체 그 양반이 그 {뭐} 국가, 그 때 당시의 국가관이라든지 그 종업원들
본인 잡으러, 본인은 없잖아요? {뭐} 그 가족을 다, 본인 없으니까, 앞에다 시어 놓구
가족, 군인, 암: 흑세계였었죠, {뭐} 그 당시에, 형무소 문 열어주니깐, 뭐 절또구,
. 그렇지가 못해서 거기 가며는 {뭐} 그 두드러지게 저사람 왜국 사람이려니 그런 생
때 당시에는, 나는 그 소장님이 {뭐} 그 산골짜기의 호:랑인지 뭔지 난 거기까진 뭐
일이 많기는 {뭐} 그 색:시는 뭘 해. 신부는 앉었지 뭐. 대접받는
다: 지끔 생각이 나: 그래두. {뭐} 그 선생님은 나뻐서 때렸나? 감정 있어서 때렸나
있으니까 여:러 사람들이 인제 {뭐} 그 시절에 좀 부:자였져. (웃음) 그래서 살고 이

돼가지고 그냥 기뻤죠. 그리고 {뭐} 그 장안에 전:차를 거저 타고 모두 그냥 나와서
었다구요, 친구들이, 해가지구, {뭐} 그거 가지믄 어디든지 돌아댕기니까, 시내를 막
어. 휴가들을. 그러니까 여기는 {뭐} 그거 보면 그때두 정신들이 쪼끔 좀 빠졌어 그거
었어. 그러니까 일번말은 원체 {뭐} 그거뿐이지. 그리구 또 창:씨두 허구. 건 안 할
네, 압구정동, 좀 비싸요. {뭐} 그게 저기, 밭덩어리 했던 게, 그게 그냥, 거기
계:속 계:시고. 공릉꼬왜 이제 {뭐} 그냥 뭐 거의 거기 계시죠. 그러구 비교적 이제
고 그랬던 생각이 나네. 요즘은 {뭐} 그냥(웃음) 지들이 만들어가지고 또 접어가지고
? 더웁긴 무척 더웠었지. 어디 {뭐} 그늘이 있어? 그냥 때:볕에 그냥 개천에서 고기
었어 따루. 어렵게 살았었는데. {뭐} 그때 명절이래야 뭐 대개 있는 집들은 왜정 때두
름에 허면은, 그렇게 불편허지 {뭐} 그때, 우리는 인제 군인 나갈 싸람이구, 길일이
오빠들은 {뭐} 그때는 무슨 직장 겉은 게 없잖어요? 직장 같은
예. 모:시구 나서 인제, {뭐} 그때는 인제 모:시지 않어, 돌아가셨으면 지끔두
신청해가지고 그렇게... 나는 {뭐} 그때는 훨씬 후:에, 훨씬 후:에 난 이제 전임돼
나갈 수가 있었지. 아니면 그땐 {뭐} 그때도 신원조회가 대단했으니까. 해:왜 못갔지,
그렇게 울진 않았지. 우린 {뭐} 그래도 학교 다닐 쩍에 그렇게 뭐 저거허지는 않
잖아요? 그런 게 그냥 싸:놓구, {뭐} 그래서 그 안에 들어 가주구, 들어가서 그 안에
은 것도 '댄추' 그랬잖아? 댄추 {뭐} 그랬듯이 댄추는 틀린, 비표준어다, 단추가 표준
피소드가 어:딨어? 다 잊어먹구 {뭐} 그랬지 뭐. 그때 그때 그것까지 머리에 느면 머
러니깐 그저 열쌀, 열한살 그때 {뭐} 그랬지 뭐. 그러니깐 한... 응. 내가 그르니깐
하면 이렇게 부어가지기도 하고 {뭐} 그러고 염쫑이 있다든지 할 때는 안 빼주는 게
이 많이 상하니까 잡채두 있구 {뭐} 그러니까, 있을 껀 다 있지. 한:식이니까 뭐 식
댕기다 이제 그거 팔기도 허고. {뭐} 그러다가 밤중이 집에 들오와서 이제 머 밥이건
나쁜, 이렇게 {뭐} 그러더라구 좋:질 않다구. 여름엔 너무 더웁구,
고리 짓:는 거, 치마 짓:는 거, {뭐} 그런 거 가리키구 이래. 뭐 지끔은 지리, 역사
단오 때들은 그네들 뛰구, {뭐} 그런 거지. 놀이지. 하여튼 설:이 제::일 컸어.
램말이라고, 개왓장 깨진거 또 {뭐} 그런 것 딱 놓고, 한쪽발로 요렇게 해갖고 톡 치
는, 장삿꾼은 친절해야 덴다." {뭐} 그런 것... 평:생 우리 교통 규칙이라든지 위반
짜서, 그래요. 근데, 지끔들은, {뭐} 그런 것두 안 입구 맨 기계치만 사 입히니까 그
그 보험 자체가 저거 돼니까는 {뭐} 그런 수가 있지. 사:람마다 따른데 이제 대:개는
몇년돈지도 모르지, 뭐. 그때 {뭐} 그런거 뭐 알:기를 해요? 그저: 시어머니... 우
허는 거, 재산 있는 거, 자동차 {뭐} 그런거에 조세를 이렇게 해가지고 비율을 해요.

어? 그때 군수품 맹길구 전:부 {뭐} 그런거지. 여기 삼청동두 여기 청와대 뒤 산에두
하문 지끔 이제 시홍, 소:사, {뭐} 그런데가 다 즈: 뭐 저 수색 응?, 불광동, 연신
아:주 훈련이 심:하고 장:교때 {뭐} 그렇게 매를 맞더라고, 장교 후보생 때. 뭐 여기
왓장 가루 빠서 밀가루다 하고 {뭐} 그렇게 하고... 이제 우리집 오며는 소꿉이 많아
갖게 돼고 그랬었는데 그전에는 {뭐} 그저 서울말이건, 서울말하고 사:투리란 건 알았
전문용어라 해가지고 일반사람 {뭐} 그저 쓰는, 그거 한:자를 갖다가 한글음으로 그
예, 장단인 것 겉어요. 그것도 {뭐} 그전에 젊었을적에 뭐 시어머니 고향이 어디고
있었는데, 아 한동안 일허니깐, {뭐} 극장겉은데두 텅텅 비:구, 시:내가 사람이 없어
. 글세. 어미가, 어미가 그거는 {뭐} 글쎄... 이 '하다'를 '허다'라고 쓴다든가, '하
들이 멍텅구리에요. 무식하니까 {뭐} 글짜를 알아야 이게 뭐 족본지 뭔지 알지, 이,
? 그러면 맘:에 두는데 이제는 {뭐} 금방 가며는 그날로 끝난 척 하는 거지. 그러면
신 분들이 부탁하고, 학교에도 {뭐} 기부도 많이 허시고. 그런 쪽에서는 좋으시고 아
질질질질 흘르지 않어여. 그럼 {뭐} 김칫국물, 긱:해야 김치들 반찬으로 많이 싸갔지
주가선 고생 안했에요. 애:들이 {뭐} 나가서 장사두 허고, 그랬지마는, 즈 아버지가
            조사하고... 또 {뭐} 나온 출판물이 있습니까? 그전:에 내가 뭐야 한
문 닫치문 비 들이치지 않겠다, {뭐} 남자여자들이 한데 합해서 노:는데, 날 빼:노:른
제 그렇게 하지, 특별하게 무슨 {뭐} 내:기 그런건 없잖아요, 공기 내:기. 이렇게 해
있는데... 그런데 이제 나는 그 {뭐} 내가 이십팔년년생이니까, 천구백이십팔년년생이
진 못하지. 그런데 그러고 실은 {뭐} 내가 일본어를 일제시대에 국어로서 배웠, 뱄:다
는 거였었어요. 그게. 그리니깐 {뭐} 내가, 어떤 아이가 수: 이:쁘게 놓으면 나도 그
이렇게 간딴헌 거 자기 성이루, {뭐} 노인들한테는 뭐 주머니 정도, 자기가 공들여서,
었던거야. 그러니깐 그거 먹구 {뭐} 놀구 불을 막 때:구, 그때는 나무 때는 시절이니
러는 많이 다녔지 쪼끔했어두. {뭐} 놀러다닐때는 그것이 큰 원거리를 가는 게 아니
나, 좀 예:이에 어긋나지. 그게 {뭐} 농사나 짓구 그럴래면은 풀어해치까. 원래 선비
나 뭐 저이 지금 언어에 대해서 {뭐} 느낀게 있느냐 그러면 모르지 그거는. 응, 충신
에 빼:구 갔는데 피가 나가지고 {뭐} 다 실신상태다 이거야. 그렇게 그냥 통행금지 됐
이제 그리고 행랑 아범, 어멈, {뭐} 다 있었으니까 그런 데서 사:니까, 자연이 할아
.. 거기서 했는데 내가 이제 그 {뭐} 다 잊어버렸지만, 중국어두 관어 공부했었고, 현
면 다 쉬어 버린다고. 그전에는 {뭐} 다: 했는데. 그 응급환자는 종합병원에 가서 응
:국통신에 댕기는 뭐, 관광회사 {뭐} 다:: 잘 살구 다:, 왜 여기는 그러냐, 아빠뜨
개성으로 다니면서 쌀장사했어. {뭐} 당장 먹구 살아야지. 남이 이러구 저러구 소용있

수출했다고 그러구 그냥(웃음) {뭐} 대:대적으로 환영할 때니까 아주 옛:날 얘기지.
있었는데. 뭐 그때 명절이래야 {뭐} 대개 있는 집들은 왜정 때두 그랬어. 왜정때도
우리, 저, 반 자부덤, 이거부덤 {뭐} 더, 이 정도는 깊었지. 요 올러오시면 팔짜 앞에
뭐. 지끔 겉이 비니루가 있으니 {뭐} 도시락... 그 땐 비니루가 없으니까 반찬국물 질
천만 원인데 억대 딜여가지고 {뭐} 돈 보험대며는 그 돈... 그것도 수명이 있으니까
의료보험 보험환자 뭐 영세민들 {뭐} 돈: 안내고 하는 그런 것. 보건소에서 다 해:줘
들은 열: 개 딸 때 세: 개 따서 {뭐} 될 껏도 아니지. 그러니까 밤낮 깍두기지. 오램
구 인제 우리 작은 어머니들은 {뭐} 둘:째 어머니, 셋:째 어머니, 넷:째 어머니 다:
장에서 일하기를 좋아하지, 그 {뭐} 뒤에서 무슨, 이렇게 무슨 야:바우짓이나 하고
까지는 그런 걱정은 안 했는데, {뭐} 들리는 소문에 들으면은 뭐, 그 군대 안에서두
그렇지, {뭐} 들어요 들어. 젊은 사람이라 또 이걸 타 왔겠지.
에는 정말 너무 잘 하셨었어요, {뭐} 때다 그러믄 일주일 전부터, 그때부터 음식을 준
본인이 허구, {뭐} 또 재주가 없는 사람은 사기두 했겠지, 그거야
니까 이제 포:기하는 게 많어. {뭐} 또 한번 신청하면 한사람당 무슨 이:천원이다 뭐
어머니가 좋아서 했이니깐 나야 {뭐} 마음에 좋구 멀구 뭐 몰르지. 그럼. 동네 싸람이
때문에 아무데서나 받아도 그건 {뭐} 마찬가진데 그거 하는 것... 보철이나 이런 것은
없:을 꺼 아냐? 뭐 빵:꾸나고 {뭐} 막 그런건데. 그래갖고 인저 문에다가 그걸 걸어
대대적으루 이렇게 뭐 청첩장, {뭐} 막 뿌리구 그르진 않았어. 돌리긴 돌렸지. 주례
기도 어렵다고. 고모, 뭐 삼춘, {뭐} 막내꼬모, 우리 사:춘 동생 와서 살았지, 걔, 뭐
애를 등에다 엎고 오는 사람에 {뭐} 많었지. 의정부에서버텀 좌우간 창동에서 전부
그러니 백만원이믄 {뭐} 말두 뭇해. 어마어마한 돈이야. 웬만한 지방에나
단장으 집이구 그래서 그렇게 {뭐} 말은 안하더라구유. 동네에서 뭐 야:단 안했어.
어로 허며는 이제 어디가 대:개 {뭐} 말이 이상하다고 나타나기 전까지는 곤잔 했다고
우리 이런 거 안 먹는다구 이이 {뭐} 맛있는[마신는] 건데, 자기가 먹는 거라구 이제
는 거예요, 고게, 딴데 싸람은 {뭐} 매끈[매끈] 하니 뭐니 해서, 잘 안 먹습니다, 그런
에 부글부, 버글버글허져, 뭐. {뭐} 맨... 마치 우리는 이제 형식상으루 나가서 무슨
, 수술해서 빼:애지. 어떤 때는 {뭐} 맹장수술 멫분, 십오분 내지 이:십분에 한다 그
그런데 그 때 당시에는, 요새는 {뭐} 먹고 싶은 것 뭐:든지 먹을 수 있지마는 그 때
, 그 아드님들이 그냥 그... 그 {뭐} 몇 향년땐 한 삼, 사항년땐가 그랬는대도 그냥
치야. 지끔은 뭐 보:통 몇만원 {뭐} 몇십만원 이것이 보통 말허는 거지만 우리네는
트 단지, 이러니까 같은 건물에 {뭐} 몇 개씩 있잖아? 제일 많은 데가 강남의 한 건물

사:춘 동생 와서 살았지, 걔, {뭐} 몇 명인데... 우리집에 여학생이, 여학생이 일곱
이제 기:껏 해는 게 맨드는 거, {뭐} 모여서 요런 장난감, 진:흙 짓니겨서 요런 거 만
니깐 나야 뭐 마음에 좋구 멀구 {뭐} 몰르지. 그럼. 동네 싸람이 다 좋다고 허니깐 나
　　　　　시굴서들은, {뭐} 몰르지만, 거이 신식이야 그때부텀, 허는 거야.
입구. 그렇잖어 지끔 한복 해두 {뭐} 무슨 예식장 갈 때나 입지, 별루 입을 새 있우?
무섭거든요. 우리 무용선생님은 {뭐} 무용 가르키다가 섵:불리면 신짝 날아오고 옛:날
게 있었는데 그때 이미. 그래 {뭐} 문화, 혹은 정치왜교 이렇게 해서 부전공이 있었
고 그랬던 기억이 나고. 그런데 {뭐} 뭐라 그럴까? 집에 온다는가 그냥 이렇게 사사롭
건 사실이것지. 부모는 자손을 {뭐} 밉지 않지, 다: 나무라는 것두 잘 되라구 말허지
: 봐주는 아줌마들, 언니들, 또 {뭐} 바누질하는 침:모, 뭐 빨래허는 사람들 머, 안짬
서 학교서 인제 우리 반을 갖다 {뭐} 반이래야 육칠십명 한반이야. 일학년서버텀 육학
대학을 졸업했으니까, 졸업하고 {뭐} 배우러 댕기니까. 다른 것, 다른 학교에 또 나가
　　　　　아유. 아주 {뭐} 백도루 달랐지. 집이 몇 집 없었으니까. 그러구
권두 있구 했는데 아 그 당시에 {뭐} 백만원을 갖다 타는데 어떤 사람은 복권을 타 가
은 웬만한 사람들 억허구 죽구 {뭐} 백억 이따구 소리 흔히 허지만 옛날에 백억, 백
의욕은 있는데 이제 이 이제는 {뭐} 벌써 정년... 사해에서, 학교에서도 정년이라 그
니도 평범:한 분이구, 참 아주, {뭐} 법 없어도 살: 분이었죠. 나도 또 우리 언니랑
과일두 가져오구 돈두 가져오구 {뭐} 벨 사람이 많아요. 그러믄 인제 와서 먹구 여기
란장수도 허구, 빵:장수도 허구 {뭐} 벨 장수 다해요. 거기 공대 앞에 가서. 그런데
별안간에, 암 육이웃날 아침에 {뭐} 벨안간에, 저기 낮인가바, 사이렌 불:면서 그 때
일하고서 장에 나오는 사람들, {뭐} 별 사람들이 다 있단 말이에요. 근데 거기 이렇
구두, 뭐... 가심... 가리는 것 {뭐} 별걸 다:: 맨들어서 하여간 사람 손으루 쓰는 일
자기 옷이나 해 입을 쩡돈데, {뭐} 별루 뭐 한:복 입을 그게 있어? 명절 때나 입구,
가 왜정때 화폐가치야. 지끔은 {뭐} 보:통 몇만원 뭐 몇십만원 이것이 보통 말허는
가 표준어다 그래서... 쓰기는 {뭐} 보통 쓸 때는 댄추로 해.　음... 그렇지 뭐. 이
　　　　본, {뭐} 본두, 자기가 치수 재: 가주구 재단을 해야지 애
어머니 눈에 들었으니까 나는 {뭐} 볼꺼 없지. 그래 가지구선 결혼을 헌거야. 그러
선생 만나믄 막 때려. 그래도 {뭐} 부모네나 우리 학생이 하소연 못해. 하소연 했다
서 다: 사둔을 맺었지 지끔같이 {뭐} 부산이다 대구다 광주다 이런 거는 없어. 할 쑤
그렇게 느끼진 않었지. 거기두 {뭐} 비슷:헌데 뭐. 서울 시:내니깐. 이제 문 밖에지.
니들, 또 뭐 바누질하는 침:모, {뭐} 빨래허는 사람들 머, 안짬재기들, 이제 그리고

으실려믄 그게 없:을 꺼 아냐? {뭐} 빵:꾸나고 뭐 막 그런건데. 그래갖고 인저 문에
데, 이제 달똥네 같은 데 가면 {뭐} 뻔질낳게 병원에 나구 가니까 이게 많이 들지.
. 이: 년 전에 나 여기 왔을 때 {뭐} 뻘겅 게 여기 엄:청나게 많이 붙었었어요. 그런
르 빨갱이라고. 그래서 뭐, 뭐, {뭐} 사:방에서 조사를 하고 뭐 이렇게 하더라고. 그
학교 들어가야 그야말로 국어, {뭐} 산:수, 수학, 무슨 뭐 저:기… 부:기. 애, 부:
봐야 돼거든. 딴거 뭐 소아꽈나 {뭐} 산부인꽈를 딴데 보내고 그럴텐데 그렇지는 않단
나가믄 실쩐으로 나가는 거니까 {뭐} 살어서 돌아온대는 보:장이 업잖아. 그러니까 어
안 저지지, 절대로 안 저져요. {뭐} 삶어야 허니까. 삶어두 잘 안 저지더라고. 그럼
면 한사람당 무슨 이:천원이다 {뭐} 삼천원… 만:원 이상 돼는 거는 억울하니까 신:
은:어 갖기도 어렵다고. 고모, {뭐} 삼춘, 뭐 막내꼬모, 우리 사:춘 동생 와서 살았
의 호:랑인지 뭔지 난 거기까진 {뭐} 상관도 안하고, 응? 자기가 소:장이면 소:장이지
새두 죽 쒀:먹어요. 또 반찬두 {뭐} 생선두 싫구, 고기두 싫구 그런데, 딸이 고기를
구 오구 그랬을꺼야. 근데 우린 {뭐} 서울 근방이라 그런 건 없었지. 그리고 인제 고
　　　　서울은 다, 서울도 {뭐} 서울… 옛:날 서울이라는 게 지금 시골과 마찬
는데, 관악구에 치꽈가. 그러니 {뭐} 서울이 어디가나 치꽈는 있을 거야. (웃음) 이제
가 우리에게 아주 그냥 뭐랄까? {뭐} 선:망의 대상이라고 할까? 그랬었는데… 그 양
면 내:과만 봐야 돼거든. 딴거 {뭐} 소아꽈나 뭐 산부인꽈를 딴데 보내고 그럴텐데
여 옆에 아유, 또 뭔가? 거기 {뭐} 속초, 고성. 고성 거기 이:북 그전에 거기였어.
여유가 있는 사람겉음 지끔두 {뭐} 솔직이 이제 세: 분씩 모시는 분들 있지 않어?
는 그게 있었나바요. 그 선생님 {뭐} 수학 여행을 갔는데 어:쨌는데 당신이 모가지를
에다 가게를, 지끔으로 치며는 {뭐} 슈:퍼 겉은 그런 걸 하셨어요, 작은 오빠는. 그
지내시고 바로 돌아가셨어요. {뭐} 시: 살 때 오셨으니까 몇년돈지도 모르지, 뭐.
지 않거덩? 도해지 쯤 그런거지 {뭐} 시골 촌:에 같은 거는 없:으니깐 이제 그걸 비:
지. 다:: 맥힌 데야. 그러니까 {뭐} 시굴이나 똑같으지. 한 마을. 붉은 동네에요. 종
. 그것도 뭐 그전에 젊었을적에 {뭐} 시어머니 고향이 어디고 그런건 뭐, 우리가 물:
시험을 앞두고 늘: 아파가지고 {뭐} 시험을 잘못 봤다는 핑계를 하는 것 같지만 이제
있을 건 다 있지. 한:식이니까 {뭐} 식혜 겉은 것두 있구 과:일 그때는 여름이니까
방도 지끔들은 요만큼씩 딱하고 {뭐} 싫으면 그만두죠? 우리쩍에는 대사게라고 그래가
라고뭐라고 그래요. 총무꽈에서 {뭐} 써가지고 세: 사람 다 복직을 시켰어요. 그런 일
렇구 있을 때 그 아드님 그 땐 {뭐} 아드님 소리 했겠어여? 그래도 이제 머 으꽈대악
데모꾼을 양성을 하고, 이념… {뭐} 아무리 자기가 안 하려고 그래도 그 이념 써:클

일본 일본인 사홰에서 혼자니까 {뭐} 아유, 이렇게 지나가다가 그 내가 이렇게 주위
요? 당신." 뭐 저기, 이 사람은 {뭐} 아주 이 우리 집사람은 서대문 충정로에서 나한
런 어려운 시절이니까 지금처럼 {뭐} 아주 저기 뭐라 그럴까? 풍요롭고 낭만적인 생활
도 모르지, 뭐. 그때 뭐 그런거 {뭐} 알:기를 해요? 그저: 시어머니... 우리 시아버니
　　말은 안하더라구유. 동네에서 {뭐} 야:단 안했어. 그리고 인:정을 했으니깐 그렇게
웃음 꺼리지. 그 머 킬킬거리고 {뭐} 야단나고 영낙없이 여기다 그냥 도장 찍구 가니
그전엔 시: 공관 있었져, 또... {뭐} 약서 명보극장 있었지, 동양극장 있었지... 또
제는 그 뭐 일본 사람이고 조금 {뭐} 어느 나라 사람이건 한:국어 교육을 이제 좀 했:
집에 제가 가서도, 친구집이나, {뭐} 어디 가서도, 다 감주루 하지, 저희 친정처럼 뜨
. 그 양반이 해:방 후:에, 그땐 {뭐} 어디 만주에 갔든가? 중국에 갔다고 그러는데 돌
돌아서 와야지만 돼는 거에요. {뭐} 어떤 때는 이 칸을 갖다가 이렇게 사:선으로 그:
기 이제 치는 저 채찍, 이거는 {뭐} 어떻게 주문 만들어 가지고 이렇게 하고. 연두
르고 나도 어트게 그냥 이렇게 {뭐} 어떻게 찾아볼 생각도 안하고 살:구, 그렇게 왔
허니깐 나도 좋은가보다 했지 {뭐} 어려서 뭘 알어. 지금겉이 완전 성인이 되어 가
있어. 만약에 백만원을 타며는 {뭐} 어쩌구 저쩌구 허는 노래가 있다구. 응. 가:령
몇 시에 와서 뭐뭐 며칠이었고 {뭐} 어쩌구... 그래 가지구 이 사람이 이를 하나 빼:
　　　　　　　못: 했죠, {뭐} 어트게 구경을 해? 남대문 구경을 어디 가 해? (
, 그러니까는 그 때 사:는 거는 {뭐} 엉망이지. 그저 어특허든지 고등학교래두 졸업시
여기가 그냥 다 맞아가지고선 {뭐} 엉망진창이에요. 그 정도로 훈련을 시키드라고.
국노조위원장 김계옥씨라든지, {뭐} 여기 노동청이 그 때 갓 생겨 가지구서 그 양반
를 맞더라고, 장교 후보생 때. {뭐} 여기 요새 군에 구타없다? 그 훈:련, 중앙대학
이 많:으신지. 교홰 다니시면서 {뭐} 여기도 가구 저기도 가시고, 어디 참여를 많이
　　그러니까 인제 그전에는 {뭐} 여기서 국을 끓여 먹으며는 이렇대면, 월래는 내
떤 명분으로든지 다중의 힘으로 {뭐} 여싸여쌰하고 그런 거는 아주 딱 질색이라고. 그
없는거지, 그러니까. 지끔겉이 {뭐} 여유가 없잖어여. 그 때는 그 냥 머 가방도 지끔
　　　　　　　{뭐} 연:탄이구 뭐구 이런 거 없으니까. 까:스가 있어
애. 얼:레라 그러지... 요즘은 {뭐} 연이 일년에 한번씩 저 강변에서나, 한:강 같은
물꼬동 가지구 돈 받구 인제, {뭐} 열뚜시간 하루 열뚜시간 거기 지킬 쑤 있어요?
로 다 해요. 의료보험 보험환자 {뭐} 영세민들 뭐 돈: 안내고 하는 그런 것. 보건소에
그 회:사 나가구 장사두 허구, {뭐} 예, 그런 사람이 많지. 회사두 나가구. 여긴 그
, 만든 거겉은 거 그런거나 또, {뭐} 옛:날에들은 지끔으로 치면은 혁대 있잖우, 할머

. 여기 이 동네가 그런 동네야. {뭐} 옛:날엔 이 차두 이리 안 갔다구. 나::중에 들어
셨을 망정. 돌아가신 거야 벌써 {뭐} 옛날에 돌아가셨지. 그래두 인제 그런 관계루다
큰집 식구 있구 우리 식구 있구 {뭐} 오:심 명 넘:는다구여. 그러니 얼마나 힘드시겠
쌀이 세: 가마에 {뭐} 옷:에 뭣:에 쳐 가주구 나오구, 그래서 마:차가
편에 따라서, 뭐 있는 집들은, {뭐} 옷감두 허긴 허는데 온체, 나 시집 올 그 당시들
모였으니까 그러니깐 그 어디 {뭐} 왜:국 사람인지 모르고 뭐 중국사람이거니 이렇
렇게 빛을 보게 됐지, 그전에는 {뭐} 왜:국어, 왜국어 배워서 뭘해? 그런 때가 있었어
나이 먹은 사람들 잘된 사람은 {뭐} 외:국두 갔다와서 고등고시 패스한 사람들두 많
물장사 허는 사람 있잖아 우린, {뭐} 요기니까. 대문간이 아니, 날라다 주믄, 그거
그쪽으론 정능이 있구 {뭐} 우리 그 근방에는 능이래는 거는 없어. 딴 고장
런것도 하셨다고 하더라고. 그 {뭐} 우리 아들이 하는 소리 들으믄, 뭐:인가 아마 한
그래 학교에선 다 알:지요. 그 {뭐} 우리 아버님도 거기 다니고 머 그러셨으니 오:랫
그래요. 옛날엔 {뭐} 우리가 여기서 나:서 성장을 했으니간. 그때는
리 이번에 놀:러가자, 꼭 가자 {뭐} 우리가 이 나이에 뭐 것:두 못가니." 어쩌구 그
때는 자기 밥줄을 끊으니까는 {뭐} 우리같은 사람이 와서 그런 얘기 했다고 해서 들
런 게 있어. 그런데 이즈막에는 {뭐} 우리같이 나이 많은 사람들은 삼십년 이상 됐거
논이지. 전:부 논이에요. 길도 {뭐} 옰:구. 요런 길이고, 요런 샛:길이고, 다: 논 밭
이것 저것 공부를 하고 지금도 {뭐} 월남어 거이 다 잊어버렸는데 안쓰니까. 그런데
이건 또 {뭐} 위:허는 사람두 있구나 그르구. 그래도 밤에 가
자치기는 {뭐} 이 나뭇가지 꺾어서 이렇게 길게 허구 짧게 해서
했던 생각이 나는데... 그러고 {뭐} 이 노:는 얘길 아까 하라고 그랬는데 그 뭐 학교
엽이라구 하는 건 엽총 쏘:구 {뭐} 이 말하재믄 사냥 다니는 데 무슨 뭐지. 그러니
. 그 전:쟁이 났으니까 그때는 {뭐} 이 학교에서 총검술, 유껜시쓰라고 해서 총검술
교는 뭐, 동:네에서... 학교는 {뭐} 이... 그... 이제 불행하게두 그때 일본사람이
서나 하지, 안 하지마는 그때는 {뭐} 이:화동이니까, 그 저 홍수동 이렇게 성, 불락성
같은 부대안에 이 수성부대하고 {뭐} 이거, 수색대, 오빠는 수색대 겉더라, 그 때. 그
들인다고 그래서 사고... 이젠 {뭐} 이것도 응할 수가 없겠구나. (웃음) 나 잊어버려
구 이래. 뭐 지끔은 지리, 역사 {뭐} 이런 걸 가리키는데 그때는 처음으로 핵교간...
그냥 동네에서 저기, 그, 절또 {뭐} 이런 것들이 사상이 거론돼 가지구 날뛰는데요,
주구 신고를 허니깐요, 관에서 {뭐} 이런 경:찰이구 뭐:구, 우리를 찾으러 댕기는 거
:날에는 간난이, 순:이, 언년이 {뭐} 이런 여자 이름인데 그 사람들이 하루꼬, 아끼꼬

자기가 소:장이면 소:장이지... {뭐} 이런 정도 생각인데 그 윗대 사람들은 그 양반
질색이라고. 그래서 뭐 한총련 {뭐} 이런데... 지난번 뭐, 몇 달 전? 내가 여기 일기
었는데, 이렇게 요란허지 않어, {뭐} 이렇게 간딴헌 거 자기 성이루, 뭐 노인들한테는
은 또 이제 길이 많이 돼구 또 {뭐} 이렇게 그냥, 참 살:기 좋게 해놨기 때문에 잘
지곤 가서 지혈제 주사 좀 놓구 {뭐} 이렇게 맞고 또 솜을 꽉 물고 한 댓:시간만 물고
소꿉장난 한다 그래두 깃:해야 {뭐} 이렇게 뭐... 기왓장 가루 빠서 밀가루다 하고
뭐, 늙은 사람들이 팔십 구십 {뭐} 이렇게 살아가지고서 젊은 사람들 위에 업혀다니
동음이의어 같은 걸 역시 한자 {뭐} 이렇게 시:각적인 구분으로 읽을 수 있는 거는
그때, 다식겉은 것두 있드라구. {뭐} 이렇게 저, 지끔 이렇게 모:조품두 많아서 이렇
뭐, 뭐 사:방에서 조사를 하고 {뭐} 이렇게 하더라고. 그런데 그 때 당시에 나는 글
러니까는 백만원을 탔다믄 이건 {뭐} 이루 말할 쑤 업는 금액이야. 난 내가 생각하믄
. 나 그래 그 당시 젊었이니깐 {뭐} 이리 피허구 저리 피허구 허다가 먹을 꺼 없이니
서 이제 조금 경황을 두었다가 {뭐} 이사람하고 결혼한 해에 기업문제연구소라고 거
　　　　　　　　　　　　{뭐} 이사를 했어두 글세... 우리가 뭐 이사했어두 크
이사를 했어두 글세... 우리가 {뭐} 이사했어두 크게 차이를 느끼거나 그러진 않았죠
런 사람들, 또 이리 뭐 학교는 {뭐} 이제 그래 철쩌히 했겠지만... 자치기는 뭐 이
에는 제대 군인들이 많았어요. {뭐} 이제 다친 사람들, 제대 군인들이... 에... 많았
수 있는 그런 길이 생기는거지. {뭐} 이제 뭐, 늙은 사람들이 팔십 구십 뭐 이렇게 살
로 허게 돼무는 얼마 안돼거든? {뭐} 이제 받으니깐 안됀다 이거지. 다: 해주고 그냥
각이 나긴 나네. 그런데 그거는 {뭐} 이제 지금 아까 얘기한 것처럼 학교보다는 동:네
도 나한테 연락이 와 가지구서 {뭐} 이제 한 얘기가 있어서 그거 조금 추가를 할라고
　　　　　탕: 끓이는 거, 그거지 {뭐} 이제, 추석에는 토란으루 해놓구.　정월에는 떡
래서 내:보냈고 또 사홰에서도 {뭐} 이제... 그래 지끔 난 도리어 말이죠 내가 그 칠
봉 다: 있겠다, 이쪽 문 닫치고 {뭐} 이쪽 문 닫치문 비 들이치지 않겠다, 뭐 남자여
런데 인제 서울, 그 당시에 또 {뭐} 인구야 몇십만 됐나 서울이. 한 팔구십만? 그거
였져. (웃음) 그래서 살고 이저 {뭐} 일: 해 주는, 애: 봐주는 아줌마들, 언니들, 또
찾아 댕겼어. 아홉살, 여덜쌀 {뭐} 일곱살 때부텀 찾아 댕기면서 다 절허구. 지끔은
데 그거를 인제 한자 반, 한자 {뭐} 일곱치 맨 그렇게 꼼:질이라는 게 있어. 꼼:질이
　　　　　　　　　　　　{뭐} 일본 사람들? 일본 사람들도 전:후에는, 전:후에
한 여:러해 동안... 인제는 그 {뭐} 일본 사람이고 조금 뭐 어느 나라 사람이건 한:
제 그런 기억이 나는데, 그러나 {뭐} 일본 일본인 사홰에서 혼자니까 뭐 아유, 이렇게

사롭게 얘:기하믄 우리말 썼지 {뭐} 일본말 안 썼으니까. 이제 그럼 저 일본인학교나
런데 내보낼라 그러고... 거:의 {뭐} 일제 말기니까 하나도, 좋은 추억이 하나도 없어
렸어. 없어져버렸어. 뭐 헐 께 {뭐} 있나. 육이오때 피:란 다녀, 인민군들한테 시달
우리를 찾으러 댕기는 거예요, {뭐} 있냐구, 그래서 인제, 그러믄, 우린 소용없으니
거야. 그것두 형편에 따라서, {뭐} 있는 집들은, 뭐 옷감두 허긴 허는데 온체, 나
니깐 지끔 일쩐이란 화폐가치가 {뭐} 있어? 아직두 십원, 십원짜리두 지끔 시원찮잖어
글쎄, 재밌는 얘:기가 {뭐} 있을까? 똑똑:한 님은 지끔 언제 살았어? 우리
고 이제 그러고... 저 이 뭐야? {뭐} 있지? 오십삼년 칠월에 저거 했지? 뭐야, 이...
해서 다른데로 진출했거나 그 {뭐} 자기 전공 살려서 했:다기보단... 하여튼 뭐 잘
어. 애:들도 그냥 다: 괜찮어. {뭐} 자랑할 꺼는 읎:지만 그냥 평범해. 괜찮어요, 아
살려서 했:다기보단... 하여튼 {뭐} 잘 알다시피 자기 전공 살려서 들어온게 아니라
유사성에서 오는 거겠지만 그게 {뭐} 잘못 쓴거지. 뭐 '스탠드빠' 같은 것도 '어이 빠
색깔 사탕두 팔구, 산:자, 무슨 {뭐} 잣:, 호두 까 가주구 다... 응, 쌓:는 거. 그거
창교관 아냐면 다 안대. 아:주 {뭐} 재밌고 얘:기도 잘하구, 아주 그런다고 아주 그
던 일이라는 게 머 일제시댄데 {뭐} 재밌었던 일:이 있었겠어요? 저기 이... 그 창:
믄 그날 그 나물 볶아놓구 전부 {뭐} 저 밥두 지:구 전부 수꺼 아니야? 거기다가 고기
홍, 소:사, 뭐 그런데가 다 즈: {뭐} 저 수색 응?, 불광동, 연신내 그 쪽에 많이 있었
남자는 그 때 {뭐} 저, 연미복두 입구 그랬어. 요즘은 빌려서 많:이
로 국어, 뭐 산:수, 수학, 무슨 {뭐} 저:기... 부:기. 애, 부:기는 안했다. 저 뭐야,
혈관이니까 그렇게 이 치명적인 {뭐} 저거는 안돼는데 조:심하고. 피가 많:이 나며는
그래도 학교 다닐 쩍에 그렇게 {뭐} 저거허지는 않었으니까.   명:절. 명:절이야 좋았
그래가지고 실:은 사서, 실:은 {뭐} 저기 뭐 집에서(웃음)...   얼:레는 사는거보다,
이제 "이를테면 어때요? 당신." {뭐} 저기, 이 사람은 뭐 아주 이 우리 집사람은 서대
와갖구, 잡으러 와서 아버지를 {뭐} 저기, 툇마루 밑에요, 거기다가 숨겼다 그르든데
에 장성해서... 그러나, 그러나 {뭐} 저이 지금 언어에 대해서 뭐 느낀게 있느냐 그러
한 재, 옛:날엔 그랬지. 지끔은 {뭐} 저이들이 다 사 입구 그러니까. 아, 저 남대문
요만한 거. 그럼 거기다 떡이니 {뭐} 전::부 채린 걸 전부 그 채린 걸, 한두개씩, 두
제 저 국가에서 애들, 학생들을 {뭐} 전문과에서 수련헌다든지 그런 걸 허기 위해서
당시에, 형무소 문 열어주니깐, {뭐} 절또구, 강도범이구, 다 사상범이라구 그르구 날
공무원 생활을 허셨거든. 그땐 {뭐} 정년 퇴:직이랜게 업:구 이제 그때만 해두, 돌아
교하곤 관계 없지만 애:들끼리 {뭐} 제:기차기를 헌다든가, 또 자:치기 한다든가, 요

하니까 뭐 글짜를 알아야 이게 {뭐} 족본지 뭔지 알지, 이, 피:란을 육이오때 가믄
그거 {뭐} 좀 이런 것 나오며는 갖다주지... 이제 그 연:구
미아리 된 애들두 있구 가오리 {뭐} 종암동, 이런데 말하재믄 십리 안짝 거리 내에서
대루, 비니루통 따루, 병 따루, {뭐} 좌:: 각각, 각각 봉지에다 담어선 돌돌 뭉커서
자기 성이루, 뭐 노인들한테는 {뭐} 주머니 정도, 자기가 공들여서, 만든 거겉은 거
렸냐, 이 사람은 없:네, 특별한 {뭐} 주민등록 번호가 틀렸네. 뭐하면 다시 또 찾아야
믭다고 그랬어. 그냥 넘어져도 {뭐} 죽어도 스타일이라구 그랬거든, 우리가? 농구를
어디 뭐 왜:국 사람인지 모르고 {뭐} 중국사람이거니 이렇게... 또 내가 어깨가 이렇
서예도 허고 그랬어요. 그러구 {뭐} 중학교 들어가야 그야말로 국어, 뭐 산:수, 수학
. 그저 걸:어가요, 그냥. 그 때 {뭐} 즌:화가 있었나. 어머니 아버지가 돌아가셔도 사
서 한두번, 그래서 난 버:니깐, {뭐} 즘심두 사주구 인제, 담배두 사주구, 인제 그래
까, 일본도 마찬가지고. 일본이 {뭐} 지금 어렴풋이 저 생각나지만 백억불 수출했냐고
어... 지금 {뭐} 지금 이:십주년 됐:다니, 넘었으니까 많이 배출
걸로... 지금 같으며는 이제, {뭐} 지금도 그래, 지금도 우리 유학생들 보믄 유학간
런 거 없으니까. 까:스가 있어, {뭐} 지끔 이제 세:상이 밝어지구 과학이 발딸되구 공
거, 뭐 그런 거 가리키구 이래. {뭐} 지끔은 지리, 역사 뭐 이런 걸 가리키는데 그때
수신이야. 수신. 수신이구 또 {뭐} 지리, 국사 이런 거는 다 배왔지. 근데 우리가
, 그게. 음... 거기 현:대에서 {뭐} 지은 것 겉드라, 참. 그러니까는 종로구청에서요
이제 지역, 직장으로 해가지고 {뭐} 직장인들. 그거는 그렇게 하고 자꾸만 틀리며는
글쓰면 그렇게 쓰겠다 그랬더니 {뭐} 직접 써보시죠.(웃음) 조사자 : 옛날 얘기 좀
그래두, {뭐} 집안끼리 다: 하잖아. 그럼, 집안에서...
야. 여긴 그거완 또 달러. 여긴 {뭐} 집에서 공무원 생활 허면서두 밭이 있으믄 부치
고 실:은 사서, 실:은 뭐 저기 {뭐} 집에서(웃음)... 얼:레는 사는거보다, 연을 샀지
만원 내. 치료허는 건 옳지 난 {뭐} 집에서. 그러니깐 난 내:는 거지. 그건, 나는 그
가서 옛:날에, 아주 옛:날에는, {뭐} 집에서들 쪘었대는데, 나 시집오구 나서부텀두
많아요, 그 안에 들어가니까, {뭐} 짬이구, 이런 큰 물통겉은 거 있잖아요? 그런 게
, 혼란스러왔는데 나의 경우는 {뭐} 청년단 가입하라는 것도 가입도 안했고 또 좌우
많진않지. 대대적으루 이렇게 {뭐} 청첩장, 뭐 막 뿌리구 그르진 않았어. 돌리긴
깍두기 많이 했는데, 요샌 또 {뭐} 총각 깍두기두 허구 그렇지, 동치미 하구, 동치
랑채에서 할아버지 밑에서 이제 {뭐} 치:부하고 머 계:산하고 그러는 청지기가 있었어
만 헌 거지, 도:제 모르죠, 뭐. {뭐} 친정에 누가 계:신지 이것도 몰:라. 할머니 기시

지, 옛날에. 저기, 콘도에 가서 {뭐} 카:든, 그런데서 뭐, 제사, 가서 채려서, 먹구
　소학교 동창인데 (웃음) 별로 {뭐} 큰: 기억이 없네. 단지 내가 걸어서 그때 꽤: 멀
이제 그런 것도 느꼈지. 그왜에 {뭐} 특별히 나도 그... 뭐야? 이 우리말:을 체계적으
들 반찬으로 많이 싸갔지, 뭐. {뭐} 특별히 반찬들이 있어요? 그럼 뭐 홀르므는 그거
니까 그거하고 똑같다고 보며는 {뭐} 틀림없겠지. 그런데 그거를 사실은 내가 고증할
안됐지. 일반 개업의, 거기서는 {뭐} 표방하진 말고, 이제 종합병원에선 표방할 수 있
아까 얘기했듯이 밤새도록 이제 {뭐} 피가 많이 났네 뭐... 낮에 뽑으문 연락이 온다
. 서울이라는 게.. 응? 그래도 {뭐} 하여튼 서울이니까 그런 것 다 사서, 사서 했어
랬겠지만 그런 사람들, 또 이리 {뭐} 학교는 뭐 이제 그래 철쩌히 했겠지만... 자치기
　　　그런 건 {뭐} 학교에서두 옛:날에 뱄:었지만 그냥 그거야 눈썰
얘길 아까 하라고 그랬는데 그 {뭐} 학교하곤 관계 없지만 애:들끼리 뭐 제:기차기를
아 댕기면서 다 절허구. 지끔은 {뭐} 학원에 간다 뭐: 한다. 다:들 빠져. 그저 옛날에
　　많:이 당겼지. 옛날에는 {뭐} 한 백오십 통씩 그렇게 식구가 많:으니까. 그게
일년에 한번씩 수까가 올라요. {뭐} 한 오: 프로 올랐다 그러면 몇 십원, 그 정도 올
그러니까는 서울에 총 통털어야 {뭐} 한 일고여덜꾼데? 그거 밖에 없었어. 그런데 인
이나 해 입을 쩡돈데, 뭐 별루 {뭐} 한:복 입을 그게 있어? 명절 때나 입구, 어디 외
는 아주 딱 질색이라고. 그래서 {뭐} 한총련 뭐 이런데... 지난번 뭐, 몇 달 전? 내가
리딸이 즈:금 해놨던 걸로 시집 {뭐} 해갈 것 안 해가고 그걸로 방을, 그 때는 오:십
어버리고 그렇지. 그러지 않아? {뭐} 허게 돼면 ... 잊어버리는 게 도리어 스트레스
　　　　탕:두 {뭐} 허기는 해 근데, 인제 차례니깐, 탕에는 뭐 계:
지구 허겄어? 이제 고것도 요새 {뭐} 헌다 하는데 그것도 홰피하는 데 많어. 장비는
니는 뭐... 그 때 뭐, 여자들이 {뭐} 헐 꺼 있어요? 집이서 살림이나 하고, 그 때는
네들허구 맞대항해서 싸울 꺼야 {뭐} 헐 꺼야. 그러다가 인제 또 인제 구이팔 수부허
뭉그러져버렸어. 없어져버렸어. {뭐} 헐 께 뭐 있나. 육이오때 피:란 다녀, 인!민군들
럴 때, 시집을 왔으니까 그때는 {뭐} 혼수에 지끔겉이 그렇게 신경을 쓰지 못:헐 때라
　해: 가주구 지끔 영자, 춘자, {뭐} 화자... 이런 게 그게 다 그 사람 이름을 번떠
, 나 시집을 때는 이불짱, 옷장 {뭐} 화장대가 경:대지 뭐, 화장대..화장 그때만 해두
침에 내가 홰:사를 딱 가니까는 {뭐} 홰:사 앞에서 울고불고 난리가 났더라고. 그래서
　그 사람들이 하루꼬, 아끼꼬, {뭐} 후유꼬...이런 걸 죄다 해: 가주구 지끔 영자,
특별히 반찬들이 있어요? 그럼 {뭐} 홀르므는 그거 땦어서 그 고 다음날 또 풀 멕여
　　　　{뭐가,} 먼첨에, 정씨네, 그 친척두, 그 어디야 저기, 何

인제... 대통령을 해 가주구, {뭐가} 뭔지, 팔씹 다 된 노인넬 앉혔으니 세상 물짜　何
이것도 한번 뒤져보고, 여기서 {뭐가} 틀렸느냐 진짜 이렇게 됐느냐 그런데 이 잘못　何
거 막느라고, 아주 그냥 장사고 {뭐고} 걷어치우고서 거기 가서 몇 달 동안 아주 혼났　何
다고 허니까 그냥 얼른, 더위구 {뭐구,} 그냥 헌 거야 음력으루는 오:월딸이야 그래두　何
뭐, 악기두 있어요, 피아노구, {뭐구,} 다, 그거를 우리가 다시 저거 해 가주구 신고　何
먹기가 힘들었어요, 기울이구 {뭐구,} 인제, 껍질 겨우 그것두 못 먹구 절절 맸을　何
만시향이예요, 그, 향:은 깎구 {뭐구} 구찮잖아요? 만시향은 사는 거, 사다가, 그냥,　何
부 절허게 되며는 그땐 돈이구 {뭐구} 그런 게 없어. 그쯤 돼야 인제 차례 지낸 과일　何
디에서 갔다 났는지, 재봉이구 {뭐구} 기구를 다: 갖다가 시설을 해놨어요, 지 친구　何
　　　　　　　　일가구 {뭐구} 나만 이렇게 혼자 오래 살지 다:: 죽구 없어요　何
떨어져요, 읎:어요, 손잽이구 {뭐구} 난간이 읎:어요. 그냥 떨어지게 돼있지. 그래　何
증거물 고 인제, 이렇게 동회구 {뭐구} 비치됐던 거, 고걸 어떻게 그걸 갖구 그걸 증　何
사진을 백이셨어. 날:더러 이건 {뭐구} 이건 뭐라구 가리켜 주시는 거예요.　　네.　何
　　　　뭐 연:탄이구 {뭐구} 이런 거 없으니까. 까:스가 있어, 뭐 지끔 이　何
며는 일본에 일광, 온천이 있구 {뭐구} 휜:하다구. 근데 한:국 꺼는 배운 게 업다구.　何
게, 인제, 거기서 득을 본 게 {뭐냐,} 안씨 할아버지는 소방소, 그거 땜에, 의용군　何
겨요, 팔목에다가, 양:쪽, 하난 {뭐냐,} 하난 밥, 하난 반찬... 그게 양쪽에 하나씩　何
　　　　갈월똥이냐 거기가 {뭐냐.} 거 갈월똥 쯤 되지. 숙명여대 쪼끔 내려가면　何
이렇게 표시를 하는데 요새들은 {뭐냐} 하며는 이것만 이제 대행업자가 있어. 그러니　何
몰:르고, 그런 것도 몰:르고, {뭐냐} 하며는 이제 큰: 소리 친다구 모여서는 “애!　何
. 그런데 보:사부에서 허는거는 {뭐냐} 하며는 인구 비례에 있어서의 치꽈 의사가 적　何
을 했어요, 육이오때, 육이오때 {뭐냐} 허믄 포탄이 막 왔다갔다해요, 한:강 도강두　何
자꾸만 온다구, 그래서 두 번짼 {뭐냐며는,} 내가 그런데서 했다는 증거, 증거물 고　何
인제, 여기 주둔허구 나서는, {뭐냐며는,} 여기서 모든 걸 생산을 했어요, 군복이구　何
그래서, 지끔 한가지 좋은 게 {뭐냐며는,} 이 동네 도둑이 없어요... 도둑이 없어,　何
게 많으니까 이거 아까 틀린 건 {뭐냐며는} 마:취하는데 이게 틀려. 그거 수정해가지　何
, 그래서 막 들어왔는데, 어휴, {뭐냐면,} 걔네들 일사후퇴, 저거 했잖아요, 참:, 뭐　何
러니깐, 경찰 민보단이라는 건 {뭐냐면,} 경찰, 거기 좀 힘이 모자라면 부축해 주는　何
, 진지를 올리게 되구, 그러구 {뭐냐면,} 서울말은 그런 걸 진지라구 그래요, 밥을　何
거기서 인제 왔어요, 그러믄서, {뭐냐면은} 내가 부산을 갈텐데, 노:비가 좀 모:자라　何
이, 그르구, 비참하게 죽인 게 {뭐냐믄,} 개, 고 산골짜기에다가, 남녀 헐 꺼 없이　何

찮구, 동태, 명태, 그런거, 다, {뭐냐믄,} 비릿내가 안 나는, 들 나는, 그런 거 겉애.　何
　　　　　　　달러요, 고건 {뭐냐믄,} 알이 즉:어, 요만해, 요만해요, 알이, 고게　何
사후퇴, 저거 했잖아요, 참::, {뭐냐믄,} 호환해도, 총을 디밀구 죽은 놈들두 있구,　何
는데, 요 근방에 다 살았는데, {뭐냐하믄,} 다 세상 떠났잖아요... 여 : 다:: 돌아가　何
라는 게 있어. 굄:질이라는 건 {뭐냐하믄} 왜 저, 아이, 뭐라 그러나? 동대문 시장겉　何
갈텐데, 노:비가 좀 모:자라니 {뭐니,} 그걸 미끼 삼아서, 내가 한번 서: 갔다왔으면　何
, 부산을 가는데, 노:비가 없니 {뭐니,} 그러니까 돈: 좀 달라 그거지.　그지, 돈 뜯　何
:: 들리구, 뭐 (전원총을 하니) {뭐니} 정보가 들어왔어요, 그러니 어떻게, 전부 헡어　何
딴데 싸람은 뭐 매끈매끈 하니 {뭐니} 해서, 잘 안 먹습니다, 그런데 이 토백이들은　何
짤라서 요거는 초승달, 요거는 {뭐다...”} “애, 별:떡 만들어 주까?” 그래서 먹구는　何
들이 들어닥쳐서 인민위원회다 {뭐다} 해..뭐 어떡해. 그저 거기서 허는 척들 허구　何
지끔 무슨, 저기, 그 호텔이 그 {뭐든가...} 여 : 가든호텔...　　　　　　　　何
머 체조 시간 있구 또, 또 지끔 {뭐라...} 서예두 했었어요, 미:술도 하고, 서예도 허　何
　것. 그래서 이제 지며는 그걸 {뭐라} 그랬지? 하도 오래라서 이게... 응. 그 어...　何
아직두 그 옛:날 풍습이 있구 {뭐라} 그러까 구시대적인 저거까? 그러니까는 지끔　何
은 게 고, 그거고. 또, 저 그게 {뭐라} 그러나 진헌 회색, 쥐[ü]색이라 그러지? 그런　何
　　　　대님 안 매구 그거는, {뭐라} 그러나, 좀 예:이에 어긋나지. 그게 뭐 농사나　何
라는 건 뭐냐하믄 왜 저, 아이, {뭐라} 그러나? 동대문 시장겉은 데 시:장에 가며는　何
러고 말이야, 일본, 일본 소위 {뭐라} 그러나? 저 군사훈련 시킨 교:관들, 그게 다:　何
, 귀양을 갔다 오시구두 연산이 {뭐라} 그러므는 또 대:들구, 대:들구... 그러시니까　何
다기 보단 내가 한 번 크게 이 {뭐라} 그럴까? 개천가:를 이렇게 걸어 가다가, 걸어　何
나... 또 그렇다고 해서 이 그 {뭐라} 그럴까? 교:포 중에 한 사람, 이름은 너무 오　何
홍콩에 갔던 기억이 나는데... {뭐라} 그럴까? 그래서 내가 육이오도 안 겪은... 그　何
그랬던 기억이 나고. 그런데 뭐 {뭐라} 그럴까? 집에 온다는가 그냥 이렇게 사사롭게　何
이니까 지금처럼 뭐 아주 저기 {뭐라} 그럴까? 풍요롭고 낭만적인 생활 못했지. 지금　何
론 생:철인데 요새 얘기하며는 {뭐라고} 그러나? 아, 함석지붕을루 됀 그런 국민학교　何
노:도, 노:조가 아니라 그... {뭐라고} 할까? 요새 말로 어용, 어:용보다도 노동조　何
이 아니라 “총무 와!” 와보니까 {뭐라고뭐라고} 그래요. 총무꽈에서 뭐 써가지고 세:　何
셨어. 날:더러 이건 뭐구 이건 {뭐라구} 가리켜 주시는 거예요.　네.　　　　何
때 웅구한, 웅구한 이제 그... {뭐라구} 할까... 상여 보:가 그대로 거기 남아있어　何
서상천씨가 우리에게 아주 그냥 {뭐랄까?} 뭐 선:망의 대상이라고 할까? 그랬었는데..　何

아니었어. 그 일제시대에도 이 {뭐랄까?} 좀 그... 잘살고 그러는 사람들은 또 더 좋 何
{뭐를,} 저 옷 만드는 거? 저, 양장으루 해 입혀야지. 何
노인닐 앉혔으니 세상 물짜를 {뭐를} 알아야지. 왜 그이가 한:강을 건너가면섬, 마
이고 또 그 어려운 가운데에서 {뭐를} 열심히 해야텐다... 그래서 내가 강원도에 갔 何
따로 있지. 모월 몇 시에 와서 {뭐뭐} 며칠이었고 뭐 어쩌구... 그래 가지구 이 사람
{뭐뭐} 이렇게 내가 해:가지구 쳐서 야구 모냥으로 해
는 친척들 가서 새 신발, 양말, {뭐바지,} 그 땐 조선 바지 저고리 이래 했어. 조끼에
이 책 익는 것이 내가.. 이 {뭐야,} 그... 내 육십구 세에, 남편은 칠씹 살이구
부:기. 애, 부:기는 안했다. 저 {뭐야,} 기하, 대:수. 그래 우리 기하 선생님이 디:게
? 오십삼년 칠월에 저거 했지? {뭐야,} 이... 정전협정, 정전협정이 돼버렸죠. 그런
조상께서 이제 그... 음... 그 {뭐야...} 연산군 때문에 세:번이나 귀양을 가셨에요
것처럼. 항:상 이렇게 다니면, {뭐야?} '짜집기'로 적은 거 보면 '짜깁기'거든? '짜
: 아는 게 아니거든. 아까 저기 {뭐야?} 내가 어렸을 때 쓰던 말도 잊어버려서 얼릉
지. 있었는데 저 무슨 이제... {뭐야?} 모임이 있을 때나, 모임이 있을 때나 이렇게
. 그리고 이제 그러고... 저 이 {뭐야?} 뭐 있지? 오십삼년 칠월에 저거 했지? 뭐야,
소위 요즘으로 치면 그냥 그 이 {뭐야?} 이 깡:패들이랄까? 그런 사람들이... 글세 김
. 그왜에 뭐 특별히 나도 그... {뭐야?} 이 우리말:을 체계적으로 공부를 헌게 아니니
래는 선생인데 그 선생은 일번 {뭐야} 일번 창씨핸 겟이 니시아라 선생이야. 서온이
그래 그 {뭐야} 잔치 허게 되며는 신랑이 가마 타구 가구 그걸
그전:에 내가 {뭐야} 한번 문교부에서든가 왜:래어 표기법. 그런거
말하재믄 사냥 다니는 데 무슨 {뭐지.} 그러니까 천:엽을 갖다 철렵이라 그래. 거 뭐 何
파리 풀 믹여서, 그래. 그게 그 {뭐지?} 애교, 애교 묻혀서... 아교 묻혀 가지고 이렇 何
는 것도 없었어요. 육이오 나구 {뭐하고} 뭐... 여유들이, 마:음에 여유들이 없는거지
응급조치 허고 그리구 주사놓고 {뭐하고} 하고 있으면 헝 건 다 했거든. 체질적으로
은 다: 있이니까 그거 이름하고 {뭐하고} 확실히 맞는다 하며는 이제 그대로 틀렸다고
, 왜:국어, 왜:국어 해서 소위 {뭐하느냐?} 소위 이렇게 사회에 나가서 쓸 수가 없었 何
한 뭐 주민등록 번호가 틀렸네. {뭐하면} 다시 또 찾아야지. 자기네들은 다: 있이니까 何
는 안가지. 그러니까 이제 점점 {뭐하잖아.} 가격 자체가. 何
:이 아주 뚜렷한 것 같애. 오늘 {뭐해?} '해:'는 그대로 하는 건데 '허다', 그지? '허 何
생가여탈건을 가졌으면 가졌고 {뭐했지} 난 이건 못참겠다 그래가지고선... "옳은 일 何
일력거 말허재믄 차라구 허긴 {뭐허구} 일력거 주차장이 거기 있었으니까. 지금 어 何

제 그거 빤:스라구 허기두 허구 {뭐허기두} 허구 했는데 우리 어려서는 사리마다라구　何
. 삼:구, 사:구, 오:구. 그겟이 {뭔:고허니} 그 라디오에 보믄 다마 있지 요거. 그겟　何
는 우리 한국 사람이 초콜레가 {뭔:지} 껌:이 뭔지 알지두 못했어, 보지두 못허구.　何
　그래서 그때까지 우리는 그게 {뭔:지} 몰랐다가 그게 끝나고 나서 해:방됐다고 알게　何
　　뭘 알어봐야지 그게 족본지 {뭔:지} 알:지, 아무 책인가보다 허구 그냥 내버려...　何
　　　또 속초 또 여 옆에 아유, 또 {뭔가?} 거기 뭐 속초, 고성. 고성 거기 이:북 그전에　何
　　람 죽구, 이게 장:난하는 건가 {뭔가} 난 그렇게 우:습게 예기구 이렇게 옐릴곱 살서　何
　　간 애들두 많어. 하우스 뽀이는 {뭔고허니} 미군부대 미군들 따라다니면섬 구두닦이두　何
　　... 대통령을 해 가주구, 뭐가 {뭔지,} 팔씹 다 된 노인넬 앉혔으니 세상 물짜를 뭐　何
　라 모두 살아댕겨. 그래 총알이 {뭔지} 그게 우:리 나라 인제 그런 총알 껍데기 맨들　何
　별안간에 날 닥쳐서 그 피:란이 {뭔지} 나는 친정이나 시집 일가찝을 찾아가는 게 피:　何
　이 뭐 그 산골짜기의 호:랑인지 {뭔지} 난 거기까진 뭐 상관도 안하고, 응? 자기가 소　何
　씹으면서 화토를 해요. 전:쟁이 {뭔지} 몰랐드니 이렇게 장난허면섬 허는 거구나. 내　何
　글짜를 알아야 이게 뭐 족본지 {뭔지} 알지, 이, 피:란을 육이오때 가믄 그런 거부텀　何
　사람이 초콜레가 뭔:지 껌:이 {뭔지} 알지두 못했어, 보지두 못허구. 그저 뭘 주는　何
　　　　　　　　{뭘,} 그 가:방만, 그래. 옛날 꺼야. 그것두 구찮으니
아이들 학비를 대:고 그랬지요. {뭘,} 그러니까는 그 때 사:는 거는 뭐 엉망이지. 그
　그 신첼 다: 날라줬느냐 그래. {뭘...} 그 땐 뭘: 먹구 살었느냐구. 나는 생활이 골:
거를 잘못 빼서 그렇다. 그러니 {뭘...} 치료비 대주고 그리고 체질적으로 만일에 이
　　거기갔다가 거기가서 {뭘:} 먹구 사나? 도루 들어왔지. 거 고향으루 가야　何
　날라줬느냐 그래. 뭘... 그 땐 {뭘:} 먹구 살었느냐구. 나는 생활이 골:란해서 아이　何
　이구 그 안 끌려 갔어요. 난 또 {뭘:} 했냐믄, 어, 숨어댕겼다가, 댕길 쑤가 없어, 어　何
　동아전쟁 때, 고통스러울 때라, {뭘:} 했냐허문, 무연탄 가루, 분탄이야 지끔, 상:상　何
　나는 거 아니예요? 그래가지구 {뭘:} 허냐구 다 물어보드니, 그래서 혐이가 별루 없:　何
　격돼 있어. 얼마, 뭘:로 해라, {뭘:로} 하는거는 고거만큼이다. 그런데 일반병원들도　何
　일쩡허게 규격돼 있어. 얼마, {뭘:로} 해라, 뭘:로 하는거는 고거만큼이다. 그런데　何
　　　　　　　　{뭘: 요?} 에피소드가 어:딨어? 다 잊어먹구 뭐 그랬지
건 뭐, 우리가 물:어보길해요, {뭘:해요...} 모르지. 도:제가 모르지 그저: 으:른은　何
물했나 내가 그때 좀 확실하게 {뭘} 갖다가 딱 계획을 세워 가지구서 했으면 내가 오　何
잊어버렸어, 하도 오래 돼서... {뭘} 들인다고 그러지. 들인다고 그래서 차고... 이젠　何
공부를 못 해. 그래 호적상에 {뭘} 떠보면 서:족이다... 그럼 그걸루 그냥 끝맺는　何

이, 여자가 이름짜나 알믄 돼지 {뭘} 무슨 공부를 중학교를 또 가느냐고 야:단을 하시 何
:이 있나 맨주먹으로 가는거지, {뭘} 사, 사기는. 그래서 둔: 읎어서 못간다고 그러니 何
그러면 나도 말이야, 그거 내가 {뭘} 안다고 "나도 돈줘여" 그러고 막 그랬어. (웃음) 何
도 좋은가보다 했지 뭐 어려서 {뭘} 알어. 지금곁이 완전 성인이 되어 가지구서 내가 何
{뭘} 알어봐야지 그게 족본지 뭔:지 알:지, 아무 책인 何
, 신문이 그렇지 않으니까 와서 {뭘} 저거허냐면, 데려갈 쑤는 없구, 거를 저, 부산을 何
니 뭐 고까진 애들, 조그만 것, {뭘} 제가지고 갈 쑤가 있어, 들구 갈 쑤가 있어. 그 何
벌: 께 있어요? 아버지가 이제 {뭘} 조금씩 이제 나가서 벌:어오능 것, 그거 가지고 何
크:게 장사허다가 그래 가주구 {뭘} 좀 했는데 실패해 가주구 마음이 좀 저거해서 여 何
못했어, 보지두 못허구. 그저 {뭘} 주는 게 의심스러서 안 받았어, 싫다구. 우리 何
일이 많기는 뭐 그 색:시는 {뭘} 해. 신부는 앉었지 뭐. 대접받는 거지... 何
육학년 인제 오학년 요때서버텀 {뭘} 헌고허니 요 선생, 요사람네들이 일 크라스에다 何
는 뭐 왜:국어, 왜국어 배워서 {뭘해?} 그런 때가 있었어요. 일본어과 들어온 학생들 何
이 있어요, 깡통, 그, 저기, 그 {뭡:니까,} 그게 거기다 철사 이렇게 비끄러 매 가주 何
지 제:기가 따루 있구, 지끔은 {뭡:니까,} 어떤 가족이든지, 그 옛날 제:쌍에는, 제 何
, 이렇게 개천을 헐 것 겉으믄, {뭡:니까,} 위험썽이 있으니깐, 지끔 겉으믄, 이, 저 何
쌀이 세: 가마에 뭐 옷:에 {뭣:에} 쳐 가주구 나오구, 그래서 마:차가 가면 그제 何
:은 곤쟁이라구 그러지 않어요. {뭣} 겉으냐 허믄... 요거부다두 적:은 생선예요. 그 何
을 갖다가 우이천 물을 갖다가 {뭣이라구} 허니 한:내라구 허기두 허구 한:천이라구 何
텀 고생하는 것을 지긋지긋헌데 {뭣하러} 기를 쓰고 피해 댕기면 살:려고 그러냐구. 何
속에서 살고, 내가 죽기 전에 {뭥가} 어느 구석이든지 내가 왔든 자리 요만:큼이라 何
자반, 똑똑장, 또 인제 저:기 {므야...} 누가 알어요? 요만큼씩허게 네모 반듯허게 何

5. 아/어 류(類)

금성판 국어대사전에서 '아'는 1) 놀람, 당황, 초조 등을 나타내거나 급할 때, 2) 감동적 느낌이나 한탄할 때, 3) 남에게 말하려할 때 주의를 환기하려고 쓰인다 하였고, '어'는 위의 1)과 2)로 풀이를 하였으니, 둘이 비슷해서 함께 다뤄도 무방할 것이다. 아래 예에서 점검된 바로는 이들은 거의 모두 허사로 보아도 좋은 존재들이다.

물론 감탄사로서의 실사적 의미가 있다고 강변할 수도 있지만 '생략 가능성'의 관점에서 보면 허사의 역할에 다름이 없다.

, 미:국 사람들이. 과자 배급.
들은 그냥 무조건 따라만 갔지.

어,

달 걸려야 댄다 그런 얘기야.
하루빰 자구선 인제 있었는데,

에 가서 얘길 하니까 홰:사에서

서... 응? 아, 이화동에 살 때?
:고 빨:고 뱉:고... 나오니까.
. 요리집허는 사람이란 말이야.
집에 사전이 두: 개 있었어요.
선전이지, 요리찝을 냈으니까.

러니까 이렇게 차:트에 썼이문

{아, } 간빵 배급이 났:어. 간빵. 간빵. 간빵 배급이라
{아, } 감히 어디가 내가 색:시얼굴을 가서 봐. 색:시
{아, } 겨욹에, 그 방한용이지. 남자두 옛날에 남바우
{아, } 골루, 지나 댕기는 길묵이니깐. 행상은. 에, 에
{아, } 공무원이 많지. 지끔긑이 공무원이 많:진 않지.
{아, } 그 동:네서 보믄 하거던 덜.   아이, 나와서...
{아, } 그 때 아무 돌아가시지... 즈이 집에는 여직 육
{아, } 그 분이 글쎄요, (웃음) 절에 계셨었거든요? 근
{아, } 그 은행닐을 한 달 벼:놓구 있을 쑤가 있어이지
{아, } 그 이튿날 아침이 되니깐, 저, 인민, 때:늠들이
{아, } 그거 잃기두 허구 먹기두 허구 그러는 거... (
{아, } 그거 좋은 일이다, 그러지 않아도 매를 맞고 이
{아, } 그거는, 그, 그 부락에서 우리가 또 나믄 오늘
{아, } 그건 육이오 나구선 저거지, 이건 해:방대구.
{아, } 그때는 많았지, 그런데 지끔은 자꾸 세월이 흘
{아, } 그래, 그래. 아니 지금 학교에 대한 얘기니까,
{아, } 그래가지곤 가서 지혈제 주사 좀 놓구 뭐 이렇
{아, } 그래서 고:마워서 이 사람을 찾으니깐 없:어졌
{아, } 그래서 이서 시엄 때믄 이사람 가져가고 저사람
{아, } 그러냐구? 고맙다구... 그래 차:장을 불러 가주
{이, } 그러라구. 당신네들은 남에 나라에 와서 봉:사
{아, } 그럭합니까? 내가 일률쩍으로 허니까. 어떤때는
{아, } 그런 건 안 했어. 그러구 인제, 명절 때 대믄,
{아, } 그런 건 없:었어, 가재 같은 건 없:었어.. 엉,
{아, } 그런데 근데 거 시어머니란 분은 우리나라 며누
{아, } 그럼 어:른들 많:이 허지. 내가 그때 나이가...
{아, } 그럼. 이제 그러니깐 초하루 보름을 지:내요.

{아,} 그럼. 한 집안겉이 지:낸 거야. 소위, 쉽:게 말

{아,} 그렇죠 네네네, 돈 받구, 저거하게 헌다구...

{아,} 김장 당그지. 첫째 김치. 김치똑, 지끔은 아::

{아,} 나무쪼각에다가 막 저 이 철사 대:는 거지, 머.

나:시기는.. {아,} 난:기는 지끔은 그 번짓수가 없어졌는데 중림동

{아,} 남산두 가구 머, 내가 지끔 제:일 기억나는 게

{아,} 낮에는 번잡허구 그릏지만 말이야, 밤에는 번잡

은 말야, 하나 볼 쑤가 없:어. {아,} 내가 그 지금 종합청사 그 근처에서 일쌩을 사

{아,} 내가 낳:기 그런 건 전::부 거기서 살었지. 그

구 그래서 만반에 준비를 허구 {아,} 닐이면 인제 어디루 가겠구나, 인제, 그러구 있

{아,} 들 했지. 응, 그릏지. 응, 엉:망이었었지.

오지. 건데 요전에 테레비에... {아,} 라디오에 나오대? 라디오에 나오는데 거 라니오

{아,} 많::았죠. 많::았어. 내가 왜정 때 거길 스물한

네들에 생활 수준을 따라간다믄 {아,} 몇 배를 건너야돼요. 왜? 재산이 읎:이니까. 그

여 : {아,} 못 먹는 사람이 으외루 많더라구요. 많어, 내

다른 묘:가 있는거에요. 그래서 {아,} 묘:를, 여기가 명당인데 여기다 묘:를 쓸라구

야, 이제. 아침에 학교갈려는데 {아,} 뻬:쓰 타는 것도 아니고 걸어가는데 시간이 많

도극장 앞에 거, 중국집 옆에, {아,} 송:장이 거, 피 흘리구서 씨러진 그 보구선 아

는 분인데, 그 분들 후손이라, {아,} 아 그분들 후손이 아니지, 왜 그러냐면 이건 태

{아,} 애:기 붙일라구 그러죠. 그러니까 그게 싫은 걸

고 잘 몰르고 이제 그랬었는데 {아,} 어젯밤에 여기 모란 꽃 세 송이가 있었었는데

이, 여기서, {아,} 여기는 인제, 서울말은 생선 부치잖아요? 저:냐

과에서 일곱분인가, 여덜 뿐... {아,} 여덜 뿐이다. 여자분 한 분 끼어 가지구서. 그

피란 안 가우? 갑시다."그래, " {아,} 우리 일가가 없어서 못: 찾아가요. " 그랬어.

우린 떨어지진 않앴지. {아,} 우리는 어트게, 우리 정미소가 불이 안 났으니

{아,} 읎:어요. 불르길 그렇게 불렀어요. 고 부근이지

{아,} 이 근:교 산에서. 근:교 산에서... (웃음) 그릏

래 그걸 가지구설랑은 말이야, {아,} 이 약을 발렀지. 바르면 한 시간만 지내면 말야

윤복이, 아니, 서윤복 말구, 그 {아,} 이, 그 이름을... 체철이니 머 해서... 그 보스

분이 매를 맞고 날 찾아왔어요. {아,} 이래가지고 이, 뭐... 상이군인 때문에 못 당하

{아,} 이은:애[yɨ:nɛ]를 내놓고 했다가 큰일나게요?

종로 이:가니깐. 걸어서... 응? {아,} 이화동에 살 때? 아, 그래, 그래. 아니 지금 학
　　　　　　　　　　　{아,} 인민군들이 있었지. 그래두 어뜨케 해. 나 그래
. (웃음) 다 잊어버려 가지고... {아,} 있지. 이제 기록을 보면 있지. 팽이? 깎진 못
　　　　　　　　　{아,} 저 남대문 시장, 동대문 시장. 그때두, 그르구
　　　　　　{아,} 저 왜:대 일문꽈는 어 왜 왜:국어 대학이 오십
보니까 생각이 언뜻 나는 거야. {아,} 저 친구한테 저걸 좀 얘기해 바야겠다... 혹시
:국 사람이 있으니까 차가 많어 {아,} 저, 야, 좋다. 그랬거든. 게서 그때 당시에 배:
　　　　　{아,} 젓갈 쓰지. 그전에 옛날에는 새우젓루 많이
오는 애를 즈희 편 하고 싶지. {아,} 조끔 가져오는 애를 붙여 본댔자 별 수 없지,
:다구, 집이서. (웃음) 학교를, {아,} 조부께서 핵교를 못 가게 허시니까, 일번늠에
래 가지구는 그거 꾸기믄 또... {아,} 지끔 즌:기 대리미지, 옛날엔 숯불 대리민데 은
람 떠나구, 그때 다:: 죽었지. {아,} 친척두 우리가 많:었는데 친척두 다:: 떠났어.
　　　　　{아,} 태능. 거기 태능이지 거기는. 이 근방에 가만히
접할 기해가 있었나?" 없었지? {아,} 피:난이 또 있었구나. 나는 육이오를 안 겪었어
은 아직 지끔 개:만 결혼했지. {아,} 하나 더... 즙:때 그 둘째 아들. 개가 저기, 딸
　　　　　{아,} 하루에 한 번두 갈 쑤 있구. 그래 가주구.. 구
　　　　{아,} 함석지붕을루 된 그런 국민학교가 있었어요. 그
　　　　{아,} 해:방 당일날. 내가 해:방 돼던 해는, 이미 거
　　　　{아,} 혼인 얘기는 안했지. 나도 장:가는 일찍 갔지.
때 일본늠들이 그 책을 갖다가, {아...} 가지고 지끔 일본에 어디 숨겨났다던지 그렇
그 이제 그, 서울에, 그러니까 {아...} 그 때부터 서울에 정착하게 됀거지요. 그런데
조사를 했어요. 근데 그 문헌이 {아...} 그, 초창기에 이제 그 칠서를 언해한 그 서류
찾질 못했어요. 응, 그러니까 {아...} 그러고 이제 그 어트게 그러믄 서울에 정착하
여직 육이오 사변이 나두 어... {아...} 수복헐 때 큰댁에 우리 당고모님이 그 때 이
없었고, 응? 육이오 직후니까. {아...} 어... 육이오 직후에다 고 때가 휴전하고 얼
　　　　　　　그게 {아...} 이:조 말엽. 그른까 내가 안짬재기라는 게 벅
지를 높이다 보며는 퇴계 학파, {아...} 저기 조끔 이렇게, 영남쪽에서는 지끔두 어..

우리 웨가찝이 광화문이기 땜에 {어} 경기고녀 바로 앞에 있었어요. 응. 그러니까는
걸:어다녔져. 서대문에서 이제 {어} 광화문에서 광화문에서 이제 그 다리 끼고 요렇
참. 그러니까는 종로구청에서요 {어} 그 농협있져? 그 농협 사이낄로 쭉: 들어가므눈,

먼 알:지만 사진을 걸어 놓고, {어} 그래서 지가 제:사 지낼 때문요 메느리 보구 음:
어... 뻬이십구 폭격을 한다고 {어} 그러니까는 서울에 있는 사람 전부 다 시굴로...
, 아 그건 이렇게라 저렇게:라 {어} 그르시는 것 같애요. 그른데 요 한 댓: 달 전에
서 시:장을 사다 노믄 받겠느냐 {어} 나는 안 먹는다. 우리 메느리한테 늘: 얘기허죠.
종하고 같이 에... 한동네에서 {어} 동반급제, 고려조에 이제 그 과거에 합격을 하고
물어보는데 어떡허냐 말이야. {어} 사둔되는 사람이 물어 보는데 그걸 대답 못 허믄
에 아버님이 하시는 거는 인제 {어} 소위 인제 요새식으루 허믄 선전농...선전농...
　　　　네 즈히 할아버지요? {어} 쉽게 말해서 돈: 가지고 이렇게 하신 분인데, 성
부님은 그 때 이제 결혼허셔서 {어} 약사, 그러구 이제 그 때 응 그냥 그때는 아마
대기... 옛날에 일정시대는 난 {어} 어느 때 많이 갔느냐므는 하신상해 우에, 거기
나오고, 오:학년 어...일학... {어} 오: 학년 때 육이오가 나가지고서 그 다음에 육
　　　아, 저 왜:대 일문꽈는 {어} 왜 왜:국어 대학이 오십사:년에 생겼어요, 천구
, 거기서 시동생들이 당신버더, {어} 우리 어빠 낳:구 우리 고모 낳:구, 또 우리 둘:
. 계:장... 저, 저... 직책으로 {어} 운송탄 계:장 직책으로 있었지요. 그러다 이제
거 아부지 어무니 사전에 가서 {어} 이 내가 엔:날부터 내러오는 지도룰 갖다가 분:
백이십팔년년생이에요. 그래서 {어} 이 여러분처럼 이 우리 한:글에 대한 교육이 이
:면서 그 때 우리 오빠 친구가, {어} 이름은 내가 잊어버리지두 않았어. 순앵이라구,
지 몰:르냐 그르니까 돌어와서 {어} 이릏게 자유롭게 좀 재밌게 살:지 왜 한:옥을 고
　　　　{어} 인제 즈이 아버지 형제분이 심남매세여. 그러구
나는 안국동 {어} 저 안국동. 안국동. 사:십구 번지. 아주 그 주소
그럼. {어} 혼자 왔수? 혼자 왔어요? 네. 거기 기:슈.　그래

6. 음 류(類)

무엇을 수긍할 때 입 다문 채 입속으로 내는 감탄사다. '긍정'이라는 면에서는 다음
항목의 '응'과 약간 통하는 바가 있으며 둘다 허사적인 '생략가능성'이 높다.

　　　　　　　{음,} 그 사람들이 많이 살았었구, 그 저기 지끔 거기
:현동에서 가면서 우리는 이제 {음,} 내가 들어가기는 아현 국민학교를 들어갔는데,

{음,} 옛날에·전차 삭, 저기 오: 전두 했었구 육: 전

에 이제, 옛날에 왜, 그, 저... {음...} 강원탄강, 지끔의 강원산업. 거기에 한 구 년

지끔 있잖아요, 그게. {음...} 거기 현:대에서 뭐 지은 것 겉드라, 참. 그러

{음...} 그 때 열따섯살꺼정. 응

옛날 우리 조상께서 이제 그... {음...} 그 뭐야... 연산군 때문에 세: 번이나 귀양을

거 왕조실록에도 나와 있는데, {음...} 그, 수강하는 학생이 역사상 췌:고로 많았을

{음...} 그것도 이응:구[yi:ŋgu]구 대상이 될만한 거

에서 십사:년동안 했에요. 글쎄 {음...} 그래서 그렇게 이제 그 여기저기 왔다갔다 했

과 관계가 있을 거에요. 그래서 {음...} 그래서 이제 월남어꽈가 생겼죠. 월:남어 월:

{음...} 그렇지 뭐. 이제 이... 그렇죠. 음... 글쎄.

{음...} 글쎄. 어미가, 어미가 그거는 뭐 글쎄... 이

{음...} 나이로 보면 벌써 군대에서 제대하구 갔으니

서 지금 개인집 겉이, 화장실두 {음...} 삼층에서 이렇게 내려가며는 고 내려가는 계:

문에 말하자면 국보적인 가치는 {음...} 안 /덴다. 그래서 저두 이제 그, 그거를 이제

{음...} 이:남 삼녀. 근데 이제 가:들도 조금 그런 것

그거는 {음...} 집에 아버님이 하시는 거는 인제 어 소위 인

내지 사:천원 내며는 나머지는 {음...} 한 만:원돈은 줘:야, 보통 일반으로 허게 돼

그래 그 사람...덜언, {음...} 허가를 그.. 내주는 것두 능력이 없으면 안

{음...} 힘들었죠. 그때야 이제 지금처럼 유학생이라

{음.} 그러니까 보:령약국이 종로 오:가허구 사:가허

{음.} 우리가 내가 그래 들어갈 쩍에 보통학교때 들어

7. 응 류(類)

'응'은 1) 동급이나 하대할 대상에게 긍정의 대답을 할 때, 또는 동의의 대답을
ㅓ할 때, 2) 마음에 안 들어 불평하며 다그치는 소리로 쓰인다. '음'과 약간 통하는
바가 있으며 둘다 허사적인 용법으로 쓰여 생략할 수 있는 가능성이 높다. {응} 그랬
지, 그러지, 그랬었지… 처럼 긍정의 답을 하는 실사로 보이는 경우들이 있지만, 동시
에 허사적 감탄사도로 해석되는 것들이다.

{응,} 가구 그르니까, 약했지. 그르구 두둑늠두 많:었

{응,} 가오리연. 방패연이라구 그르지. 그래 요릏게

{응,} 강하게 했어. 서울 사람들은 그때 당시에 그런

지고서 지끔의 대흥동, 창천동. {응,} 거기 창천 국민학교, 거기서 이제 삼학년 삼학

{응,} 게 인제 일번집에 가면 그, 일번 과자 겉은 건

{응,} 경계하구 그러는 거야. 그전은, 시굴 모냥, 왔

{응,} 그거, 그릏게 나간거고. 나가구, 주로 인제 연:

{응,} 그거지. 그거. 에, 만:담이 다 그랬어. 그때

{응,} 그건 머, 그때두 청게천두, 더:러왔었지. 게,

날 저무는 하늘에 별이 삼형제, {응,} 그것두 그때 유행했었구, 그르구 우리 아부지

기, 막대기 뚜들기면선 애경꾼, {응,} 그게 있었지. 그르니까 구:월딸인가 그릏게 될

{응,} 그냥 쌈:패라 그랬지, 쌈:패. 근네 으:른들한테

{응,} 그때두 거 큰 욕이었었어. 그르구, 인제 친구끼

{응,} 그땐 들었지. 먹었지, 눈깔사탕이래는 게 있었

{응,} 그땐 못 맨들었지. 눈깔사탕이 왜정 시대 나왔

{응,} 그땐 안 했지. 놀:긴 놀았지, 여자덜허구두 놀:

{응,} 그땐 작업이 없:었지. 설:을 맞이했지.

{응,} 그래 가지구, 와 가주구, 잠은 편히 자니깐 좋:

{응,} 그래 가지구, 왜정 시대엔 토행금지가 읎:었어

{응,} 그래. 그거, 그거 많:이 썼지. 전:기 때문에,

{응,} 그래. 그걸 애국갈 불렀어. 첨:에. 그래 가지구

{응,} 그래서... 원체 부자찝이니깐. 그걸 먹구 그냥

{응,} 그랬지. 그러지. 그랬었지. 그게 있었지. 건 모

런 기록은 내가 찾질 못했어요. {응,} 그러니까 아... 그러고 이제 그 어트게 그러믄

{응,} 그러니까, 대두 한말이믄 십뉵키로지. 그간, 팔

{응,} 그른 게 있었어, 나두. 그래 가지구 서울 짱안

{응,} 그릏지, 그릏지. 그런 게 있었어. (웃음) 그래

{응,} 그릏지. 그래 가지구 그때 내, 저거허니까 우리

{응,} 그릏지. 그릏지. 동네 아저씨들 이런 분들이.

{응,} 그릏지. 응, 엉:망이었었지. 있긴 있었는데..

아니고, 잔소리꾼이에요, 난. {응,} 그리고 장사꾼이 불친절하며는 그럴라 그러면 "

　　　　　　　　　　　　　　　　　　{응,} 그치, 그르구 내 견:해루서는, 호열짜라구 있어
니면 뭐… 그랬던 생각이 나.　{응,} 글세 그건 주로 남자가 했:는데 여자도 했던 거
　　　　　　　　　　　　　　　　　　{응,} 기억허지. 응. 그때 무슨 청년단, 무슨 청년단
　　　　　　　　　　　　　　　　　　{응,} 깔끔허진 않었어. 깔끔허진 않었어.　아니지,
　　　　　　　　　　　　　　　　　　{응,} 나무꽝 있었지. 에,　그른가 인제, 파는 거지,
　　　　　　　　　　　　　　　　　　{응,} 난 창씨 개명 안 했어. 아니야, 그땐 나 핵교
　　　　　　　　　　　　　　　　　　{응,} 남바우. 그거 뜨듯해. 이렇게 돼 가주구, 여기
제 종이 줍는 사람, 깔꾸리패,　{응,} 넝마주이, 그것두 있었구. 그때는 거, 넝마주이
　　　　　　　　　　　　　　　　　　{응,} 다 나지. 거, 엔:날에 거, 화장품 빈: 그릇 있
　　　　　　　　　　　　　　　　　　{응,} 두 번 맞는, 아니, 또, 일부러 거, 꽁:짜니까
　　　　　　　　　　　　　　　　　　{응,} 두루마기 저게 그 저게 예:복이지 저거 인제 저
　　　　　　　　　　　　　　　　　　{응,} 들리구, 자막 나와서 들리구 그런 거지. 에….
　　　　　　　　　　　　　　　　　　{응,} 또, 그렇지 않으믄, 그냥 고기 늫구 허구. 맛있
　　　　　　　　　　　　　　　　　　{응,} 많:었지. 거, 허:연 디티티 까루에다가, 줄서서
　　　　많:이 왔었구…　{응,} 많:이 왔었구. 그래서 그때는 읍:는 사람이 헌:
　　　　　　　　　　　　　　　　　　{응,} 맞았지. 안 맞을 리가 없:지. 그릏지, 말: 안
아이, 재밌었지. 재밌었지.　{응,} 멋있었어. 그리구, 그때 당시에 그 타:산 영화
　　　　　　　　　　　　　　　　　　{응,} 반주 꺼리를 놓구 어머님이 바느질을 허시면섬
　　　　　　　　　　　　　　　　　　{응,} 방패연이라는 건 그건 말야, 지끔 애기허는 건
　　　　　　　　　　　　　　　　　　{응,} 백묵보단 딴:딴하지. 딴딴한 게 있어, 석필이라
　　　　　　　　　　　　　　　　　　{응,} 버려 내구 허면, 괜찮지. 그냥 허문, 그 아려서
　　　　　　　　　　　　　　　　　　{응,} 변사가 나와서 인제.. 응, 들리구, 자막 나와서
　　　　　　　　　　　　　　　　　　{응,} 소프트볼. 소프트볼 가지구 뺏:으루 치지 않구
　　　　　　　　　　　　　　　　　　{응,} 손바닥으루 허구… (웃음)　아, 그 동:네서 보
　　　　　　　　　　　　　　　　　　{응,} 수도, 요 바깥에 공:동수도가 있었어. 공:동수
술래지, 우리 서울말, 술래,　{응,} 술래집기라구랬지. 많:었지.
　　　　　　　　　　　　　　　　　　{응,} 쌓:는 거. 그거 꼼:질이라구 그러는거야. 꼼:질
　　　　　　　　　　　　　　　　　　{응,} 아기자기해. 깨:끗헌 집은 깨:끗헌데, 대개 일
　　　　　　　　　　　　　　　　　　{응,} 안 했지. 라샤좀이라구 그랬지. 양복, 양복, 그
　　　　응, 그릏지.　{응,} 엉:망이었었지. 있긴 있었는데..
　　　　　　　　　　　　　　　　　　{응,} 연탄. 풍로에, 풍로에다 피:지 뭐.

{응, } 운전허는 거와 마찬가지. 연을 일:루 욍기구 절
{응, } 은인인데, 그 사람을 찾을 또리가 없:어. 그릏
유:명한 사람들이 있지 그릏게.　{응, } 응. 많:이 있지. 깍두기라구 허는 사람이 있었
{응, } 응... 그게 서울시장이 맨들어 준거야. 이게
{응, } 일산. 그렇게 저기, 그러니까...거기가 큰 동넌
{응, } 일쩐. 아니지 뭐, 지는 사람들두 있잖아. 물장
첫 손주, 그러니까 그게 장:손.　{응, } 장:손. 장:손이 늦게 결혼을 했어요. 서른 둘에
{응, } 저걸 눌:르면 이게 다:: 하늘루 올라가. 전장하
깜 있어면 저, 조개 꼽질 있지?　{응, } 조개 껍질. 그거 가지구 소꿉놀이 허구.　응,
{응, } 즈이 이제 심육대조... 류... 어... 숭짜, 조짜
{응, } 집집마다 다니지. 그러구 식당 곁은데 있구, 그
{응, } 찌:프차, 추럭, 제무시, 씨:프차, 쓰리쿼타, 머
? 숨바꼭질. 술래 맨들어 놓고　{응, } 찾어서 인제 저거해 가지구.. 술래지, 우리 서
{응, } 춘추관, 기자회견 허구 허는 춘추관, 그 옆이
{응, } 충신동에서 이제 창:신동. 그 다음에... 이화동
{응, } 타산. 무슨 타산, 무슨 타산, 옛날에두.. 지끔
{응, } 팔일오 광복절, 또, 삼일 운동, 그 이: 박사 생
{응, } 퐁당퐁당 돌을 던지자, 그것두 그때 있었구.
{응, } 한쪽이 베:니까 인제 그런가부다구선 낫겠지 하
{응, } 해보셔 그거. 요새 그거를 그릏게 쓸:어 가주구
{응, } 훈:장. 족보는 인제 피:란을 갈 때 두구 버리구
응,　{응... } 그게 서울시장이 맨들어 준거야. 이게 이원
줄래? 이러다 볼일 다 본다고.　{응. } 갔져.
{응. } 노나 먹는단 말이야. 빌:러, 노나 먹어. 지끔
{응. } 봤:을꺼야, 석필이를 거 가지구 장난했구, 그
{응. } (웃음) 제대루, 좀 엉터리라 그런 얘기야. 그리
구 저쩌구 허는 노래가 있다구.　{응. } 가:령 백만원을 타면. 그러니까는 백만원을 탔
{응. } 같은 입장에서나 하는 거지.　그런거는 난 몰르
{응. } 거기가 엔:날에 창신동이었는데, 창신동. 고기
{응. } 그 양반도... 조용해요.
{응. } 그 어... 잊어버렸어, 하도 오래 돼서... 뭘 들

{응.} 그, 이:용두 해 먹었어. (웃음) 에. 그래 가지

. 그 저, 지푸래기로 맨든 방. {응.} 그거. 그래 가지구, 여름에는 저거허구, 거기두

{응.} 그때 그거 방울떡이라구랬지, 방울떡. 그르구

{응.} 그때 당시에는 우리 한국 사람이 초콜레가 뭔:

응, 기억허지. {응.} 그때 무슨 청년단, 무슨 청년단이 많:이 생기드

래 맨들어서...또 허구 그랬지. {응.} 그래 가주구선 그때 당시에 인제 그래 가주구선

{응.} 그래 가지구 인제, 그게, 핵교 주벤에 그런 장

{응.} 그래서 등수를 매기는 거 가지구 참 친일파 중

가니 학교를. 고: 짧은 거리를 {응.} 그러니 가다보믄 머 벨일이 많져 머. 옛날에는,

{응.} 그러니까는 천분에 일이 되나? 만분에 일이 되

경기고녀 바로 앞에 있었어요. {응.} 그러니까는 학교 갈 때 어트게 가냐하믄 쭉: 가

{응.} 그런 걸 맨들어서, 철싸루, 지끔두 시골 똥네

{응.} 그릉까 방을 다 쓰질 않지. 안빵만 쓰구 인제

{응.} 그전엔 못 먹었어, 그것두. 그, 어려운 사람들

{응.} 내가 그르니깐 지끔부텀두 육십년전, 육십오:년

지를 다: 자기가 모았다는 거야 {응.} 너무 편:지가 재밌어가지고 자기가 제일 먼저는

{응.} 떡방맹이라구 그르지, 떡방맹이... 그거를 쳤단

한 사람들이 있지 그렇게. 응, {응.} 많:이 있지. 깍두기라구 허는 사람이 있었어.

{응.} 먹는 방식을 몰라 가지구, 전부 다 안 먹구, 비

{응.} 손을루 해서 야:구허는 거고... 응, 손바닥으루

{응.} 시:루떡이지.

하기 어려와. 그만둬. 응. 응. {응.} 아니 꼭 데려온다 그른 게 아니라 네가 그릏게

{응.} 아니, 가루가 아니구, 나무루 팔었지, 껍질을.

(따르르릉) 여보세여. {응.} 언:제 들어오실른지 모르겠다. 어, 언:니 나갔

{응.} 응 응. 그래 가지구 인제, 그게, 핵교 주벤에

테 말하기 어려와. 그만둬. 응. {응.} 응. 아니 꼭 데려온다 그른 게 아니라 네가 그

너헌테 말하기 어려와. 그만둬. {응.} 응. 응. 아니 꼭 데려온다 그른 게 아니라 네가

{응.} 이것두 대려 입을래면 저 사람이 붙들어 줘:야

일쩐. {응.} 일쩐을 갖다가 백개가 백전이 일원이거등. 그니

{응.} 저:기 흥남 왜정 때 가믄 거기가 여기 인제 울

한성 은행짜리야. 예:전에... {응.} 지금 요근처서 남은 건:물은 그것밖에 없:을 거

뭐 그런데가 다 즈: 뭐 저 수색
토박이 말로써 인정이 됄른지는
법석을 치는거야, 그 때. 아니,

이란 극장이 지끔은 없어졌죠?
용을 해서야 돼겠느냐 말이야.
루 이렇게 막 놓거던, 벽돌을.
마찬가지니까. 서울이라는 게..
반:복을 해서 살았든 거예요.
아니고 그러니까. 무슨 소리냐?
않았느냐? 붓:지도 않았느냐?
째:서 이렇게 고름을 낸다든지,
갖구 고기다 또 벽돌 놓는다구.
구 순:: 양반집이니까 그냥...
도우셔서 그러나... 이 오트게
리로 돌아오신 모양이로구나...
. 손님 오서서 손님허구. 글쎄.
니은 히읗을 넌:다든가 말이지.
가 서울말을 잘 쓰고 있는지...
수평에다가 마루 탠마루 놓구

없이니깐 내가 데리구가 잠깐,
걸 전::부 집에서 맨들어 쓰지.
제 문 밖에지. 서대문, 동대문,
걸 멀 몰르구 있으면 막 쓰구

{응.} 집에 일:에 딴 일두 있구 집에 농사두 쪼끔 짓
{응.} 총독, 조선 총:독부 경:무국, 경:무국에 속해
{응.} 타산 영화래믄, 그, 그, 극장 아주 돈 벌어. (
{응.} 하나를 갖다 해:서는 이렇게 허머는 몇 쪽이 나
{응.} 한 칸... 여 : 한 칸 기억이 나는데...
{응.} 해태 미르꾸. 그러구 인제, 그거해 가지구 저거
{응?,} 불광동, 연신내 그 쪽에 많이 있었어요. 근데
{응?} 음... 나이로 보면 벌써 군대에서 제대하구 갔
{응?} "이건 옳은 일 아닙니다." 그래서 직원들한테
{응?} 가래떡? 가래떡은 그거 설:에 허는 거야. 설:에
{응?} 관철동에 있었... 우미관이란 극장이 있었는데
{응?} 그거를 그 일본 사람들두 많:이 고쳤지만 난:훈
{응?} 그래놓구 또 우이다 삼무리 쑥: 늫구 그냥 또
{응?} 그래도 뭐 하여튼 서울이니까 그런 것 다 사서,
{응?} 그래서 오늘날꺼정 우리 한국 사람이 문제가 많
{응?} 그러고 너 함부로 까:불다가는 쥐도 새도 모르
{응?} 그러면 맘:에 두는데 이제는 뭐 금방 가며는 그
{응?} 그렇지 않으면 빼버린다든지. 필요가 없어는거
{응?} 그른데 지끔 사람이 그러나? 지금 그거 안 허거
{응?} 근데 이게 인제 잘못댄 거지. 그래 가지구서는
{응?} 글쎄... 나같은 사람은 다 불르나 해:가지고서
{응?} 나는 어떤 명분으로든지 다중의 힘으로 뭐 여쌰
{응?} 누가 누구라구 너헌테 말하기 어려와. 그만둬.
{응?} 또 '않다'에는 그냥 니은만 넌:다든지 말이야.
{응?} 마누라는 또, 그... 함경도 사람이거든뇨? 그런
{응?} 마당하구 약간해서 물 떨어져 낙순물 떨어져 돌
{응?} 받아서, 모?
{응?} 보여주... 저 애들을 키워주겠다 하구서. 너래
{응?} 사다 쓰는 법이 없어. 빈사과라는 게 머:냐며는
{응?} 성북동, 돈암동 그 안:이지. 여기가. 그런 연:
{응?} 술 먹구 참... 남자 같으믄 어디 가서 오입두

그 종로 이:가니깐. 걸어서...

살았던 게 저에 아버지 죽구..

공장이라는 것고 별로 없었고,
짓이야. 이거는 야:바우꾼이지,
런 게 아니거든. 젊었을 쩨...
와, 가나 중에서도 가따가나와
가 도대체 어디 본부에요 이게.
아::예 이 집에 정들었으니까.
난 거기까진 뭐 상관도 안하고,
고 함부로 까불고 돌아댕기냐?
을 먹으며는 혈관이 확장돼요.
있는 그 환경을 만들라 이거지.

서 어 약사, 그러구 이제 그 때
춘들도 굉장히 원만들 허세요.
리 딸이 걔가 지금 마흔 두:살,
다가 그 옛:날에 계약했던 벼,

응.

{응?} 아, 이화동에 살 때? 아, 그래, 그래. 아니 지
{응?} 아이, 그러니깐 이제 식구 적은 사람은 매일 먹
{응?} 안 했어요. 그래 아들레 집이 핀:지두 못 해여.
{응?} 알어는 보지. 그래두 내:가 줄줄 내려보는 거
{응?} 왜정 말련에 대학교 들어갔으니까 머.. 나올 때
{응?} 육이오 때... 육이오 때 우리집이서, 우리 방에
{응?} 육이오 직후니까. 아... 어... 육이오 직후에다
{응?} 이거는 근로자를 위하는 그런 것이 아니드라고,
{응?} 이걸 인생관이래는 걸 멀 몰르구 있으면 막 쓰
{응?} 이런 거를 갖다가 이렇게 혼:용을 하니까 이 시
{응?} 이런 정도로 얘기할 정도였었는데, 이제 여기
{응?} 일곱, 여덜 쌀 때 와 가지구 이 집에 정들었이
{응?} 자기가 소:장이면 소:장이지... 뭐 이런 정도
{응?} 한 번은 봐줄테니까 너 더 말도 하지말고 그냥
{응?} 확장돼며는 또 감:염된 부위에 이제 출혈이 심
{응?} 환경을 만들라. 그러면 언젠가는 한:글전용이
{응} 거기다가 쉬:지 않는 거, 상헐 꺼 그런 거는 이
{응} 그냥 그때는 아마 제약홰사만 하고 기셨을 꺼에
{응} 그타고 특별히 잘뒌 사람은 하나도 읎:어요. (웃
{응} 마흔 둘:이군. 그러니까 우리 아버지는 백 두:살
{응} 벼 한 말 그렇게 주더라고요. 그러니까는 얼마:
{응} 봤:어.. 그럼 많이 됐지.
{응} 응. 그래 가지구 인제, 그게, 핵교 주벤에 그런
{응} 학교가 창:성동이라구... 효:자동 올라가는데.

8. 이제/인제 류(類)

구어형인 '인제'나 문어형인 '이제'가 다 허사다.

그래서 지끔 글루 갔어요. 거기 {인제,} 걔:네가 그게 연립... 한이, 순:지표? 순:지
　허는 생각으루다가 올러오셔스 {인제...}

　래서 인제 어떤.. 거기서 자구 {인제...} 갈 쩍, 그 집꺼정 가기 전에, 인제 을:말
교 갈 때만은 그것두 억지루... {인제...} 그 땐 국민학교 일 학년생두 저기.. 황경도
하고. 또 그런 것두 하고 또 머 {인제...} 그 일정시대에 이제 하는 말이지만 오:재미
요. 그래서 내가 그 오라버니가 {인제...} 그러니까 고종사촌 오라버니지... 그이가
.. 그거를 쳤단 말이야, 그러면 {인제...} 그렇지, 떡메라구 그러지. 떡메라구두 그러
면:목이 업다는 얘기야. 그런데 {인제...} 그렇지만 가거에 비참한 역사에 벽을 넘어
, 인제 이승만 박사는 처음으로 {인제...} 대통령을 해 가주구, 뭐가 뭔지, 팔씹 다
뒤썰거지가... 일:이라믄 아주 {인제...} 아니 그두 젊었을 때는 그걸 체력이 안 딸
로 근무하다가 공군본부, 지끔 {인제...} 어... 거기가 신길똥이에요? 신길똥에서 지
　　　　　아니 {인제...} 여름에는 피란들 안갔어.　별안간에 날 닥
또 머... 하이튼 많:어요. 그런 {인제...} 유화가 읍:는 사람들이 무식하구 아직 누가
　　　　그래서 {인제...} 인제 구청장님이 나 손을 붙들구 사진을 백
에다 불을 피구서는여 거기다가 {인제...} 크기가 요만해여. 요만해여. 두: 분이 잡숫
　　한글루 번역댔죠. 그러구 {인제..}

러지거든. 석이허고 미나리허고 {인제..} 미나린 그냥 쓸:어만 늫지. 미나리. 파:는
　아:무두 못 들어가구 거기는 {인제..} 비가 안 오구 가무며는 비 좀 오시라구 제사
　　　　응, 변사가 나와서 {인제..} 응, 들리구, 자막 나와서 들리구 그런 거지.
:다구 올러오셨죠. 그래 가지구 {인제..} 지끔으루 생각허믄 많:이 깨셨지 그때. 많:
인제 우리 할아부지가 부리시든 {인제..} 참 옌:날엔 종:이라구 그럴까여. 그러든 사
, 그때서부텀은 안 노는 거지, {인제.} 그겟이, 국민학교, 초등학교 한 이: 학년,

제 한시 되지, 열한시 반서부텀 {이제....} 손자들 전부 오구, 며느리 전부 와서 채리
서 내:보냈고 또 사홰에서도 뭐 {이제...} 그래 지끔 난 도리어 말이죠 내가 그 칠씹
고. 그 훈련하는데 나도 가보고 {이제...} 그래도 꿋꿋히 살아나오고, 그 또 심지어
갔다 하네 저 포탄이... 그러니 {이제...} 그전엔 육이오 땐 저 앞집이 초막 끝에 따
있긴 있었지. 있었는데 저 무슨 {이제...} 뭐야? 모임이 있을 때나, 모임이 있을 때나
때, 우리 조상이 에... 저, 저 {이제...} 백천 지끔의 백천 장단 그 쪽으로 이제 그
. 또 어른네 바:주는 아이들을 {이제...} 아니, 아니. 언년이라구두 허구. 이름을 그
니까 이제 전임을 발탁을 해서 {이제...} 이 거기 저기 있지마는 그래서 내가 칠씹육

해가지고 매:식수술을 잇몸에다 {이제...} 이게 안돼며는 보통 이게 몇 년 간다 하는
　　　　　　　　그래서 {이제...} 이제 그거 말고 '지:' 보다는 '제:'가 맞능
교전하다 죽은 거지. 총 가지구 {이제...} 이제 그런 일:두 있었구. 인제 사람이 일쨍
님 기시고, 고담에 이게 방마다 {이제...} 일학년은 일학년만 두는 게 아니거든. 섞어

9. 저거/그거/이거 류⁽類⁾

'저거'는 '저것'의 준말인데, '저것'의 지시대명사로서 정규적 기능이 약간 허사적
으로 약화되어 구태여 '저거'를 쓰지 않아도 문맥이 이해되는 경우가 많다. 아래 2
예에서는 '저거'를 빼고 읽어도 무방하다.

　　　수입 면에 봐 가지군 일반 의료 {저거보다는} 못허니까 그게 얼마 돈도 많이 벌어봤자
　　　주구, 그러니깐, 우리가 청년단 {저거였기} 땜에, 사무실에다 갖다놓구 동민들두 막

그러나 '저거'가 어떤 내용을 지시하는 실사적 기능이 강하게 보이는 다음과 같은
예도 많다.

　　　거는 멸문지화를 당하는 그런 {저거였었는데} 그 양반들이 시신을 수습해서 나중에,　彼[상황]
　　　그것도 괜찮은데 이 의료보험 {저거하고} 난 다음에는 각과에서 다 보니까. 왜꽈하　彼[실시]
　　　그랬어. 그거를.. 내가 배:우구 {저거했으믄} 한마디 내가 그냥 말해서 될 껏두 아니　彼[입학]
　　　능들을 각곳 지방에다가 많이 {저거했지.} 그것은 인제 돼지 잡는 거는 각 동네마　彼[설치]
　　　세 아주 참 신통해요. 고부간에 {저거허믄} 안 대요. 그른데 얼:마나 시애미 노릇을　彼[싸움]

위 예에서 '저거' 대신 '상황', '실시', '입학', '설치', '싸움'을 각각 대입해서 읽으면
더욱 구체적 실사로서의 위치가 확인된다. 특히 '저거+하/허-'가 연결될 때 흔히
실사적으로 느껴진다. 그렇지만 다음 경우는 실사로서 각각 '지지는데, 안전해'라고
단언하기 어렵고 { } 부분을 빼고 읽어도 되기 때문에, 그냥 둘 다 허사적으로 읽어

두었다.

는데, 이, 생선 부침개를, 그걸 {저거허는데,} 그 지방에서는 전이라구 그러지, 전을
　　　　도둑이 없어, 쭉 {저거해 가지구,} 독 안에 들어간 쥐예요. 여기 들어왔

한편 '저걸' 같이 목적어로 쓰인 형태는 거의 다 실사적이다.

한다 이거지. 그런데 치꽈에서 {저걸} 하는 거는 아직까지 분리가 안됐지. 일반 개업 **彼**[치료?]

다만 아래 1 예는 무슨 실사를 대입해야 할지 확실치 않다.

게 집안 얘기를 하면서 이렇게 {저걸} 하는데, 난 걱정이 그래요 서울 진짜 내가 서

이제 전체 자료 목록을 보이면 아래와 같다.

구요, 그걸 다: 전시를 해놓구 {저거,} 사진을 백이셨어. 날:더러 이건 뭐구 이건 뭐
빵은 이거, 뚱:그렇구 요 조금 {저거,} 저거했었는데, 거 간빵 저거해 가지구서 인제
　　　　네 세계일보는 {저거...} 다른 신문도 보지만..
:: 올라타서 가위바위보 해서, {저거,} 그걸 많이 했구. 놀이는 그른 게 있었구. 그
　인제 이 나두 그 한가지 취미에 {저거} 가지구 글을 쓰다 보믄요 선생은 더 허지만도, **彼**
사람들 말은 한 십일 때 몇 대 {저거} 그렇다구 그러는데 아마 그렇게 오래 사신 모
인제 그때 돈: 주구 봄에 인제, {저거} 대 가지구, 머, 행사두 많:이 허구, 머, 쌈:두 **彼**
. 나 배:건 그러니깐 은연중에 {저거} 대니깐 어떤 게 그런지 그런 건 말:이 허기가 **彼**
데 그치 못하고 그 보험 자체가 {저거} 돼니까는 뭐 그런 수가 있지. 사:람마다 따른 **彼**
는 전체가 다 됐:기 때문에 돈: {저거} 돼면 돈: 내:잖아, 매:달씩, 얼마씩. 직장 안 **彼**
에는 그랬는데 이지방은 대개가 {저거} 돼있기 때문에 아무데서나 받아도 그건 뭐 마 **彼**
심을 느끼구 머 허시지만 다른 {저거} 머 허며는 그릏게 우리가 바:두 그렇드라구요.
이제 거기가 철거가 되구 전부 {저거} 베: 줘야 되니깐 이리 짓:구 온거야. 여기가
어. 아주, 그런 욕 허믄, 아유, {저거} 쌍늠이다 허구선 상정을 안 했어, 그때 당시엔

긴데, 아니, 그, 이, 저, 살림 *{저거}* 아니야, 그전엔 건. 그때 사람들은 짖:궂어 가

　못:된 녀석들. 옛날 생각허면 *{저거}* 아무 것두 아닌데 저걸　가지구서 저짓허나 허　彼

르구 여기 풍속이, 저 서울에서 *{저거}* 알:지마는, 조상을 저거헐 때, 이 명절랄, 정

， 수세식으루 전부 개조해놔서 *{저거}* 예전식으루 얘:기하며는 전부 광 거기서 인제

했어. 아이고, 우리집 둘째딸이 *{저거}* 유:치원을 했어요 여기서. 유치원을 오래: 했

　　그것 타고 댕기가 이제, *{저거}* 이... 뽀:쓰가 나와가지고 뽀:쓰 타고... 댕기

게 됐거든여. 대구 그 쪽으루. *{저거}* 인제 겁이 나가지고, 그 때. 아버지가 대구 게

루마기 저게 그 저게 예:복이지 *{저거}* 인제 저거를 입어요. 어디 가믄 이, 겉옷이니

호열짜는 모냐, 물 이거 먹구선 *{저거}* 저, 예:방주사 맞어야 되는 거.. 　많:이 맞았

　거, 그... 동대문 시장에 그, *{저거}* 청게천 그쪽으루, 고:물장사들이 많:았어여.

서 그런거지. (야, 야. 야, 너 *{저거}* 하고 퇴근해. 문 닫고.) 뭘:요? 　　　　　彼

　가지고 대:개 의사들이 많:이 *{저거}* 하는 거는 체질적으로 고걸 다 했:느냐, 의사　彼

그러니까 인턴, 레덴트 이렇게 *{저거}* 하는 것도, 지원하는 사람도 다르지 않아? 시　彼

뭐구, 다, 그거를 우리가 다시 *{저거}* 해 가주구 신고를 허니깐요, 관에서 뭐 이런　彼

이거야. 게서 고종.. 님께 아마 *{저거}* 해 가지구선 이름을 고쳤대나 바요. 그래서 고　彼

아가신 다음에 에... 너무나도 *{저거}* 해가지고서, 안타까워 해서, 전:국에다가 그　彼

허고, 푸지허구, 또 머 거기에 *{저거}* 해서 머 바누질하는 침:모 있구 또 애: 봐주는　彼

뜯어라 이러구 노래가 또 유행 *{저거}* 했었구, 그때 유행이 많:았었지, 그르구, 그때　彼

런 걸 신고하고 난 다음에 이제 *{저거}* 했으니까 계:속 우리는 서울에 있었던 걸로 돼　彼

휴, 뭐냐면, 개네들 일사후퇴, *{저거}* 했잖아요, 참::, 뭐냐믄, 호환해도, 총을 디밀　彼

야? 뭐 있지? 오십삼년 칠월에 *{저거}* 했지? 뭐야, 이... 정전협정, 정전협정이 돼버　彼

두 놀:긴 놀았지. 놀:다가 인제 *{저거}* 했지만, 인제 나이가 먹으믄 인제 서로, 그때　彼

마. 일리삼, 이릏게서 찍으먹구 *{저거}* 허는 거. 　　　　　　　　　　　　　　彼

아니구, 내각 소관이예요, 거기 *{저거}* 허는데, 신분쯩을 딱 주는데, 이거 길에서 막　彼

　그랬는데 거기서두 또 공부가 *{저거}* 허드라구. 근데 내 교육방법 그른데 그 교육법　彼

인조 대왕이 광해군을 내쫓으구 *{저거}* 허지 않었어요? 그때 모:이허던 장소가 요기에　彼

할래도 원체 공부가 부족허니깐 *{저거}* 허지만 그냥 수정판을 내구 싶어서 요새 다시　彼

찌게, 조기 찌게. 짭짤허구두 *{저거}* 헌 거. 이:가 없:으시니까. 그러구 김장을 해　彼

치:꽈에 있어서는 그 좀 제일 *{저거}* 헌게 예:후가 좋지 않은게 신경쓰여. 뒤:가 좋　彼

잊어버렸어 또. 거 옌:날 말을 *{저거}* 헌다구 그러지 않어요. 그르니까 이런 말은 한　彼

으니까. 개인적으론 내가 한참 *{저거}* 헐 때 이또: 찌오 주한미군상사 지점장한테 우　彼

통이 있어, 근데, 내가 거기서 {저거} 헐 때는, 이게 내무성 소관이 아니구, 내각 소　彼
하니까. 잡숫구.. 나는 그전에 {저거} 헐 쩨 시부모 게실 쩍에 음식을 허믄 집안에서　彼
허겠어. 그래서 내가 우리 딸 {저거} 헐 쪽에 학교 대:학 졸업허는 거 대:학 댕기는　彼
있구 뭐라 그러까 구시대적인 {저거까?} 그러니까는 지끔 젊은 애들허는 거는 아주　彼
인제 처음에 젊었을 때는 어떤 {저거냐면} 이를 뺐다. 이 사람이 가서 아프진 않았느　彼
:속 쫓어오더라구. 아유, 그냥 {저거는} 내가 동:네 들어가면 동:네 내가 그 동네 입　彼
웨딩드레스는 업:구, 은:제 그 {저거는} 면사포는 쓰구.　남자는 그 때 뭐 저, 연미　彼
이니까 그렇게 이 치명적인 뭐 {저거는} 안돼는데 조:심하고. 피가 많:이 나며는 그　彼
“어떻게 치료했다.” 그 확실한 {저거니까.} “아, 됐습니다.” 그러고 이제 그 진단서　彼
무있게 생활허대요. 머 이 박사 {저거니까?} 다:: 아시갔지만 친:구들 본인들 다: 갔다　彼
을 해. 드팀전이 머:니 이거다, {저거다} 드팀전 답변을 허니간 최:종적으루 인제 사　彼
가지구 저거했어. 그래, 하두 {저거대서} 그른데, 그때 유행가는 또, 에, 실라에 달　彼
데 한:국은 뭐... 일반 의료원 {저거도} 토요일 일요일만 돼면 다 쉬어 버린다고. 그　彼
케 있구. 우리집이는 나머지에 {저거든} 지끔두 그렇겨 명절 때믄 한 이:백 명씩 오　彼
공읍 지대루 돼 가지구, 그래 {저거럴} 인:구가 나가 가지구, 인:구가 합친 게 왜정　彼
아니여, 원:래가 네: 채가 한 {저거로} 해: 있어요. 집이, 이렇게 이쪽으로 둘: 있　彼
거기 일을 부역 했다구, 부역 {저거루,} 반역자 딱지... 아니 고생 많이 안 했어요　彼
그 저게 예:복이지 저거 인제 {저거를} 입어요. 어디 가믄 이, 겉옷이니까 두루마기　彼
. 짓:느라고 쪼:끄만 집을 그냥 {저거를} 전세를 갔잖아요? 전세를 가서 쪼:끄만 집을　彼
달에 헀:든가, 오월, 오월달에 {저거를} 해: 놨는데, 날을 받아놨는데 걔가 비:옹이　彼
사: 주 나오며는 사: 주에 대한 {저거를} 해주는데 그러면 이제 민사소송을 허게 돼며　彼
징병제도라구 있었잖아. 스물 {저거면은} 지끔 지끔두 그러뜨키 이제 나간다구 군인　彼
수입 면에 봐 가지군 일반 의료 {저거보다는} 못허니까 그게 얼마 돈도 많이 벌어봤자　彼
대루 꼭 순종헐 쭐만 알었지. {저거야} 그게 또 옳은 말 같으구. 그르구 시집와서　彼
주구, 그러니깐, 우리가 청년단 {저거였기} 땜에, 사무실에다 갖다놓구 동민들두 막　彼
거는 멸문지화를 당하는 그런 {저거였었는데} 그 양반들이 시신을 수습해서 나중에,　彼
, 도라지 나물. 자:반 접:시가 {저거예여.} 자:반 쩝:시는 고치장 볶으죠. 또 자:반.　彼
거는 멸문지화를 당하는 그런 {저거였었는데} 그 양반들이 시신을 수습해서 나중에,　彼
대는 전굴젓 겉은 거, 또 인제 {저거요.} 그게 머더라.. 준:치젓, 준:치젓은 준:치　彼
지, 내:애 됀다는데. 그게 국가 {저거이} 대서 안됀대니깐. 기깐. 그런데 의사들은 받　彼
예요. 그러구 그르니깐 얼마나 {저거죠.} 그렇지. 무: 장아찌라구 있어요. 무 장아찌　彼

아, 그건 육이오 나구선 {저거지,} 이건 해:방대구. 그리구 인제 종이 줍는 사　彼
쁜 사람이 있으면 술이나 먹구 {저거지.} 그러니깐 보편적으로 대개 다: 서울서 오래
쉽:구... 그 다음에 이제 저기 {저거지?} 얼:레, 얼:레. 얼:레는 이렇게 납작하게 해
아, 그렇죠 네네네, 돈 받구, {저거하게} 헌다구...　여: 근데, 다 거기 산에 있는　彼
그것도 괜찮은데 이 의료보험 {저거하고} 난 다음에는 각과에서 다 보니까. 왜꽈하　彼
인제 가서, 금 닿구 저거허믄 {저거하구} 그, 저, 모아 몇 점 몇 점....　　　　彼
요:새 경영 방식도 아마 그렇게 {저거하기는} 힘들거야. 아:주 진짜 종업원을 위하고　彼
생들 공부하는데라든지, 학교에 {저거하는} 데라든지, 우리 조상, 그 저, 저, 공적을　彼
품이 자꾸 인제 도니까. 돌구서 {저거하다보니깐.} 그때 당시에 내 지끔, 내가 생각하　彼
요, 그러니깐 그 지금 옛:날에 {저거한} 사람들이 어렵게 지내구 참 고생스럽게 살았　彼
만히 어려서 헌 자기 생각에 꽉 {저거한} 추억은 나일 이렇게 먹어두 안 잊어버려.　彼
전:차가 추럭허고 감:정이 {저거한지,} 그때는 일본말루 저기 지끔, 그 다에다리　彼
패스한 사람들두 많지만 우리 {저거할} 쩍에는 중학교 다니는 사람두 많기야 하지.　彼
교 저쪽으루 해서, 거기두 그, {저거해} 가지구 에, 일 런 지:내구선, 춘: 겨울긴데
, 골목마다. 그래 가지구 인제, {저거해} 가지구 침발라 가지구 그, 떨어지지 않구 깨
. 그러구 인제, 그거해 가지구 {저거해} 가지구, 딱지두 나오구, 그때는 만하, 일번
어서 그냥, 그:것 때문에 그냥, {저거해} 가지구, 썩:구 그런 건 업:지만, 그거 그냥,
맨들어 놓고 응, 찾어서 인제 {저거해} 가지구.. 술래지, 우리 서울말, 술래, 응,
저거, 저거했었는데, 거 간빵 {저거해} 가지구서 인제 그걸 먹구, 과자 배급을 주더
도둑이 없어, 쭉 {저거해가지구,} 독 안에 들어간 쥐예요. 여기 들어왔
거허지 자식들더러 이거해다오 {저거해다오} 허진는 않어. 즈히가 해: 주는 대루 허　彼
많이 다닌 거는 {저거해두} 하여튼 애들허구 놀러는 많이 다녔지 쪼끔　彼
르니까 그냥 새옷 해주는 것만 {저거해서} 그냥. 머 혼인헐 쩨 입는 옷들 있잖아요?　彼
켜드리구 그랬에요. 그래서 더 {저거해서} 아마. 근데 거 일번 싸람들 요새 만나먼ㄴ　彼
는데 실패해 가주구 마음이 좀 {저거해서} 여기 으르신네 돌아가시기 전에 이제 여기　彼
잡수라구 그런 거 엔:날엔 너머 {저거해여.} 그런데 이렇게 잘 사:는 집에서는 종:들　彼
서... 그르니까 양:반이 얼마나 {저거해요?} 너무했지.. 그렇대여. 인제 그거예요.　彼
틀어 놓구 그랬지. 그래서 인제 {저거했는데,} 그때 그, 그런 장사두 있었구, 그래 가　彼
저봐 우리 학생들두 이 다음에 {저거했던} 겟이 이 다음에 늙어서두 생생하게 기억에　彼
그래, 바꺼 가지구 {저거했어.} 그래, 하두 저거대서 그른데, 그때 유행　彼
이거, 똥:그랗구 요 조금 저거, {저거했었는데,} 거 간빵 저거해 가지구서 인제 그걸　彼

그르니까 거:런 데는 아주 그냥 {저거했었지.} 그렇게 잘해디린 건 아니래두 그게 그	彼
런 거는 내 손으루 또 해:보구 {저거했으니까} 알:지.	옛:날 지:내 본 거니까.	彼
그랬어. 그거를.. 내가 배:우구 {저거했으믄} 한마디 내가 그냥 말해서 될 껏두 아니	彼
능들을 각곳 지방에다가 많이 {저거했지.} 그것은 인제 돼지 잡는 거는 각 동네마	彼
. 그거. 그래 가지구, 여름에는 {저거허구,} 거기두 그 이:가 끼구 전부 그랬지. 그르	彼
제, 으:른들만 가는 건지, 기양 {저거허구.} 그러구 그때 당시에 차별이 있었여, 그	彼
데 여기서 (짤림).. 강정 지지구 {저거허구.} 화:룬 달르지. 이건 냄비구 냄비식으루	彼
문이 그렇지 않으니까 와서 뭘 {저거허냐면,} 데려갈 쑤는 없구, 거를 저, 부산을 가	彼
는데, 이, 생선 부칭개를, 그걸 {저거허는데,} 그 지방에서는 전이라구 그러지, 전을	彼
주구 그 이듬해, 추석두 시:구, {저거허는데,} 그때 명절 시:는 사람이 없:었어. 재정	彼
는 또 그걸 두쪄먹으려구 인제 {저거허는데,} 엇:다 감췄는지 몰라두 어트게 발견이	彼
우리 시아부님 회[ö]:갑 지내구 {저거허는데} 혼:인덜 동서님네 보는데 혼인 지내구	彼
가구 또 좀 신접살림이니까 쫌 {저거허니까} 꼭 공일날이믄 저녁 불러서들 그냥 같이	彼
많:지. 그룿지만 머 아이들허구 {저거허니까} 요새는 증손자하구 그냥 보는 게 유일에	彼
그룿지. 그래 가지구 그때 내, {저거허니까} 우리 쪼:ㄲ말 땐, 거 할로모자라구선,	彼
다 수발을 허셨지. 그러다 인제 {저거허니까} 할아버지 뒤:는 우리 할머니가 다 하셨	彼
. 외론 때. 이 냥반 무뚝뚝해서 {저거허니까는} 외론 때가 조금 많:지. 그룿지만 머	彼
갈 가두 내 처가 그렇게 이뿌다 {저거허다} 그런 걸 몰랐는데 아니 지끔 애들들은 어	彼
즈이 시아버지 생신이 되거나 {저거허머는} 장:아찌 볶으구 나물허구 그러잖아요.	彼
	우리는, 식혜를 {저거허머는,} 하::얀게 밥알이 다 떠요, 어떤 집에서	彼
오구, 근데, 그, 삼베를 굴레루 {저거허면섬} 짜지 않아요. 육이오때잖아, 육이오때,	彼
게 아주 참 신통해요. 고부간에 {저거허믄} 안 대요. 그른데 얼:마나 시애미 노릇을	彼
각이 들구 나두 이 다음에 커서 {저거허믄} 우리 시백문님 허시는 거를 꼭 허리라 허	彼
, 한쪽발루 인제 가서, 금 닳구 {저거허믄} 저거하구 그, 저, 모아 몇 점 몇 점....	彼
주믄 안돼, 그냥 트집을 잡구 {저거허지...} 설:랄이 크죠.	彼
내가 잘못허는 거두 내가 그냥 {저거허지} 누구헌테 물어볼 쑤가 있어야지. 몰:르니	彼
헌 선생님들이니까 머 국적을 {저거허지} 않구, 저 팔씹팔 련에 그 일번선생허고 또	彼
가 있어요, 그것두 아::무때나 {저거허지} 않아요, 시간을 맞춰 가주구 물장사가 물	彼
내가 꼭 내가 해:야지만 허고 {저거허지} 자식들더러 이거해다오 저거해다오 허진는	彼
래도 학교 다닐 쩍에 그렇게 뭐 {저거허지는} 않었으니까. 명:절. 명:절이야 좋았지.	彼
내가 그, 어리서 봤냐믄, 변사 {저거헌} 걸, 하:리극장, 하:리극장에서, 저, 그전에	彼

능 정능 해졌지. 그렇게 옛:날 {저거헌} 것이 가:만히 보며는 지끔 근데 젊은 사람이 　彼
모래 오래는 사람두 있고. 내가 {저거헌} 사한헌테 다 지가 사례두 허구. 허다 못해 　彼
이 오믄 어찌 이릏게 아무 것두 {저거헌가} 하는 생각이 들구 나두 이 다음에 커서 저 　彼
음에는 차차차차 해가지고 범:{저거헌게} 한 칠, 팔 년 될 걸? 전체가 다 항 게. 지 　彼
게 인제 활이 과녁에 가서 질:{저거헌데} 하지만 기생들이 춤을 추구 기생이 그날은 　彼
어간 쥐예요. 여기 들어왔다가 {저거힐} 것 같으면, 그러구, 술찝이 없어요, 술찝, 　彼
막 거, 일 련 넘어가믄 망:년해 {저거힐} 때, 거, 노래 불렀잖아여. 동해…오…그, 　彼
그때 당시에 배:급 타구서 인제 {저거힐} 때, 그 이듬해 봄에, 살탕 배급을 줬어, 살 　彼
울에서 저거 알:지마는, 조상을 {저거힐} 때, 이 명절랄, 정월에는요, 떡국을 올려요, 　彼
　　　아냐, 괴뢰군 {저거힐} 때는, 내가 그, 저 방:모에서 살다가 그래 　彼
가지구, 그때 우리 나이 인제, {저거힐} 때두, 다마 치구, 애:들이구 여자그, 그전엔 　彼
이:화 대학 나왔지. 대학 나온 {저건} 아냐. 아이 그래 학교 졸업헌 사람 같어? 아무 　彼
살림 잘하세요. 워낙 큰 데서 {저걸…} 딸이 열하나니 오죽하겠어요? 그래두 또 역 　彼
각허면 저거 아무 것두 아닌데 {저걸} 가지구서 저짓허나 허는 생각들이 들어. 너무 　彼
　　　응, {저걸} 눌:르면 이게 다:: 하늘루 올라가. 전장하 부 　彼
이 있으니깐, 지끔 겉으믄, 이, {저걸} 다 해놓잖아요, 네? 그때는, 이 하천이믄, 떨 　彼
어:디서 났나하면, 엣:날 어… {저걸} 보니까는 어성정이라고 있더라고, 어성정. 그 　彼
가 이래선 안돼겠다, 그냥 내가 {저걸} 업구 서울루 가야겠다 하고 업고 올라오셨대요 　彼
마시튼데] ..이걸 조끔 더 늫구 {저걸} 조끔 더 늫구.. 해 가지구 고 맛을 맞히머는 　彼
뜻 나는 거야. 아, 저 친구한테 {저걸} 좀 얘기해 바야겠다… 혹시나 어떤가 하구… 　彼
한다 이거지. 그런데 치꽈에서 {저걸} 하는 거는 아직까지 분리가 안됐지. 일반 개업 　彼
게 집안 얘기를 하면서 이렇게 {저걸} 하는데, 난 걱정이 그래요 서울 진짜 내가 서 　彼
석탄을, 저품위의 석탄을 전:부 {저걸} 해가지고서, 골라 가지고서, 선탄을 잘 해가지 　彼
나거든. 이제 그래서 그런 건 {저걸} 했는데 하이튼 한 반에서 보면 점:심 못 먹는 　彼
부는 그래서 항상 지:가 반에서 {저걸} 했죠. 게서 국민핵교 졸업 맡을 때도 도:지사 　彼
우리 이제 그… 전해 내려오는 {저걸로는} 그 관계를 어… 부자분간에 광게를 갖다 　彼
게 쉽게 망하드라구. 민족사는 {저걸루} 망해버리드라구. 왜 그 안에서 인물이 딱 낪 　彼
람이 보기엔 꽤 지끔 겉으믄 큰 {저걸루} 아는데 옌:날엔 머 벨루 머 소:득이 안 나오 　彼
접시에다가 세:실과라구는 인제 {저걸루다} 헌 거.. 집에서 맨:들은 걸루다만 헌 거를 　彼
:살이시구 지금 사셨이면. 그런 {저걸루다가} 내가 그런 거 잘 기억을 허구 있이니까 　彼
허구 또, 요새 나는, 저 이것 {저것,} 구찮으니까, 까나리젓이라구 이렇게, 통에다 　彼

다기보단 호기심이 많아서 이것 {저것} 공부를 하고 지금도 뭐 월남어 거이 다 잊어버   彼
, 그 남자들, 왜 모:자 쓰드키 {저것두} 겨욹에믄, 인제 방:한용으로 쓰는 거야. 모   彼
챙기름이지. 그런데 요새는 {저것두} 괜찮어. 식용유. 식용유가 볶으믄 고소헌   彼
게 햇빝에 나가믄 모:자 쓰드키 {저것두} 인제 그거 있는 사람은 쓰구 업는 사람은 안   彼
십이첩 반상을 허먼요 여기에 {저것두} 있어요. 고기를 육회 재:서 육회를 재: 가지   彼
것 간판에서 보며는 '어이구, {저것들도} 고쳐야 돼는데...' 그럴 쩡도로 이 지금   彼
구 지끔 생각하니까 너머 이것 {저것을} 너머 많이 보니까, 하나를 그냥 적:하고 보   彼
는 서울에서 났으니까. 이 저, {저것이} 서울말이 좀 있겠죠. 할수 있는데까지 더..   彼
어 있지, 그거 움켜줘 봐야 별 {저것이} 없다고요. 그러니까 서울 사람들은 깍쟁이..   彼
것도 그렇게 어려와. 인제 그런 {저걸로} 봐서 가만:히 보게되며는 우리가 국민학교를   彼

알깍디기, 알무 그거 당그지, {그거,} 그거 해서 계울에 다:: 곰국 끓여서 너:서
　　　　　　　　　응, 그래. {그거,} 그거 많:이 썼지. 전:기 때문에, 그거, 전:기
했죠. 연날리기는 이제 연이... {그거,} 그거 잊어버렸어, 이름두 이렇게 서로... 이.
천절이그 한:글날 다 놀았어여. {그거,} 그때 학생들, 그 우리가, 서울 장안에 있으니
　　　　　　　　　응, {그거,} 그릏게 나간거고. 나가구, 주로 인제 연:극을
제 다듬어 가주구 짤라 가주구 {그거,} 김치 허는 속:에다, 비싸니까, 그것두 많:이
　　　　　　　　　　{그거,} 비행기두 맨들구, 딱:지두 맨들구...(웃음)
대화를 해서 써먹어야 허는데 {그거,} 시집을 옐릴곱살에 갔는데 아주 구::닥다리두
뿌렸더라구. 그, 인제 행사허믄 {그거,} 우리, 거, 또 삐:라 줏는 게 일:이라서....
선말을 들을 쭐... 조선 싸람이 {그거,} 일본말을 밤낮 써먹어야 그게 미칠껀데... 들
거 많:이 썼지. 전:기 때문에, {그거,} 전:기 나가구, 한참 그 애 먹었어요. 그래 저
있었어요, 오름말이라구 했어. {그거,} 줄 거 놓구선, 이릏게, 발루, 이렇게 왼쪽발
미제물건 머, 쪼끔 주먼 아주 {그거,} 큰 영광으루 생각허구, 그, 끔:을 하나 주믄
, 그거 말구 이렇게 두껍잖아. {그거,} 피면 하루쬥일 가. 응, 연탄.
　　　　　　　　　{그거,} 했지. 그것두 했지. 그러구 또, 오름말이라구
오::래 되지 않았어요? 놋그릇? {그거,} 향, 그거두 다... 그렇지 제:기가 따루 있구
그런 거 해 놓잖아요, 거기에, {그거...} 가정에서두, 그렇게 해 놓구 여기섬 했어요
는 거예요. 그걸루써 엄:정하게 {그거...} 대:를 잇게끔 그대루 엄:정하게 됐:던 거예
　　　　　　　　　{그거.} 수도.
　　　　　　　　　응, 그거지. {그거.} 에, 만:담이 다 그랬어. 그때 만:담이라구랬

꼴:잉해서 들어오는 거 있잖어, {그거.} 그거 있었어요, 오름말이라구 했어. 그거, 줄
　　　저, 지푸래기로 맨든 방. 응. {그거.} 그래 가지구, 여름에는 저거허구, 거기두 그
　　　한참 끌구 댕기구, 돈 벌었어, {그거.} 많았지. 소두 많었구, 말두 많었지.
밥이다 뿌려서 이렇게 먹는 거, {그거.} 신:기했구, 그러구 인제 댄:장찌개라구선 인
굴서두 오구 그전에 경:장했어 {그거.} 영천이구 저쪽에서 많:이 와서, 마:포니 이런
　　　　　　　　　응, 해보셔 {그거.} 요새 그거를 그릏게 쓸:어 가주구 요거를 갖

밥알이 다 떠요, 어떤 집에서는 {그게,} 감주, 식혜라 그르지 않구 감주라 그르대, 시
　　　　　　　　　　　{그게,} 그 얘기가 나왔으니까 그렇지, 즈이 집사람이
　　　　　　　　그러니까, {그게,} 누가 갈 쭈 알았어요, 더 살 쭈 알았지.　여
게 젓, 새우젓 통겉은 건데, 통 {그게,} 두: 개믄, 한 지게야. 이렇게 양쪽에 지지.
안:국동 로타리에, 지끔 대:상 {그게,} 삘띵이 들어섰지만, 그게 동덕, 지끔두 동덕
구경을 시켜주드라구. 야:외. {그게,} 시켜주믄, 그게 모냐믄, 국회으원들 선:심 쓰
까 그게 이제, 한참 나올 땐데 {그게,} 이제 불편허니까 그거를 인제 쪼끔, 또 개화
있잖아요? 그 식혜래는 거요, {그게,} 지방 싸람허구, 서울 싸람허구, 맨드는 게 달
　　　응. 그래 가지구 인제, {그게,} 핵교 주벤에 그런 장사들이 많:았어, 골목마
그렇죠, 지끔 건강상 좋대, {그게...} 여 : 그래요, 아버지, 다시 해요 요즘. 황
　　　　　　아니요. 말은 {그게...} 내가 요기 책 책을 좀 갖다 디릴께. 말은
그르잖아? 안양 같은 데 그거 {그게...} 부실이 댈 쑤가 없:는 거라구. 그르니까 현
머 가:재 머 다 잡았죠. 그런데 {그게..} 산은뇨 즈이가 벌 까운데가 대서 산은 그:리
루 조흔 운동이구 재밌는 거야 {그게.} 응, 방패연이라는 건 그건 말야, 지끔 얘기
:가허구 중간 사이에 있는거야. {그게.} 그게 옛날엔 제일극장이라구 그랬지. 근데 그
는 건 낭:중에 나온 얘기예요, {그게.} 그리고 이제 안쨈재기, 뜨... 내가 많:이 잊
? 그게 모냥 내는 거였었어요. {그게.} 그리니깐 뭐 내가, 어떤 아이가 수: 이:쁘게
잡동사니에 대한 그 사업이야, {그게.} 닥치는 대루 하는 거지, 그르니까.
가지구, 그 해에 지나가드라구, {그게.} 들어가 가지구 그 이듬해, 이 배:급쌀 준다구
　　　　　　지끔 있잖아요, {그게.} 음... 거기 현:대에서 뭐 지은 것 겉드라, 참
동네 근처는 거 축제가 댄다구, {그게.} 축제가 대구, 또 게 이제, 선:거 끝나구선 머

겉에 있는 거 동정. 깃, 섭, {이거,} 도:련, 배:래 이거, 도:련. 부분마다 명칭이
. 깃, 섭, 이거, 도:련, 배:래 {이거,} 도:련. 부분마다 명칭이 달르지 품, 이거는

때. 간빵. 그래서, 일번 간빵은 {이거,} 똥:그렇구 요 조금 저거, 저거했었는데, 거
사람들이 들어와 가지구 인제, {이거,} 벨 욕이 다 나왔지. 응, 강하게 했어. 서울
부대안에 이 수성부대하고 뭐 {이거,} 수색대, 오빠는 수색대 겉더라, 그 때. 그런
동에서 살:다가 그래서 마지막 {이거...} 이리 올러온 거지. 왜 이리 올러왔느냐면,
그러구 놀았지 뭐. 이거 들어, {이거.} 여기 이리 올라가믄 집이 하::낳두 읎었어요.
그게 낫:는 병 같으면 괜찮은데 {이거} 가지고, 이 약품 가지군 안됀다 허며는 다른

걸 뭐라 그랬지? 하도 오래라서 {이게...} 응. 그 어... 잊어버렸어, 하도 오래 돼서
이 일본서 들어온 양발이라구, {이게.} 그릏게 바:야지. 그릏까 왜정 시대두 양:반네
여기가 도대체 어디 본부에요 {이게.} 응? 이런 정도로 얘기할 정도였었는데, 이제
한 길이야. 이 종로니 을찌로니 {이게.} 이건 차라구 허는 놈은 벼락 없어. 대:중교통
. "이 음식점에 무슨 파:리야, {이게?} 파리 다 잡아!" 그렇다고 해서 내가 거기 특

이제까지 약 2,700여 예들에서 허사 여부를 가려내는 판정은 필자의 직관에 의존
한 것으로, 사람에 따라 어느 정도 다를 수 있을 것이지만 큰 차이는 없을 것이다.

IV.

상투어구 분석에서 도출된 결론

Ⅳ 상투어구 분석에서 도출된 결론

용례(가-하).**hwp** 파일에서 뽑아낸 상투어구 "가가지고, 가주구/가지구, 가지구서, 가주구선/가지구선/가주구서는, 가지구설랑은[=(로)서], 갖구, 갖다/갖다가, 그래가지고, 그래가지구, 그래가지고는, [그래가지고서], 그래가지고선, [그래갖고], 나와가지고; 말야/말이야; 머, 머냐, 무슨/무신, 뭐, 뭐냐, 뭘; 아, 어; 음; 응; 있어가지고; 저거, 저거해, 저거헐, [저거해서, 저거허구, 저거허믄, 저거헌], 저게,그거, 그게, 이거, 이게"등은 흥미로운 대상이 아닐 수 없다.

가주구(선)	0	持	
	164	4	
가지고/구(서는)	0	持	
	500	5	
갖고/구	0	持	
	6	9	
갖다	0	取	
	39	33	
갖다가	0	取	
	66	4	
A총합	775	55	
	[15 : 1]		현저히 허사적 상투어구로 쓰임.
말야/이야	0	言	
B	135	93	
	[1.5 : 1]		예상보다 실사적 용법도 적지 않음.

머	0	何	
	310	5	
머+조사	35	71	
뭐	504	12	
뭐+조사	26	120	
C총합	875	208	4배 이상 허사적 상투어구로 쓰임.
무슨/신	0	何	
	72	64	거의 비슷하게 허사/실사적 용법이 갈림.
D총합	947	272	
[C총합+무슨/신]	[약3.5	: 1]	
어	0		
	24		
아	85		
음	23		이상 3 가지는 실사적 용법이 없음.
응	179	(?)	긍정의 답을 하는 실사로 보이는 경우들이 있지만, 동시에 허사적 감탄사로도 해석됨.
인제/이제	34		
저거	0	彼	
	132	220	
그거	47	(?)	
이거	13	(?)	
E	226	220	'그거, 이거'의 실사적 용례는 편의상 생략.
A+B+D+E	2083	640	전체 국어에서 상투어구로 쓰이는 대표적 어휘들의 용법 내역을 살펴보면 약 3배가 허사적 용법으로 쓰인다는 결론이다.
	[약 3	: 1]	

긴 설명은 붙이지 않고 위 표들을 결론으로 갈음하려 한다.

참고 문헌

강희숙, 1995 「<천변풍경>의 음운론」, 『국어학』 40, 171-194.

국립국어연구원, 1997 『서울 토박이말 자료집』 I집(표준발음, 음운규칙), 국립국어연구원.

국립국어연구원, 1998 『서울 토박이말 자료집』 II집(어휘, 문법), 국립국어연구원.

국립국어연구원, 2000 『서울 토박이말 자료집』 III집(표준 어형), 국립국어연구원.

김민수 외 3인 편, 1991 『국어대사전 (금성판)』, 금성출판사.

김정수, 1998 「서울 토박이말의 홀소리 조직에 대한 조사 연구」, 『서울학연구』 10, 271-288.

김흥규, 강범모, 2000, 『한국어 형태소 및 어휘 사용 빈도의 분석 1』, 고려대 민족문화연구원.

남광우・유만근, 1984 『한국표준발음사전』, 한국정신문화연구원.

이기문・김진우・이상억, 1984 『국어음운론』(2000 증보판), 학연사.

이상억, 2000. 「서울 옛말씨 분석: 한무숙의 '생인손, 역사는 흐른다, 만남'의 하층계급어법을
　　　중심으로」 『서울말연구』 1, 123-149.

이상억, 2001. 「현대문학에 나타난 서울 옛말씨의 연구」 『서울학연구』 17, 131-177.

이상억・유필재, 2002. 「서울토박이말 정밀전사 자료(II)」 『서울말연구』 2, 265-281.

이상억・이상신・권시현・김세환・변부연, 2002. 「서울토박이말 정밀전사 자료 (I)」 『서울
　　　말연구』 2, 109-264.

이익섭・이상억・채완, 1997 『한국의 언어』, 신구문화사.

이현복, 1989 『한국어의 표준 발음』, 교육과학사.

이호영, 1996 『국어음성학』, 태학사.

채서영, 2000 「서울말의 비어두 모음 /오/의 상승현상」 『서울말연구』 1, 205-229.

한국방송공사 편, 1993 『KBS 표준한국어 발음대사전』, 어문각.

핫도리 시로 외(服部四郎・金東俊・梅田博之・渡邊吉鎔), 1985 「現代ソウル方言におい
　　　て起こりつつある母音の通時的變化」『言語の科學』8, 東京言語研究所,　11-56

Martin, S. E., 1991 *A Reference Grammar of Korean*, Tokyo: Charles E. Tuttle Co.

우메다 히로유키(梅田博之), 1983 『한국어의 음성학적인 연구』, 형설출판사

부록

서울말 구어 빈도순 목록과 일반 구어 빈도순 목록의 병렬 대조

 서울말 구어 빈도순 목록(1-2376, 빈도 4까지)과 일반 구어 빈도순 목록 (1-2377)를 병렬 대조시켜, 여기에 부록으로 붙이겠다. 그 내용을 대충 보면 역시 (1)이 더 구어적 특색을 잘 나타내고 있음을 알 수 있다. [PP.13-14 참조]

서울말 구어 빈도순 목록 (1-2376)			일반 구어 빈도순 목록 (1-2377)			
빈도순	어절	출현횟수	빈도순	어절	출현횟수	빈도
1	그	1820	1	그	27513	1.7538
2	인제	786	2	그런	14674	0.9354
3	이제	665	3	어	14232	0.9072
4	우리	623	4	이	11390	0.7261
5	다	608	5	뭐	10161	0.6477
6	거	582	6	안	9666	0.6162
7	또	573	7	거	9397	0.5990
8	뭐	477	8	예	9172	0.5847
9	이	469	9	좀	8231	0.5247
10	내가	463	10	또	8104	0.5166
11	그래	449	11	아	7878	0.5022
12	그래서	402	12	이렇게	7578	0.4831
13	이렇게	394	13	한	7420	0.4730
14	가지구	379	14	네	6876	0.4383
15	그런	365	15	지금	6486	0.4135
16	지끔	354	16	그래서	6308	0.4021
17	게	352	17	게	6279	0.4003
18	안	340	18	수	6189	0.3945
19	그냥	331	19	있는	5999	0.3824
20	저	314	20	근데	5957	0.3797

빈도순	어절	출현횟수	빈도순	어절	출현횟수	빈도
21	머	313	21	이런	5799	0.3697
22	한	298	22	어떤	5749	0.3665
23	그때	293	23	다	5689	0.3626
24	때	284	24	음	5533	0.3527
25	그게	279	25	하는	5454	0.3477
26	그렇게	254	26	때	5336	0.3401
27	그거	232	27	많이	5274	0.3362
28	해	229	28	제가	5108	0.3256
29	거기	218	29	내가	5084	0.3241
30	근데	198	30	해	5009	0.3193
31	그런데	196	31	가지고	4993	0.3183
32	못	191	32	그렇게	4938	0.3148
33	그걸	185	33	인제	4498	0.2867
34	그러니까	180	34	잘	4485	0.2859
35	아주	177	35	우리	4372	0.2787
36	응	177	36	것	4335	0.2763
37	가서	172	37	이제	4165	0.2655
38	참	164	38	하고	4137	0.2637
39	잘	161	39	때문에	3981	0.2538
40	해서	161	40	있습니다	3933	0.2507
41	그러구	156	41	그냥	3880	0.2473
42	사람이	155	42	어떻게	3668	0.2338
43	여기	152	43	그리고	3484	0.2221
44	있구	148	44	막	3384	0.2157
45	건	147	45	할	3322	0.2118
46	이런	145	46	더	3282	0.2092
47	말이야	144	47	번	3241	0.2066
48	저기	143	48	굉장히	3213	0.2048
49	좀	143	49	왜	3163	0.2016
50	허구	141	50	저	3068	0.1956
51	가주구	140	51	같은	3065	0.1954

빈도순	어절	출현횟수	빈도순	어절	출현횟수	빈도
52	많:이	134	52	그러니까	2961	0.1888
53	아	134	53	우리가	2764	0.1762
54	걸	131	54	그래	2737	0.1745
55	웃음	129	55	너무	2711	0.1728
56	왜	128	56	그게	2705	0.1724
57	있어	126	57	에	2612	0.1665
58	전부	125	58	아니	2544	0.1622
59	거기서	120	59	얘기를	2544	0.1622
60	그럼	118	60	참	2537	0.1617
61	나는	116	61	두	2460	0.1568
62	난	116	62	것이	2412	0.1538
63	하나	116	63	다음에	2356	0.1502
64	거야	114	64	정말	2350	0.1498
65	많이	113	65	자	2336	0.1489
66	때는	110	66	저는	2284	0.1456
67	무슨	110	67	그런데	2241	0.1429
68	지끔은	109	68	그러면	2235	0.1425
69	그때는	108	69	다른	2225	0.1418
70	어	106	70	오늘	2216	0.1413
71	갖다가	105	71	못	2153	0.1372
72	이릏게	105	72	아주	2150	0.1371
73	있는	105	73	내	2088	0.1331
74	허는	105	74	거야	2044	0.1303
75	내	103	75	것은	2016	0.1285
76	지금	102	76	대해서	2002	0.1276
77	사람	101	77	있고	1999	0.1274
78	것	98	78	일	1988	0.1267
79	아니	97	79	이거	1942	0.1238
80	에	95	80	해서	1939	0.1236
81	이게	93	81	나는	1922	0.1225
82	거는	92	82	걸	1910	0.1218

빈도순	어절	출현횟수	빈도순	어절	출현횟수	빈도
83	거지	92	83	사람이	1908	0.1216
84	몇	90	84	나	1875	0.1195
85	그르구	89	85	생각을	1863	0.1188
86	그릏게	89	86	될	1830	0.1167
87	큰	86	87	그까	1821	0.1161
88	고	84	88	이게	1820	0.1160
89	와서	84	89	되는	1806	0.1151
90	그땐	83	90	같이	1778	0.1133
91	여	83	91	돼	1767	0.1126
92	서울	82	92	같애요	1765	0.1125
93	막	81	93	진짜	1761	0.1123
94	먹구	79	94	그니까	1756	0.1119
95	사람들이	77	95	있는데	1728	0.1102
96	그건	76	96	한번	1727	0.1101
97	사람은	76	97	다시	1681	0.1072
98	네	74	98	그럼	1662	0.1059
99	있지	73	99	응	1659	0.1058
100	있는데	72	100	무슨	1637	0.1044
101	갖다	71	101	아까	1624	0.1035
102	그러믄	70	102	때는	1618	0.1031
103	있어요	70	103	있어요	1598	0.1019
104	그리고	69	104	딱	1586	0.1011
105	우리가	68	105	것도	1566	0.0998
106	나	67	106	생각이	1544	0.0984
107	그러면	66	107	몇	1508	0.0961
108	당시에	66	108	되게	1506	0.0960
109	더	66	109	사실	1501	0.0957
110	집이	66	110	건	1489	0.0949
111	놓구	65	111	제	1488	0.0949
112	여기서	65	112	대한	1462	0.0932
113	겉은	64	113	그거	1458	0.0929

빈도순	어절	출현횟수	빈도순	어절	출현횟수	빈도
114	우리는	64	114	날	1450	0.0924
115	것두	63	115	것을	1435	0.0915
116	그러니깐	63	116	하면	1435	0.0915
117	그리고	62	117	계속	1420	0.0905
118	그렇지	61	118	거는	1412	0.0900
119	아마	61	119	자기	1406	0.0896
120	일본	61	120	수가	1396	0.0890
121	하고	61	121	야	1379	0.0879
122	거예요	59	122	하나	1378	0.0878
123	그저	59	123	여기	1343	0.0856
124	데	58	124	해야	1336	0.0852
125	어디	58	125	보면	1324	0.0844
126	가지구서	57	126	가지	1316	0.0839
127	말야	57	127	여러	1312	0.0836
128	같은	56	128	사람	1295	0.0826
129	그르니까	56	129	보고	1294	0.0825
130	가는	55	130	보니까	1294	0.0825
131	그러니까는	55	131	있을	1255	0.0800
132	그러지	55	132	난	1255	0.0800
133	예	55	133	그걸	1252	0.0798
134	그랬지	53	134	되고	1245	0.0794
135	두	53	135	삼	1245	0.0794
136	어떻게	53	136	좋은	1241	0.0791
137	때문에	52	137	사	1240	0.0790
138	하는	52	138	아니라	1220	0.0778
139	그랬어	51	139	없는	1210	0.0771
140	돈	51	140	갖고	1172	0.0747
141	그래두	50	141	정도	1166	0.0743
142	그리구	50	142	그때	1162	0.0741
143	이거	50	143	말을	1150	0.0733
144	했어	50	144	가지구	1138	0.0725

빈도순	어절	출현횟수	빈도순	어절	출현횟수	빈도
145	세	49	145	세	1130	0.0720
146	어트게	49	146	많은	1114	0.0710
147	있었어	49	147	이케	1107	0.0706
148	동네	48	148	너	1096	0.0699
149	요	48	149	씨	1091	0.0696
150	집	48	150	거예요	1087	0.0693
151	했지	48	151	볼	1077	0.0687
152	거기가	47	152	있어	1074	0.0685
153	그래요	47	153	거죠	1047	0.0667
154	그것두	46	154	사람들이	1045	0.0666
155	년	46	155	하는데	1043	0.0665
156	보구	46	156	거의	1042	0.0664
157	아니라	46	157	가서	1035	0.0660
158	어떤	46	158	어느	1024	0.0653
159	사람들은	45	159	그래요	1023	0.0652
160	살	45	160	오	1019	0.0650
161	요새	45	161	보면은	1018	0.0649
162	있었구	45	162	했는데	1015	0.0647
163	자기	45	163	바로	1006	0.0641
164	집에	45	164	쫌	1005	0.0641
165	가	44	165	위해서	997	0.0636
166	가지고	44	166	같애	992	0.0632
167	그래도	44	167	되는데	986	0.0629
168	그른데	44	168	봐	951	0.0606
169	꼭	44	169	얘기	949	0.0605
170	다른	44	170	가장	945	0.0602
171	보믄	44	171	자기가	937	0.0597
172	저거	44	172	같아요	930	0.0593
173	그거는	43	173	문제가	927	0.0591
174	먹을	43	174	아니야	908	0.0579
175	육이오	43	175	있다	905	0.0577

빈도순	어절	출현횟수	빈도순	어절	출현횟수	빈도
176	입구	43	176	식으로	901	0.0574
177	했는데	43	177	제일	900	0.0574
178	허는데	43	178	큰	897	0.0572
179	돼	42	179	원	896	0.0571
180	보니까	42	180	그건	890	0.0567
181	타구	42	181	아마	890	0.0567
182	그러는데	41	182	전에	883	0.0563
183	사람들	41	183	일단	882	0.0562
184	헐	41	184	그렇죠	882	0.0562
185	그룹지	40	185	꼭	880	0.0561
186	먹는	40	186	상당히	876	0.0558
187	있었어요	40	187	합니다	868	0.0553
188	지끔두	40	188	다음	868	0.0553
189	쪼끔	40	189	저기	867	0.0553
190	학교	40	190	데	865	0.0551
191	했어요	40	191	거기	864	0.0551
192	가구	39	192	아이	862	0.0550
193	그러는	39	193	겁니다	861	0.0549
194	딱	39	194	가	849	0.0541
195	사는	39	195	아니고	848	0.0541
196	없:어	39	196	년	846	0.0539
197	있에요	39	197	별로	846	0.0539
198	것이	38	198	전	841	0.0536
199	그랬는데	38	199	그래도	840	0.0536
200	쑤가	38	200	같은데	840	0.0536
201	옛날에	38	201	된	835	0.0532
202	요렇게	38	202	물론	834	0.0532
203	일	38	203	것입니다	831	0.0530
204	집에서	38	204	거를	829	0.0528
205	그전에	37	205	먼저	826	0.0527
206	다시	37	206	거에요	823	0.0525

빈도순	어절	출현횟수	빈도순	어절	출현횟수	빈도
207	분이	37	207	알고	816	0.0520
208	소위	37	208	전화	810	0.0516
209	쑤	37	209	수도	810	0.0516
210	전에	37	210	줄	800	0.0510
211	그거를	36	211	문제	791	0.0504
212	꺼	36	212	분	786	0.0501
213	너무	36	213	여기서	768	0.0490
214	가지구선	35	214	조금	764	0.0487
215	갈	35	215	모든	760	0.0485
216	거를	35	216	빨리	756	0.0482
217	생각이	35	217	했습니다	755	0.0481
218	와	35	218	말	752	0.0479
219	있다가	35	219	그리구	751	0.0479
220	있었는데	35	220	하지	750	0.0478
221	집을	35	221	저희	746	0.0476
222	거기다	34	222	않고	745	0.0475
223	겉이	34	223	있지	743	0.0474
224	그래가지고*	34	224	동안	737	0.0470
225	맨들어	34	225	예예	731	0.0466
226	있고	34	226	사실은	728	0.0464
227	헌	34	227	그러나	724	0.0462
228	누가	33	228	됩니다	718	0.0458
229	없어	33	229	단계	714	0.0455
230	일번	33	230	전혀	711	0.0453
231	자꾸	33	231	중요한	709	0.0452
232	주구	33	232	있죠	707	0.0451
233	쩍에	33	233	싶은	701	0.0447
234	해요	33	234	그렇지	699	0.0446
235	허믄	33	235	항상	699	0.0446
236	허지	33	236	말이	698	0.0445
237	나서	32	237	일이	696	0.0444

빈도순	어절	출현횟수	빈도순	어절	출현횟수	빈도
238	이건	32	238	아니면	693	0.0442
239	한번	32	239	개	691	0.0441
240	나가서	31	240	하면은	687	0.0438
241	날	31	241	나중에	686	0.0437
242	다음에	31	242	와	685	0.0437
243	나두	30	243	사람은	680	0.0434
244	데가	30	244	중에	680	0.0434
245	말	30	245	자꾸	676	0.0431
246	아니구	30	246	그러면은	675	0.0430
247	있었지	30	247	그럴	663	0.0423
248	즈이	30	248	들어	661	0.0421
249	같이	29	249	언니	659	0.0420
250	모두	29	250	것으로	658	0.0419
251	있으니까	29	251	있다고	654	0.0417
252	젊은	29	252	하면서	653	0.0416
253	아들이	28	253	얼마나	652	0.0416
254	아이	28	254	시간	651	0.0415
255	왜정	28	255	우리는	651	0.0415
256	일이	28	256	없어요	648	0.0413
257	가지	27	257	없어	637	0.0406
258	아버지가	27	258	뭐야	636	0.0405
259	우린	27	259	말씀을	626	0.0399
260	하구	27	260	와서	626	0.0399
261	해두	27	261	있어서	624	0.0398
262	건네	26	262	일을	623	0.0397
263	고기	26	263	없습니다	621	0.0396
264	글쎄	26	264	그거는	618	0.0394
265	동:네	26	265	특히	617	0.0393
266	보고	26	266	되지	614	0.0391
267	사람두	26	267	근까	612	0.0390
268	수	26	268	본	611	0.0390

빈도순	어절	출현횟수	빈도순	어절	출현횟수	빈도
269	있죠	26	269	뭘	609	0.0388
270	대한	25	270	나와	608	0.0388
271	딴	25	271	저도	605	0.0386
272	무신	25	272	씨가	604	0.0385
273	밥을	25	273	드리겠습니다	603	0.0384
274	번	25	274	얘기가	600	0.0383
275	시집	25	275	저희가	594	0.0379
276	싸람	25	276	살	588	0.0375
277	싸람이	25	277	누가	588	0.0375
278	양반이	25	278	증인이	587	0.0374
279	오래	25	279	주는	584	0.0372
280	지가	25	280	거기에	584	0.0372
281	한:국	25	281	시간이	584	0.0372
282	허고	25	282	우선	583	0.0372
283	가면	24	283	원래	582	0.0371
284	거에요	24	284	말이죠	581	0.0370
285	그렇죠	24	285	거기서	580	0.0370
286	그르니깐	24	286	있으면	580	0.0370
287	그전엔	24	287	사람들	578	0.0368
288	들구	24	288	바랍니다	575	0.0367
289	땐	24	289	예를	574	0.0366
290	사	24	290	집에	573	0.0365
291	아냐	24	291	것들이	572	0.0365
292	않구	24	292	보는	571	0.0364
293	음	24	293	가는	569	0.0363
294	있을	24	294	아직	565	0.0360
295	좋은	24	295	어디	563	0.0359
296	하며는	24	296	고	561	0.0358
297	갔어요	23	297	없고	560	0.0357
298	그것도	23	298	그러한	557	0.0355
299	그랬어요	23	299	소리	554	0.0353

빈도순	어절	출현횟수	빈도순	어절	출현횟수	빈도
300	댕기는	23	300	뭔가	551	0.0351
301	때민에	23	301	요즘	549	0.0350
302	땜에	23	302	되면	548	0.0349
303	뭘	23	303	약간	548	0.0349
304	분	23	304	쪽으로	548	0.0349
305	앞에	23	305	있다는	544	0.0347
306	얘기	23	306	그것이	538	0.0343
307	여기가	23	307	나도	536	0.0342
308	열	23	308	해도	533	0.0340
309	옛날에는	23	309	하겠습니다	531	0.0339
310	옛날엔	23	310	경우는	529	0.0337
311	옷	23	311	돈	527	0.0336
312	자기가	23	312	이건	526	0.0335
313	주는	23	313	하게	525	0.0335
314	할	23	314	건데	520	0.0332
315	간	22	315	보통	518	0.0330
316	거기는	22	316	온	516	0.0329
317	거라구	22	317	있거든요	516	0.0329
318	게서	22	318	서로	515	0.0328
319	공부를	22	319	있잖아	514	0.0328
320	그때두	22	320	이걸	512	0.0326
321	그른	22	321	하구	512	0.0326
322	그전에는	22	322	함께	509	0.0325
323	기억이	22	323	지난	508	0.0324
324	대	22	324	분이	507	0.0323
325	따루	22	325	완전히	507	0.0323
326	뭄을	22	326	거지	506	0.0323
327	서울에	22	327	그것을	505	0.0322
328	아버지	22	328	그랬는데	504	0.0321
329	않어	22	329	십	503	0.0321
330	얘길	22	330	그것도	503	0.0321

빈도순	어절	출현횟수	빈도순	어절	출현횟수	빈도
331	어머니	22	331	경우에는	502	0.0320
332	없어요	22	332	오히려	502	0.0320
333	옆에	22	333	앞으로	501	0.0319
334	이걸	22	334	따라서	499	0.0318
335	있어서	22	335	역시	499	0.0318
336	제	22	336	없이	498	0.0317
337	책을	22	337	이거는	495	0.0316
338	거기다가	21	338	오빠	491	0.0313
339	놓고	21	339	열심히	488	0.0311
340	된	21	340	처음	487	0.0310
341	때가	21	341	그러고	482	0.0307
342	멀	21	342	처음에	478	0.0305
343	못해	21	343	전부	476	0.0303
344	밥	21	344	주고	475	0.0303
345	선생님이	21	345	하니까	474	0.0302
346	쓰는	21	346	뭐가	474	0.0302
347	않아요	21	347	해요	473	0.0302
348	야	21	348	된다	473	0.0302
349	어느	21	349	육	471	0.0300
350	얼마나	21	350	먹고	469	0.0299
351	옛날	21	351	갈	467	0.0298
352	전:부	21	352	명	467	0.0298
353	제:일	21	353	했어요	463	0.0295
354	조금	21	354	뉴스	463	0.0295
355	가는데	20	355	돼요	463	0.0295
356	개	20	356	또는	460	0.0293
357	것도	20	357	그렇습니다	459	0.0293
358	그것이	20	358	혹시	459	0.0293
359	그른깐	20	359	열	457	0.0291
360	나온	20	360	현재	456	0.0291
361	나와	20	361	지금은	456	0.0291

빈도순	어절	출현횟수	빈도순	어절	출현횟수	빈도
362	둘:째	20	362	학교	455	0.0290
363	맨	20	363	번째	455	0.0290
364	바로	20	364	그거를	452	0.0288
365	아니야	20	365	크게	452	0.0288
366	아유	20	366	칠	451	0.0288
367	업:구	20	367	딴	450	0.0287
368	우리집	20	368	적이	448	0.0286
369	있으믄	20	369	않은	448	0.0286
370	있잖어	20	370	하나의	446	0.0284
371	조끔	20	371	갑자기	445	0.0284
372	지	20	372	통해서	444	0.0283
373	하여튼	20	373	팔	444	0.0283
374	갔지	19	374	혼자	443	0.0282
375	거죠	19	375	문제를	443	0.0282
376	그럴	19	376	니가	442	0.0282
377	께	19	377	증인은	442	0.0282
378	나가는	19	378	이것은	442	0.0282
379	당신	19	379	생각해	441	0.0281
380	대:개	19	380	지	440	0.0281
381	동대문	19	381	이번	438	0.0279
382	들어가서	19	382	주세요	438	0.0279
383	딸	19	383	있기	438	0.0279
384	때두	19	384	만약에	437	0.0279
385	먹어	19	385	선생님	435	0.0277
386	보며는	19	386	점	432	0.0275
387	산	19	387	놓고	429	0.0274
388	싸람들이	19	388	나온	427	0.0272
389	쌀	19	389	대	427	0.0272
390	옛:날에	19	390	모두	425	0.0271
391	전::부	19	391	그것은	425	0.0271
392	줄	19	392	생각	425	0.0271

빈도순	어절	출현횟수	빈도순	어절	출현횟수	빈도
393	집은	19	393	알	424	0.0270
394	쩨	19	394	분명히	423	0.0270
395	학교를	19	395	애들이	420	0.0268
396	한국	19	396	나서	419	0.0267
397	할아버지	19	397	그러구	418	0.0267
398	해가지고	19	398	때도	417	0.0266
399	그때만	18	399	있잖아요	416	0.0265
400	눙구	18	400	앞에	415	0.0265
401	데는	18	401	그랬더니	415	0.0265
402	돌아가신	18	402	사람들은	414	0.0264
403	되는	18	403	그러면서	414	0.0264
404	물이	18	404	말씀	412	0.0263
405	보면	18	405	써	410	0.0261
406	볼	18	406	생각하고	409	0.0261
407	사람을	18	407	하기	409	0.0261
408	쓰구	18	408	결국	406	0.0259
409	아까	18	409	나오는	405	0.0258
410	아들	18	410	삼십	404	0.0258
411	오구	18	411	으	402	0.0256
412	일찍	18	412	않는	402	0.0256
413	있잖아	18	413	맨날	401	0.0256
414	작은	18	414	없다	400	0.0255
415	집이서	18	415	느낌이	399	0.0254
416	하는데	18	416	아닌가	399	0.0254
417	하니까	18	417	얘기하는	399	0.0254
418	그러니	17	418	이미	398	0.0254
419	너	17	419	다섯	398	0.0254
420	돼서	17	420	걸로	397	0.0253
421	들어	17	421	직접	397	0.0253
422	말을	17	422	돈을	395	0.0252
423	몰라요	17	423	시	393	0.0251

빈도순	어절	출현횟수	빈도순	어절	출현횟수	빈도
424	물	17	424	있으니까	392	0.0250
425	생각을	17	425	쪼끔	392	0.0250
426	오는	17	426	하지만	391	0.0249
427	있잖아요	17	427	자신이	390	0.0249
428	가다가	16	428	몰라	390	0.0249
429	각	16	429	그깐	390	0.0249
430	거길	16	430	머	390	0.0249
431	거니까	16	431	아닙니다	390	0.0249
432	그리	16	432	백	390	0.0249
433	논	16	433	등	389	0.0248
434	당시에는	16	434	같습니다	388	0.0247
435	돈:을	16	435	아닙니까	386	0.0246
436	되구	16	436	애길	386	0.0246
437	많:지	16	437	첫	384	0.0245
438	말이	16	438	되니까	384	0.0245
439	먹고	16	439	사람을	384	0.0245
440	밑에	16	440	말하는	382	0.0244
441	술	16	441	거에	382	0.0244
442	아니고	16	442	언제	381	0.0243
443	아들은	16	443	먹어	380	0.0242
444	않어요	16	444	갖구	380	0.0242
445	옌:날	16	445	것처럼	378	0.0241
446	옛:날	16	446	올	377	0.0240
447	온	16	447	오는	376	0.0240
448	요새는	16	448	그러는데	376	0.0240
449	이거는	16	449	중에서	375	0.0239
450	인저	16	450	받고	373	0.0238
451	증말	16	451	실제로	372	0.0237
452	피:란	16	452	사는	370	0.0236
453	가며는	15	453	이것이	369	0.0235
454	갔는데	15	454	고객님	369	0.0235

빈도순	어절	출현횟수	빈도순	어절	출현횟수	빈도
455	그거지	15	455	쓰는	367	0.0234
456	그러나	15	456	엄마	364	0.0232
457	나도	15	457	속에	363	0.0231
458	나이	15	458	맞어	363	0.0231
459	들어가	15	459	듣고	362	0.0231
460	때나	15	460	어제	362	0.0231
461	맨든	15	461	된다고	362	0.0231
462	벌써	15	462	여자	360	0.0230
463	보통	15	463	전화를	358	0.0228
464	서루	15	464	들고	358	0.0228
465	선생님	15	465	고등학교	358	0.0228
466	시집을	15	466	지금까지	358	0.0228
467	아니지	15	467	옛날에	356	0.0227
468	아이들이	15	468	대해서는	356	0.0227
469	어머니가	15	469	이상	355	0.0226
470	업:는	15	470	과연	354	0.0226
471	없:었어	15	471	간	354	0.0226
472	없었어	15	472	한다	354	0.0226
473	여덜	15	473	먹는	354	0.0226
474	옛:날엔	15	474	애들	354	0.0226
475	이렇:게	15	475	되어	354	0.0226
476	이리	15	476	아닌	353	0.0225
477	저게	15	477	어려운	349	0.0223
478	파는	15	478	얼마	349	0.0223
479	허게	15	479	증인	349	0.0223
480	거기두	14	480	쉽게	346	0.0221
481	겟이	14	481	보세요	345	0.0220
482	국민핵교	14	482	아니에요	345	0.0220
483	기냥	14	483	아는	345	0.0220
484	나무	14	484	아나	343	0.0219
485	나중에	14	485	들어서	343	0.0219

빈도순	어절	출현횟수	빈도순	어절	출현횟수	빈도
486	너머	14	486	제대로	342	0.0218
487	댕길	14	487	않습니다	342	0.0218
488	돌아가시구	14	488	분들이	342	0.0218
489	동네에	14	489	공부를	339	0.0216
490	말은	14	490	마음이	339	0.0216
491	뭇	14	491	줘	339	0.0216
492	사:람이	14	492	이형자	339	0.0216
493	셋:째	14	493	나한테	338	0.0216
494	싸람은	14	494	자신의	337	0.0215
495	쓸	14	495	못하고	336	0.0214
496	아이가	14	496	그대로	335	0.0214
497	아침에	14	497	있습니까	334	0.0213
498	애:들이	14	498	여러분	333	0.0212
499	애들은	14	499	주시기	331	0.0211
500	얘기가	14	500	생각하는	329	0.0210
501	어렸을	14	501	나두	329	0.0210
502	업:지	14	502	않습니까	329	0.0210
503	없:에요	14	503	가고	329	0.0210
504	없으니까	14	504	이러한	327	0.0208
505	옌:날에	14	505	좋습니다	327	0.0208
506	오	14	506	정도로	325	0.0207
507	옷을	14	507	같고	325	0.0207
508	우리나라	14	508	나를	325	0.0207
509	있다	14	509	대로	325	0.0207
510	지끔겉이*	14	510	새로운	325	0.0207
511	쭉	14	511	요	323	0.0206
512	치구	14	512	생각도	323	0.0206
513	하믄	14	513	하여튼	322	0.0205
514	학교에	14	514	엠비시	322	0.0205
515	항상	14	515	말고	322	0.0205
516	가만히	13	516	있었는데	321	0.0205

빈도순	어절	출현횟수	빈도순	어절	출현횟수	빈도
517	가믄	13	517	나의	321	0.0205
518	그겟이	13	518	보기	320	0.0204
519	그랬드니	13	519	아무	320	0.0204
520	그러다가	13	520	맞습니다	320	0.0204
521	길이	13	521	경우가	320	0.0204
522	나가	13	522	당시	319	0.0203
523	나가구	13	523	이야기를	319	0.0203
524	나쁜	13	524	내일	319	0.0203
525	나오는	13	525	이십	319	0.0203
526	나이가	13	526	가면	318	0.0203
527	대구	13	527	때가	318	0.0203
528	돼지	13	528	알겠습니다	318	0.0203
529	둘째	13	529	하	317	0.0202
530	딸이	13	530	주로	315	0.0201
531	맨들어서	13	531	감사합니다	314	0.0200
532	명절	13	532	자체가	314	0.0200
533	몇	13	533	있어야	313	0.0200
534	물론	13	534	그래가지구	313	0.0200
535	뭐라	13	535	된다는	312	0.0199
536	뭐야	13	536	쭉	311	0.0198
537	밤에	13	537	사람의	311	0.0198
538	버리구	13	538	아유	310	0.0198
539	벌	13	539	마	308	0.0196
540	사서	13	540	거고	307	0.0196
541	아무	13	541	잠깐	307	0.0196
542	않지	13	542	벌써	305	0.0194
543	어려서는	13	543	위한	305	0.0194
544	요기	13	544	경우	305	0.0194
545	우리두	13	545	않아요	304	0.0194
546	위해서	13	546	연정희	304	0.0194
547	자구	13	547	오늘은	304	0.0194

빈도순	어절	출현횟수	빈도순	어절	출현횟수	빈도
548	자꾸만	13	548	구	303	0.0193
549	저걸	13	549	텐데	302	0.0193
550	조부께서	13	550	오십	301	0.0192
551	피란	13	551	있구	299	0.0191
552	하지	13	552	결국은	299	0.0191
553	해:서	13	553	여러분들이	296	0.0189
554	해야	13	554	글쎄	296	0.0189
555	허다가	13	555	되면은	296	0.0189
556	허시는	13	556	친구	296	0.0189
557	혼자	13	557	경우에	295	0.0188
558	후에	13	558	만들어	295	0.0188
559	거구	12	559	했던	295	0.0188
560	결혼을	12	560	어쨌든	295	0.0188
561	국민학교	12	561	뒤에	295	0.0188
562	그걸루	12	562	여기에	295	0.0188
563	나고	12	563	있었습니다	294	0.0187
564	나라	12	564	뭐냐	294	0.0187
565	나와서	12	565	한국	294	0.0187
566	넷:째	12	566	들어요	294	0.0187
567	능력이	12	567	머리	293	0.0187
568	댕기구	12	568	아우	293	0.0187
569	데리구	12	569	속에서	292	0.0186
570	데서	12	570	되요	291	0.0186
571	돼는	12	571	만	291	0.0186
572	둘	12	572	밖에	290	0.0185
573	뒤에	12	573	씨는	289	0.0184
574	들어가구	12	574	둘	288	0.0184
575	들어가는	12	575	나름대로	288	0.0184
576	말이지	12	576	됐습니다	287	0.0183
577	뭐구	12	577	않을까	287	0.0183
578	바루	12	578	십이월	287	0.0183

빈도순	어절	출현횟수	빈도순	어절	출현횟수	빈도
579	밤	12	579	집에서	287	0.0183
580	별루	12	580	갖다가	287	0.0183
581	본	12	581	시간을	286	0.0182
582	사다가	12	582	달	286	0.0182
583	살구	12	583	맨	286	0.0182
584	살에	12	584	그렇지만	284	0.0181
585	서대문	12	585	사람도	283	0.0180
586	수가	12	586	했을	283	0.0180
587	식구	12	587	서울	282	0.0180
588	아부지	12	588	여섯	282	0.0180
589	아이들	12	589	있지만	282	0.0180
590	안에	12	590	생각합니다	281	0.0179
591	애들이	12	591	그러니깐	280	0.0179
592	어려운	12	592	술	280	0.0179
593	얼마	12	593	보면서	280	0.0179
594	여기다	12	594	것이다	279	0.0178
595	연을	12	595	받아	278	0.0177
596	옛:날에는	12	596	솔직히	278	0.0177
597	이름을	12	597	정답은	277	0.0177
598	있었죠	12	598	못하는	277	0.0177
599	저렇게	12	599	너무나	277	0.0177
600	점	12	600	문제는	277	0.0177
601	정도	12	601	엄마가	276	0.0176
602	죽	12	602	있게	276	0.0176
603	줘	12	603	남	276	0.0176
604	집안에	12	604	대개	276	0.0176
605	쫌	12	605	말이야	276	0.0176
606	하나만	12	606	수밖에	276	0.0176
607	할아버지가	12	607	뭐라고	275	0.0175
608	허니까	12	608	집	275	0.0175
609	가게	11	609	이번에	275	0.0175

빈도순	어절	출현횟수	빈도순	어절	출현횟수	빈도
610	가주구선	11	610	이래	274	0.0175
611	고기를	11	611	안녕하세요	274	0.0175
612	고생	11	612	밥	274	0.0175
613	그랬죠	11	613	옷을	273	0.0174
614	그러죠	11	614	시간에	273	0.0174
615	꽉	11	615	없을	272	0.0173
616	나는데	11	616	쓸	272	0.0173
617	나오구	11	617	정답	271	0.0173
618	대루	11	618	얘기하고	271	0.0173
619	돼고	11	619	여러분들	271	0.0173
620	돼요	11	620	저거	271	0.0173
621	되며는	11	621	우리의	271	0.0173
622	련	11	622	얘기할	270	0.0172
623	맨드는	11	623	한다고	270	0.0172
624	머야	11	624	여보세요	269	0.0172
625	메누리	11	625	그러는	268	0.0171
626	명	11	626	좋아	268	0.0171
627	몰라	11	627	한다는	267	0.0170
628	몰르구	11	628	친구가	266	0.0170
629	문	11	629	남자	266	0.0170
630	밤낮	11	630	도움이	266	0.0170
631	배운	11	631	오래	266	0.0170
632	비가	11	632	했어	266	0.0170
633	사:는	11	633	얘기는	265	0.0169
634	사람도	11	634	것들을	265	0.0169
635	살:구	11	635	노래	264	0.0168
636	살림	11	636	쓰고	264	0.0168
637	생활	11	637	왜냐하면	264	0.0168
638	서울에서	11	638	걔	263	0.0168
639	셰	11	639	한국어	262	0.0167
640	손으루	11	640	있는데요	262	0.0167

빈도순	어절	출현횟수	빈도순	어절	출현횟수	빈도
641	시간이	11	641	학년	261	0.0166
642	시대에	11	642	당시에	260	0.0166
643	싹	11	643	안에	260	0.0166
644	쏘두	11	644	우리나라	260	0.0166
645	아버님	11	645	마지막	259	0.0165
646	아버님이	11	646	갖다	258	0.0165
647	아휴	11	647	대학	258	0.0165
648	않고	11	648	괜히	257	0.0164
649	않으니까	11	649	말씀해	256	0.0163
650	알지	11	650	갔다	256	0.0163
651	애들	11	651	얘가	255	0.0163
652	어려서	11	652	보여	255	0.0163
653	요릏게	11	653	주	254	0.0162
654	육이오때	11	654	대화	254	0.0162
655	이:조	11	655	필요가	254	0.0162
656	이름이	11	656	차	254	0.0162
657	일:을	11	657	명이	254	0.0162
658	일을	11	658	있었어요	253	0.0161
659	있다구	11	659	이제는	253	0.0161
660	장사	11	660	아침에	253	0.0161
661	저:기	11	661	차이가	253	0.0161
662	제일	11	662	맞는	252	0.0161
663	종로	11	663	배정숙	252	0.0161
664	주고	11	664	보다	252	0.0161
665	주로	11	665	원을	251	0.0160
666	쪽에	11	666	부분이	251	0.0160
667	친구가	11	667	지금도	250	0.0159
668	하나도	11	668	이것을	250	0.0159
669	하나두	11	669	아닌데	249	0.0159
670	한:글	11	670	구체적으로	249	0.0159
671	가고	10	671	기분이	248	0.0158

빈도순	어절	출현횟수	빈도순	어절	출현횟수	빈도
672	가지구서는	10	672	아무래도	248	0.0158
673	갔다	10	673	했다	248	0.0158
674	갔어	10	674	선생님이	247	0.0157
675	계울에	10	675	없다고	247	0.0157
676	고생을	10	676	모르겠어요	247	0.0157
677	군인	10	677	훨씬	246	0.0157
678	그대루	10	678	나오고	246	0.0157
679	그렇고	10	679	고맙습니다	245	0.0156
680	그렇다구	10	680	없는데	245	0.0156
681	글	10	681	들어가	244	0.0156
682	글세	10	682	너는	244	0.0156
683	길	10	683	봐요	243	0.0155
684	꺼야	10	684	있었던	243	0.0155
685	나구	10	685	받은	243	0.0155
686	당시	10	686	말은	241	0.0154
687	동네에서	10	687	애	241	0.0154
688	되니까	10	688	천	241	0.0154
689	될	10	689	건지	241	0.0154
690	많:구	10	690	하다가	240	0.0153
691	많어	10	691	강희복	240	0.0153
692	맛이	10	692	잘못	240	0.0153
693	머냐믄	10	693	애기해	239	0.0152
694	먹은	10	694	거라고	239	0.0152
695	밑에서	10	695	쪼금	239	0.0152
696	바람에	10	696	말할	239	0.0152
697	반	10	697	설명을	239	0.0152
698	방	10	698	후에	239	0.0152
699	버리는	10	699	분들	238	0.0152
700	보:통	10	700	소위	238	0.0152
701	불	10	701	진형구	238	0.0152
702	사다	10	702	저런	238	0.0152

빈도순	어절	출현횟수	빈도순	어절	출현횟수	빈도
703	사진	10	703	있구요	237	0.0151
704	수도	10	704	돼서	236	0.0150
705	시어머니	10	705	얘기한	236	0.0150
706	식으루	10	706	봐야	236	0.0150
707	싸람들은	10	707	관한	236	0.0150
708	아:는	10	708	하나는	235	0.0150
709	아니예요	10	709	초	235	0.0150
710	아버지는	10	710	영화	235	0.0150
711	아이구	10	711	물어	234	0.0149
712	안국동	10	712	따라	234	0.0149
713	애:들	10	713	뭐라	234	0.0149
714	얘기야	10	714	돈이	233	0.0149
715	없:어요	10	715	되겠다	233	0.0149
716	여긴	10	716	그러다	232	0.0148
717	여자는	10	717	각	232	0.0148
718	오:십	10	718	좋다	232	0.0148
719	오늘	10	719	아니요	231	0.0147
720	와요	10	720	타고	231	0.0147
721	왔다갔다	10	721	시험	229	0.0146
722	요런	10	722	아니다	229	0.0146
723	요만큼씩	10	723	그러지	229	0.0146
724	이쪽	10	724	그래두	228	0.0145
725	일반	10	725	하나도	228	0.0145
726	일흔	10	726	처음에는	228	0.0145
727	있나	10	727	자주	228	0.0145
728	있던	10	728	들림	226	0.0144
729	있잖어요	10	729	있도록	226	0.0144
730	장사를	10	730	아니냐	226	0.0144
731	저녁	10	731	에이	226	0.0144
732	적이	10	732	저렇게	226	0.0144
733	주루	10	733	이유가	226	0.0144

빈도순	어절	출현횟수	빈도순	어절	출현횟수	빈도
734	중국	10	734	따로	225	0.0143
735	줘요	10	735	그렇고	225	0.0143
736	지금도	10	736	걔가	225	0.0143
737	지끔도	10	737	좋아하는	225	0.0143
738	지내구	10	738	필요한	224	0.0143
739	지내는	10	739	했고	224	0.0143
740	진	10	740	라는	223	0.0142
741	쪼끄만	10	741	하다	223	0.0142
742	차가	10	742	도대체	223	0.0142
743	책	10	743	일단은	223	0.0142
744	쳐	10	744	가운데	223	0.0142
745	하나를	10	745	요새	223	0.0142
746	학교에서	10	746	옷	222	0.0142
747	한참	10	747	모습을	222	0.0142
748	할머니가	10	748	여자가	221	0.0141
749	해:방	10	749	쓴	221	0.0141
750	해도	10	750	때부터	221	0.0141
751	했던	10	751	받을	220	0.0140
752	했에요	10	752	별	219	0.0140
753	후:에	10	753	하시는	219	0.0140
754	가요	9	754	보겠습니다	219	0.0140
755	가주구서는	9	755	모르는	219	0.0140
756	갔다가	9	756	생각은	219	0.0140
757	강냉이	9	757	받는	219	0.0140
758	같애	9	758	동안에	218	0.0139
759	거기에	9	759	준	217	0.0138
760	걸어	9	760	라고	217	0.0138
761	것만	9	761	약	217	0.0138
762	겉애요	9	762	부분에	217	0.0138
763	구	9	763	늘	217	0.0138
764	그대로	9	764	많고	217	0.0138

빈도순	어절	출현횟수	빈도순	어절	출현횟수	빈도
765	그르지	9	765	책을	217	0.0138
766	극장이	9	766	봤는데	216	0.0138
767	기양	9	767	아예	216	0.0138
768	끓여	9	768	아무리	216	0.0138
769	나갈	9	769	가야	216	0.0138
770	년에	9	770	옆에	216	0.0138
771	노믄	9	771	의해서	215	0.0137
772	늘	9	772	어우	215	0.0137
773	달	9	773	많아요	215	0.0137
774	달르지	9	774	되죠	214	0.0136
775	대:문	9	775	않을	214	0.0136
776	대학	9	776	입고	214	0.0136
777	됀	9	777	저희들이	213	0.0136
778	됐지	9	778	그것	213	0.0136
779	들어와서	9	779	스스로	213	0.0136
780	따라서	9	780	경우도	212	0.0135
781	때니까	9	781	일월	212	0.0135
782	땐데	9	782	거지요	212	0.0135
783	똥안	9	783	있는지	211	0.0135
784	만들어	9	784	먹을	211	0.0135
785	많::이	9	785	하죠	210	0.0134
786	많구	9	786	그죠	210	0.0134
787	많은	9	787	네에	210	0.0134
788	머리가	9	788	기억이	209	0.0133
789	먹어요	9	789	꺼	209	0.0133
790	모:든	9	790	좋지	209	0.0133
791	모르지	9	791	쪽에	209	0.0133
792	몰라두	9	792	만든	208	0.0133
793	미:국	9	793	사고	208	0.0133
794	보면	9	794	모르겠는데	207	0.0132
795	분인데	9	795	요즘에	207	0.0132

빈도순	어절	출현횟수	빈도순	어절	출현횟수	빈도
796	살다가	9	796	아직도	207	0.0132
797	살어	9	797	주십시오	207	0.0132
798	새	9	798	특별히	206	0.0131
799	새우젓	9	799	따른	205	0.0131
800	생각하니까	9	800	내용을	204	0.0130
801	서	9	801	나라	204	0.0130
802	소리가	9	802	퍼센트	204	0.0130
803	수원	9	803	나이	203	0.0129
804	스물	9	804	그날	203	0.0129
805	십	9	805	가끔	203	0.0129
806	아:주	9	806	김	203	0.0129
807	아들을	9	807	일본	203	0.0129
808	아버님은	9	808	구체적인	203	0.0129
809	아이들은	9	809	거거든요	203	0.0129
810	아이들을	9	810	사십	202	0.0129
811	안돼	9	811	자기는	202	0.0129
812	않었어	9	812	두고	202	0.0129
813	알:지	9	813	수는	202	0.0129
814	알어	9	814	밑에	201	0.0128
815	양반	9	815	사회	201	0.0128
816	얼:마나	9	816	나와서	201	0.0128
817	업구	9	817	애가	201	0.0128
818	엔:날에	9	818	힘든	201	0.0128
819	여든	9	819	이거를	201	0.0128
820	여러	9	820	대학교	199	0.0127
821	여자	9	821	그렇기	199	0.0127
822	연	9	822	반드시	199	0.0127
823	열레	9	823	회사	199	0.0127
824	예:전에	9	824	미리	199	0.0127
825	옌:날엔	9	825	그때는	198	0.0126
826	우리네	9	826	어디서	198	0.0126

빈도순	어절	출현횟수	빈도순	어절	출현횟수	빈도
827	우리집에	9	827	분들은	198	0.0126
828	우선	9	828	나올	197	0.0126
829	웬만한	9	829	있지요	197	0.0126
830	이거를	9	830	대화를	197	0.0126
831	이젠	9	831	번호	197	0.0126
832	있으니깐	9	832	충분히	197	0.0126
833	있지만	9	833	저한테	196	0.0125
834	저는	9	834	만큼	196	0.0125
835	전	9	835	말씀하신	196	0.0125
836	전:차	9	836	것들	196	0.0125
837	전에는	9	837	되겠습니다	195	0.0124
838	젊었을	9	838	위해	195	0.0124
839	정말	9	839	높은	195	0.0124
840	제:사	9	840	상황이	195	0.0124
841	좋구	9	841	이것도	195	0.0124
842	중학교	9	842	알았어	195	0.0124
843	질	9	843	생각할	195	0.0124
844	집안	9	844	이해가	193	0.0123
845	칠	9	845	같다	193	0.0123
846	파	9	846	누구	193	0.0123
847	해에	9	847	중	193	0.0123
848	핵교	9	848	말도	193	0.0123
849	허기	9	849	나쁜	193	0.0123
850	허면	9	850	기분	192	0.0122
851	허죠	9	851	것두	192	0.0122
852	허지만	9	852	책	192	0.0122
853	형님이	9	853	질문을	192	0.0122
854	가니까	8	854	좋을	191	0.0122
855	가야	8	855	글쎄요	191	0.0122
856	갖고	8	856	있던	191	0.0122
857	같애요	8	857	비	191	0.0122

빈도순	어절	출현횟수	빈도순	어절	출현횟수	빈도
858	거:의	8	858	정일순	190	0.0121
859	거기를	8	859	못한	190	0.0121
860	거이	8	860	일곱	190	0.0121
861	걸루	8	861	면에서	189	0.0121
862	겉으믄	8	862	똑같은	189	0.0121
863	고거	8	863	됐어요	189	0.0121
864	고게	8	864	젊은	188	0.0120
865	고모	8	865	세계	188	0.0120
866	곧잘	8	866	마음	188	0.0120
867	군대를	8	867	그랬어요	187	0.0119
868	그거야	8	868	없으니까	187	0.0119
869	그니까	8	869	살고	187	0.0119
870	그래가지구	8	870	보시면	187	0.0119
871	그랬던	8	871	탁	187	0.0119
872	그러대요	8	872	해야지	187	0.0119
873	그러더라고	8	873	내용이	187	0.0119
874	그럼요	8	874	반	187	0.0119
875	그렇구	8	875	할까	187	0.0119
876	그룽까	8	876	비슷한	187	0.0119
877	글을	8	877	노력을	187	0.0119
878	나가지고	8	878	봤을	186	0.0119
879	나니까	8	879	위에	186	0.0119
880	나믄	8	880	대충	186	0.0119
881	날이	8	881	둘이	186	0.0119
882	남자는	8	882	나가는	186	0.0119
883	내려가서	8	883	하거든요	186	0.0119
884	내려오는	8	884	대부분	186	0.0119
885	놔	8	885	아니구	186	0.0119
886	누구	8	886	관심을	185	0.0118
887	눈이	8	887	당연히	185	0.0118
888	느	8	888	있고요	185	0.0118

빈도순	어절	출현횟수	빈도순	어절	출현횟수	빈도
889	다니구	8	889	저의	185	0.0118
890	다섯	8	890	오빠가	185	0.0118
891	댕겨	8	891	그죠	184	0.0117
892	데루	8	892	됐는데	184	0.0117
893	돈:이	8	893	논문	184	0.0117
894	동:네에서	8	894	것에	184	0.0117
895	돼면	8	895	미국	184	0.0117
896	두구	8	896	좀더	184	0.0117
897	둘:이	8	897	학생들이	184	0.0117
898	들어간	8	898	중학교	183	0.0117
899	들어요	8	899	쪽	183	0.0117
900	딸을	8	900	대해	183	0.0117
901	때도	8	901	나머지	183	0.0117
902	때에	8	902	들면	183	0.0117
903	만	8	903	경제	182	0.0116
904	만:하	8	904	소리가	182	0.0116
905	많:은	8	905	위해서는	182	0.0116
906	많아요	8	906	느끼는	181	0.0115
907	말구	8	907	없어서	181	0.0115
908	머냐	8	908	데서	181	0.0115
909	먹지	8	909	같으면	181	0.0115
910	메칠	8	910	어렸을	181	0.0115
911	무	8	911	혹은	181	0.0115
912	받구	8	912	싶은데	181	0.0115
913	밤나	8	913	관심이	181	0.0115
914	보는데	8	914	하루	181	0.0115
915	보니까는	8	915	네네	181	0.0115
916	보니깐	8	916	녹음	180	0.0115
917	분은	8	917	니	180	0.0115
918	빨리	8	918	옛날	180	0.0115
919	사:변	8	919	담에	179	0.0114

빈도순	어절	출현횟수	빈도순	어절	출현횟수	빈도
920	사람들두	8	920	않으면	179	0.0114
921	사러	8	921	거니까	179	0.0114
922	사실은	8	922	어어	178	0.0114
923	사진을	8	923	끝남	178	0.0114
924	살았지	8	924	있느냐	178	0.0114
925	삼	8	925	하실	178	0.0114
926	생선	8	926	금방	178	0.0114
927	서로	8	927	이럴	178	0.0114
928	서른	8	928	검사	177	0.0113
929	서서	8	929	및	177	0.0113
930	선생	8	930	봤어	177	0.0113
931	소	8	931	어차피	177	0.0113
932	소리	8	932	점을	177	0.0113
933	써서	8	933	의미가	177	0.0113
934	쓴	8	934	성격이	177	0.0113
935	아니에요	8	935	문제에	177	0.0113
936	아래	8	936	상황을	176	0.0112
937	앉어서	8	937	좋고	176	0.0112
938	않아	8	938	봅니다	176	0.0112
939	알구	8	939	들은	176	0.0112
940	애	8	940	지끔	176	0.0112
941	애기를	8	941	표현을	176	0.0112
942	어디가	8	942	했거든요	175	0.0112
943	어딜	8	943	되거든요	175	0.0112
944	어린	8	944	절대	175	0.0112
945	없는데	8	945	왔는데	175	0.0112
946	여기는	8	946	때에	175	0.0112
947	여기다가	8	947	느낌을	174	0.0111
948	여름에는	8	948	다들	174	0.0111
949	여섯	8	949	계신	174	0.0111
950	역시	8	950	것인가	174	0.0111

빈도순	어절	출현횟수	빈도순	어절	출현횟수	빈도
951	오는데	8	951	애기도	173	0.0110
952	오믄	8	952	일찍	173	0.0110
953	올	8	953	애	173	0.0110
954	왜정때	8	954	중간에	172	0.0110
955	요게	8	955	십구일	172	0.0110
956	위에	8	956	정도는	172	0.0110
957	은:어	8	957	앉아	172	0.0110
958	음식	8	958	서	172	0.0110
959	읊:어요	8	959	보내	172	0.0110
960	인민군이	8	960	없다는	172	0.0110
961	있어야	8	961	들었어요	171	0.0109
962	있으면	8	962	원에	171	0.0109
963	있져	8	963	보지	171	0.0109
964	장	8	964	역할을	171	0.0109
965	저이	8	965	만드는	171	0.0109
966	저쪽	8	966	갔는데	171	0.0109
967	정도로	8	967	있다가	171	0.0109
968	제::일	8	968	영향을	171	0.0109
969	제대루	8	969	자료	171	0.0109
970	젤	8	970	줘야	171	0.0109
971	존	8	971	그렇다고	171	0.0109
972	즘	8	972	보이는	170	0.0108
973	짓구	8	973	봤어요	170	0.0108
974	치는	8	974	답은	170	0.0108
975	크게	8	975	엘지	170	0.0108
976	타고	8	976	마음에	170	0.0108
977	탁	8	977	좋겠다	169	0.0108
978	특별히	8	978	부분은	169	0.0108
979	풀	8	979	대단히	169	0.0108
980	피란을	8	980	자기의	169	0.0108
981	하면	8	981	나이가	168	0.0107

빈도순	어절	출현횟수	빈도순	어절	출현횟수	빈도
982	학교가	8	982	결정을	168	0.0107
983	할머니	8	983	오고	168	0.0107
984	할아부지	8	984	간에	168	0.0107
985	해주구	8	985	것이고	168	0.0107
986	행랑	8	986	때마다	168	0.0107
987	허구선	8	987	불구하고	168	0.0107
988	허먼	8	988	프로	168	0.0107
989	허며는	8	989	무엇입니까	168	0.0107
990	가가지고	7	990	봤습니다	167	0.0107
991	가다	7	991	앞에서	167	0.0107
992	가주	7	992	이르케	167	0.0107
993	거긴	7	993	가게	167	0.0107
994	것은	7	994	정도의	166	0.0106
995	곁애	7	995	않아	166	0.0106
996	고걸	7	996	가만히	166	0.0106
997	고런	7	997	그랬어	166	0.0106
998	고조	7	998	나가서	166	0.0106
999	구경을	7	999	끝나고	166	0.0106
1000	군대	7	1000	어떻습니까	166	0.0106
1001	군인들이	7	1001	대화가	165	0.0105
1002	그날	7	1002	모	165	0.0105
1003	그랬었는데	7	1003	분은	165	0.0105
1004	그러며는	7	1004	않았습니다	165	0.0105
1005	그런거	7	1005	것들은	165	0.0105
1006	그야말루	7	1006	관련된	165	0.0105
1007	극장	7	1007	만나서	165	0.0105
1008	금방	7	1008	점이	165	0.0105
1009	껀	7	1009	할려고	164	0.0105
1010	끌:구	7	1010	겁니까	164	0.0105
1011	끌구	7	1011	상태에서	164	0.0105
1012	나가게	7	1012	자료를	164	0.0105

빈도순	어절	출현횟수	빈도순	어절	출현횟수	빈도
1013	나만	7	1013	하나가	163	0.0104
1014	나오고	7	1014	자신을	163	0.0104
1015	나한테	7	1015	스물	163	0.0104
1016	남에	7	1016	있나	163	0.0104
1017	놀구	7	1017	하자	163	0.0104
1018	놓구선	7	1018	증인의	163	0.0104
1019	놓는	7	1019	아이엠에프	163	0.0104
1020	놓지	7	1020	말이에요	162	0.0103
1021	놔요	7	1021	같은데요	162	0.0103
1022	늦게	7	1022	늦게	162	0.0103
1023	다리믈	7	1023	한참	162	0.0103
1024	대:추	7	1024	아이구	162	0.0103
1025	대서	7	1025	관계가	162	0.0103
1026	대해서	7	1026	드리고	162	0.0103
1027	댄	7	1027	그럴까	162	0.0103
1028	댕기는데	7	1028	요렇게	162	0.0103
1029	더러	7	1029	남편이	161	0.0103
1030	덜	7	1030	정부가	161	0.0103
1031	데다	7	1031	그렇다면	161	0.0103
1032	돌아가시고	7	1032	했다고	161	0.0103
1033	동네가	7	1033	어때요	161	0.0103
1034	동네서	7	1034	생활을	161	0.0103
1035	돼는데	7	1035	물	160	0.0102
1036	됐어	7	1036	적	160	0.0102
1037	되는데	7	1037	느끼고	160	0.0102
1038	되믄	7	1038	여러분이	160	0.0102
1039	둘:을	7	1039	아니면은	160	0.0102
1040	들고	7	1040	조사를	160	0.0102
1041	때믄	7	1041	땐	160	0.0102
1042	떠나구	7	1042	하여간	159	0.0101
1043	떡	7	1043	기자입니다	159	0.0101

빈도순	어절	출현횟수	빈도순	어절	출현횟수	빈도
1044	떡을	7	1044	죽	159	0.0101
1045	막내	7	1045	땜에	159	0.0101
1046	많:어요	7	1046	있었고	159	0.0101
1047	많:었지	7	1047	어머	159	0.0101
1048	맞구	7	1048	식의	159	0.0101
1049	매일	7	1049	거다	159	0.0101
1050	머리	7	1050	점점	159	0.0101
1051	먹는데	7	1051	작은	159	0.0101
1052	먹었는데	7	1052	때까지	159	0.0101
1053	몰:라요	7	1053	과정에서	159	0.0101
1054	못해요	7	1054	여덟	158	0.0101
1055	무척	7	1055	이상한	158	0.0101
1056	문을	7	1056	워낙	158	0.0101
1057	문이	7	1057	생활	158	0.0101
1058	뭔지	7	1058	먹구	158	0.0101
1059	밤을	7	1059	몸이	158	0.0101
1060	배가	7	1060	달라고	158	0.0101
1061	별로	7	1061	신경	158	0.0101
1062	봄에	7	1062	알아	158	0.0101
1063	봐	7	1063	천만	157	0.0100
1064	부모가	7	1064	그만	157	0.0100
1065	분들이	7	1065	방법이	157	0.0100
1066	불이	7	1066	모르고	157	0.0100
1067	빨간	7	1067	아빠	157	0.0100
1068	뿌리구	7	1068	또한	157	0.0100
1069	사:십	7	1069	하셨습니다	157	0.0100
1070	사는데	7	1070	말하자면	156	0.0099
1071	사람덜이	7	1071	마음을	156	0.0099
1072	사람에	7	1072	새로	156	0.0099
1073	사실	7	1073	배	156	0.0099
1074	살았어요	7	1074	시에	156	0.0099

빈도순	어절	출현횟수	빈도순	어절	출현횟수	빈도
1075	색:시가	7	1075	이천	156	0.0099
1076	생긴	7	1076	말한	156	0.0099
1077	선생이	7	1077	정확하게	156	0.0099
1078	수도가	7	1078	듣는	155	0.0099
1079	시	7	1079	이름을	155	0.0099
1080	시골	7	1080	학기	155	0.0099
1081	시굴	7	1081	사실이	155	0.0099
1082	시장	7	1082	생각해요	155	0.0099
1083	시험을	7	1083	부분을	155	0.0099
1084	식구가	7	1084	말이지	155	0.0099
1085	써	7	1085	수업	155	0.0099
1086	아녜요	7	1086	나면	154	0.0098
1087	아무리	7	1087	했으면	154	0.0098
1088	아직	7	1088	가지가	154	0.0098
1089	약을	7	1089	달라	154	0.0098
1090	얘	7	1090	사람한테	154	0.0098
1091	얘기했지만	7	1091	저를	154	0.0098
1092	어디서	7	1092	준비를	154	0.0098
1093	어렵게	7	1093	보구	154	0.0098
1094	어머니는	7	1094	육십	154	0.0098
1095	없:으니까	7	1095	많은데	153	0.0098
1096	없구	7	1096	어머니	153	0.0098
1097	없지	7	1097	본인이	153	0.0098
1098	여길	7	1098	말로	153	0.0098
1099	여섯째	7	1099	주면	153	0.0098
1100	여자들이	7	1100	실제	153	0.0098
1101	오빠가	7	1101	어쩔	152	0.0097
1102	옷은	7	1102	면이	152	0.0097
1103	왔어요	7	1103	찾아	152	0.0097
1104	왔지	7	1104	다음은	152	0.0097
1105	왜:국어	7	1105	그럼요	152	0.0097

빈도순	어절	출현횟수	빈도순	어절	출현횟수	빈도
1106	요렇:게	7	1106	칠월	152	0.0097
1107	요만한	7	1107	싫다	151	0.0096
1108	육	7	1108	공부	151	0.0096
1109	육백	7	1109	없죠	151	0.0096
1110	으:른들이	7	1110	뭐지	151	0.0096
1111	을:마나	7	1111	않냐	151	0.0096
1112	을찌로	7	1112	작년	151	0.0096
1113	읍:구	7	1113	있겠죠	151	0.0096
1114	읆:어	7	1114	싫고	151	0.0096
1115	읆어	7	1115	이해를	151	0.0096
1116	이가	7	1116	자리에	151	0.0096
1117	이래	7	1117	나갈	150	0.0096
1118	이미	7	1118	가진	150	0.0096
1119	인:구가	7	1119	됐어	150	0.0096
1120	인민군들이	7	1120	만난	149	0.0095
1121	일번늠이	7	1121	사이에	149	0.0095
1122	입을	7	1122	많습니다	149	0.0095
1123	있긴	7	1123	그치	149	0.0095
1124	있다고	7	1124	일반	149	0.0095
1125	있었에요	7	1125	잠시	149	0.0095
1126	잡으러	7	1126	그러다가	149	0.0095
1127	전용을	7	1127	이후에	149	0.0095
1128	조선	7	1128	먹으면	149	0.0095
1129	졸업을	7	1129	그만큼	148	0.0094
1130	종이	7	1130	가능성이	148	0.0094
1131	좋아서	7	1131	그런지	148	0.0094
1132	죄	7	1132	오면	148	0.0094
1133	죄다	7	1133	없지	147	0.0094
1134	죽구	7	1134	요즘은	147	0.0094
1135	중간에	7	1135	보이고	147	0.0094
1136	중에	7	1136	교육	147	0.0094

빈도순	어절	출현횟수	빈도순	어절	출현횟수	빈도
1137	즈	7	1137	구월	147	0.0094
1138	지끔의	7	1138	옛날에는	147	0.0094
1139	직장	7	1139	관해서	147	0.0094
1140	진짜	7	1140	그니깐	147	0.0094
1141	집들은	7	1141	작년에	147	0.0094
1142	집안에서	7	1142	머리가	147	0.0094
1143	짜	7	1143	어서	146	0.0093
1144	쩍에는	7	1144	못해	146	0.0093
1145	쪼:끄만	7	1145	했죠	146	0.0093
1146	쪽	7	1146	드립니다	146	0.0093
1147	차별을	7	1147	무조건	146	0.0093
1148	청년단	7	1148	백만	146	0.0093
1149	청와대	7	1149	나랑	145	0.0092
1150	토란	7	1150	아니지	145	0.0092
1151	피:란을	7	1151	형	145	0.0092
1152	하더라고	7	1152	이러면서	145	0.0092
1153	하도	7	1153	드는	145	0.0092
1154	하루	7	1154	그래가지고	145	0.0092
1155	하지만	7	1155	좋아요	145	0.0092
1156	학년	7	1156	검사를	145	0.0092
1157	한다고	7	1157	되기	144	0.0092
1158	합해서	7	1158	남아	144	0.0092
1159	해여	7	1159	일은	144	0.0092
1160	핵교를	7	1160	봐서	144	0.0092
1161	했다구	7	1161	답을	144	0.0092
1162	허니	7	1162	정말로	144	0.0092
1163	허니깐	7	1163	남자가	144	0.0092
1164	가끔	6	1164	비가	143	0.0091
1165	가나	6	1165	다니는	143	0.0091
1166	가니깐	6	1166	눈	143	0.0091
1167	가루	6	1167	정보를	143	0.0091

빈도순	어절	출현횟수	빈도순	어절	출현횟수	빈도
1168	가면은	6	1168	관계	142	0.0091
1169	가자	6	1169	그렇지요	142	0.0091
1170	간빵	6	1170	것만	142	0.0091
1171	같은데	6	1171	아까도	142	0.0091
1172	걔가	6	1172	상황에서	142	0.0091
1173	거고	6	1173	저번에	141	0.0090
1174	거기도	6	1174	무엇을	141	0.0090
1175	거만	6	1175	도움을	141	0.0090
1176	거의	6	1176	원하는	141	0.0090
1177	걸로	6	1177	언니가	141	0.0090
1178	걸어서	6	1178	사실을	141	0.0090
1179	겨울	6	1179	하시고	141	0.0090
1180	고개	6	1180	애기	141	0.0090
1181	고기가	6	1181	안하고	141	0.0090
1182	고기두	6	1182	기자가	140	0.0089
1183	고등학교	6	1183	부분	140	0.0089
1184	공부는	6	1184	행동을	140	0.0089
1185	과자	6	1185	여	140	0.0089
1186	괜찮은데	6	1186	손을	140	0.0089
1187	구십	6	1187	긴	140	0.0089
1188	국어	6	1188	언어	140	0.0089
1189	귀양을	6	1189	거하고	140	0.0089
1190	그간	6	1190	가면은	140	0.0089
1191	그때에	6	1191	그렇군요	140	0.0089
1192	그러구선	6	1192	친구들	139	0.0089
1193	그러냐구	6	1193	만한	139	0.0089
1194	그러드라구	6	1194	국민학교	139	0.0089
1195	그런다고	6	1195	올해	138	0.0088
1196	그렇다고	6	1196	장난	138	0.0088
1197	그렇지만	6	1197	신경을	138	0.0088
1198	그른까	6	1198	엠비씨	138	0.0088

빈도순	어절	출현횟수	빈도순	어절	출현횟수	빈도
1199	기록을	6	1199	자리에서	138	0.0088
1200	꺼는	6	1200	들어가는	138	0.0088
1201	꺼를	6	1201	싫어서	137	0.0087
1202	껄	6	1202	싫어요	137	0.0087
1203	끓여서	6	1203	영어	137	0.0087
1204	나가고	6	1204	맞아요	137	0.0087
1205	나를	6	1205	계속해서	137	0.0087
1206	나물	6	1206	왔다	136	0.0087
1207	나오니까	6	1207	달에	136	0.0087
1208	나올	6	1208	장	136	0.0087
1209	나지	6	1209	이유는	136	0.0087
1210	나하고	6	1210	적은	136	0.0087
1211	남	6	1211	그러셨습니다	136	0.0087
1212	남대문	6	1212	개월	136	0.0087
1213	남한테	6	1213	좋겠어요	136	0.0087
1214	났는데	6	1214	되겠죠	136	0.0087
1215	낭:중에	6	1215	월	136	0.0087
1216	낭중에	6	1216	들어갈	135	0.0086
1217	내려온	6	1217	하신	135	0.0086
1218	넘어서	6	1218	차라리	135	0.0086
1219	넷	6	1219	안에서	135	0.0086
1220	다들	6	1220	병원에	135	0.0086
1221	대는	6	1221	자기를	135	0.0086
1222	대학을	6	1222	되잖아	135	0.0086
1223	댄다	6	1223	내고	134	0.0085
1224	댕겼죠	6	1224	산	134	0.0085
1225	댕겼지	6	1225	있으면은	134	0.0085
1226	댕기지	6	1226	싫어	134	0.0085
1227	데리고	6	1227	몰라요	134	0.0085
1228	도시락을	6	1228	대통령	134	0.0085
1229	돌아가셨어요	6	1229	절대로	134	0.0085

빈도순	어절	출현횟수	빈도순	어절	출현횟수	빈도
1230	될	6	1230	지금부터	134	0.0085
1231	되니깐	6	1231	저녁	134	0.0085
1232	드는	6	1232	과	133	0.0085
1233	들	6	1233	없었습니다	133	0.0085
1234	들어서	6	1234	아침	133	0.0085
1235	딱지	6	1235	힘이	133	0.0085
1236	때꺼정	6	1236	저희는	133	0.0085
1237	때만	6	1237	이백	133	0.0085
1238	마음에	6	1238	잘못된	132	0.0084
1239	많:았어	6	1239	일에	132	0.0084
1240	많:어	6	1240	말하면	132	0.0084
1241	많아	6	1241	우린	132	0.0084
1242	많지	6	1242	저두	132	0.0084
1243	말두	6	1243	딸	132	0.0084
1244	말하재믄	6	1244	칠십	132	0.0084
1245	맨날	6	1245	생긴	132	0.0084
1246	먹었어	6	1246	가면서	131	0.0084
1247	먹었지	6	1247	가지로	131	0.0084
1248	먹으믄	6	1248	주시죠	131	0.0084
1249	모든	6	1249	아무튼	131	0.0084
1250	모르지만	6	1250	어머니가	131	0.0084
1251	모여서	6	1251	친구들이	131	0.0084
1252	몰르겠어	6	1252	그랬을	131	0.0084
1253	못허구	6	1253	쪽에서	131	0.0084
1254	문제가	6	1254	않나	131	0.0084
1255	뭐나	6	1255	나오는데	131	0.0084
1256	미나리	6	1256	모르겠습니다	130	0.0083
1257	반상	6	1257	교수님	130	0.0083
1258	밥은	6	1258	정도가	130	0.0083
1259	방을	6	1259	읽어	130	0.0083
1260	배	6	1260	왜냐면	130	0.0083

빈도순	어절	출현횟수	빈도순	어절	출현횟수	빈도
1261	벌:어서	6	1261	입어	130	0.0083
1262	병	6	1262	문을	129	0.0082
1263	병원에	6	1263	말입니다	129	0.0082
1264	보는	6	1264	알어	129	0.0082
1265	보지	6	1265	별루	129	0.0082
1266	부산	6	1266	드릴	129	0.0082
1267	빠져	6	1267	너무너무	129	0.0082
1268	뽑아	6	1268	북한	129	0.0082
1269	사:람은	6	1269	했다는	129	0.0082
1270	사변	6	1270	아무도	129	0.0082
1271	산소가	6	1271	대답을	128	0.0082
1272	산에서	6	1272	아빠가	128	0.0082
1273	살:다가	6	1273	얼굴	128	0.0082
1274	살:든	6	1274	들어가서	128	0.0082
1275	살던	6	1275	하느냐	128	0.0082
1276	살았어	6	1276	맛이	128	0.0082
1277	살었는데	6	1277	가는데	128	0.0082
1278	살지	6	1278	니네	128	0.0082
1279	새루	6	1279	똑같이	128	0.0082
1280	생각허믄	6	1280	되나	128	0.0082
1281	생활이	6	1281	했기	128	0.0082
1282	서울서	6	1282	진로	128	0.0082
1283	선생님한테	6	1283	조기	128	0.0082
1284	세:상이	6	1284	박수	127	0.0081
1285	세상	6	1285	대학원	127	0.0081
1286	소학교	6	1286	얼굴이	127	0.0081
1287	손이	6	1287	개를	127	0.0081
1288	순전히	6	1288	개가	127	0.0081
1289	시굴서	6	1289	결혼	127	0.0081
1290	시아번님	6	1290	셋	127	0.0081
1291	신랑	6	1291	시작을	127	0.0081

빈도순	어절	출현횟수	빈도순	어절	출현횟수	빈도
1292	신문에	6	1292	그런가	126	0.0080
1293	싸람들	6	1293	것이냐	126	0.0080
1294	쌀을	6	1294	애들은	126	0.0080
1295	쌀이	6	1295	비해서	126	0.0080
1296	쓰고	6	1296	단지	125	0.0080
1297	쓰지	6	1297	아이들이	125	0.0080
1298	아까두	6	1298	요런	125	0.0080
1299	아니니까	6	1299	바꿔	125	0.0080
1300	아니지만	6	1300	왜요	125	0.0080
1301	아이는	6	1301	해라	125	0.0080
1302	아침	6	1302	정	125	0.0080
1303	안됐다	6	1303	하셨는데	125	0.0080
1304	않았어	6	1304	데는	125	0.0080
1305	않았어요	6	1305	끝까지	125	0.0080
1306	알:구	6	1306	아이고	125	0.0080
1307	알아	6	1307	이름이	125	0.0080
1308	애:들은	6	1308	상담을	125	0.0080
1309	애:들을	6	1309	만약	124	0.0079
1310	양복	6	1310	보기에는	124	0.0079
1311	어저께	6	1311	전화가	124	0.0079
1312	엄마	6	1312	주신	124	0.0079
1313	업고	6	1313	아아	124	0.0079
1314	없고	6	1314	걔는	124	0.0079
1315	없었어요	6	1315	확인을	124	0.0079
1316	없에요	6	1316	씨의	124	0.0079
1317	없이	6	1317	모습이	124	0.0079
1318	없이니까	6	1318	분위기가	124	0.0079
1319	에이	6	1319	여기는	124	0.0079
1320	여름에	6	1320	팔월	124	0.0079
1321	여자가	6	1321	그거에	124	0.0079
1322	역	6	1322	왔어	124	0.0079

빈도순	어절	출현횟수	빈도순	어절	출현횟수	빈도
1323	역사를	6	1323	싶어	123	0.0078
1324	연이	6	1324	확실히	123	0.0078
1325	연탄	6	1325	최근에	123	0.0078
1326	열뚜	6	1326	다음에는	123	0.0078
1327	영이정	6	1327	증인에게	123	0.0078
1328	오빠	6	1328	아니라고	123	0.0078
1329	옷감	6	1329	안녕하십니까	123	0.0078
1330	왔다	6	1330	하나만	123	0.0078
1331	요거	6	1331	특별한	123	0.0078
1332	요기서	6	1332	이를	123	0.0078
1333	우리말을	6	1333	전에는	123	0.0078
1334	우리집에서	6	1334	허	123	0.0078
1335	워낙	6	1335	도저히	123	0.0078
1336	유:명한	6	1336	고객	122	0.0078
1337	유:명헌	6	1337	왔습니다	122	0.0078
1338	음:식을	6	1338	후	122	0.0078
1339	웁:는	6	1339	매일	122	0.0078
1340	의료보험	6	1340	가지를	122	0.0078
1341	이것	6	1341	나가고	122	0.0078
1342	이러구	6	1342	방송	122	0.0078
1343	이름	6	1343	이것	122	0.0078
1344	이름은	6	1344	정치	122	0.0078
1345	이번에	6	1345	했었는데	122	0.0078
1346	이상	6	1346	밤	122	0.0078
1347	이케	6	1347	데가	122	0.0078
1348	이튿날	6	1348	사람들을	122	0.0078
1349	인력거	6	1349	일도	122	0.0078
1350	일년	6	1350	사랑을	121	0.0077
1351	입는	6	1351	있어서는	121	0.0077
1352	있거든	6	1352	화가	121	0.0077
1353	있기	6	1353	그케	121	0.0077

빈도순	어절	출현횟수	빈도순	어절	출현횟수	빈도
1354	있든	6	1354	그래야	121	0.0077
1355	있어가지고	6	1355	것이라고	121	0.0077
1356	있에여	6	1356	날은	120	0.0077
1357	있이니까	6	1357	내용	120	0.0077
1358	있지마는	6	1358	눈이	120	0.0077
1359	자:반	6	1359	보게	120	0.0077
1360	자식	6	1360	친한	120	0.0077
1361	잘못	6	1361	음악	120	0.0077
1362	잡구	6	1362	이름	120	0.0077
1363	잡어	6	1363	대신	120	0.0077
1364	저거해	6	1364	만나	120	0.0077
1365	저거헐	6	1365	가져	120	0.0077
1366	저런	6	1366	매우	119	0.0076
1367	적에	6	1367	김영삼	119	0.0076
1368	적은	6	1368	하더라도	119	0.0076
1369	전부들	6	1369	대인	119	0.0076
1370	전차	6	1370	남의	119	0.0076
1371	점:심	6	1371	오후	119	0.0076
1372	정신이	6	1372	아휴	119	0.0076
1373	정월에	6	1373	됐다	118	0.0075
1374	제대로	6	1374	의미	118	0.0075
1375	제동	6	1375	방향으로	118	0.0075
1376	져	6	1376	조폐공사	118	0.0075
1377	좋지	6	1377	있는가	117	0.0075
1378	주믄	6	1378	하세요	117	0.0075
1379	주지	6	1379	짧은	117	0.0075
1380	중에서	6	1380	말씀드린	117	0.0075
1381	지:가	6	1381	팔십	117	0.0075
1382	지금처럼	6	1382	없습니까	117	0.0075
1383	지끔들은	6	1383	즉	117	0.0075
1384	지끔으루	6	1384	자리를	117	0.0075

빈도순	어절	출현횟수	빈도순	어절	출현횟수	빈도
1385	지어서	6	1385	기회가	117	0.0075
1386	진도	6	1386	거기에서	117	0.0075
1387	진헌	6	1387	통화	117	0.0075
1388	집사람이	6	1388	생각하면	117	0.0075
1389	집안이	6	1389	좋은데	117	0.0075
1390	집어	6	1390	주지	117	0.0075
1391	쪼금	6	1391	뭔지	116	0.0074
1392	차이가	6	1392	적어도	116	0.0074
1393	창동	6	1393	외국	116	0.0074
1394	쳐서	6	1394	됩니까	116	0.0074
1395	츰	6	1395	구조조정	116	0.0074
1396	치믄	6	1396	끝난	116	0.0074
1397	친구	6	1397	느낀	116	0.0074
1398	친구들이	6	1398	입장에서	116	0.0074
1399	칠씹	6	1399	새	116	0.0074
1400	테레비에	6	1400	경향이	116	0.0074
1401	특별한	6	1401	없으면	116	0.0074
1402	팔아	6	1402	느낌	116	0.0074
1403	편	6	1403	전해	116	0.0074
1404	피가	6	1404	아들	116	0.0074
1405	필요가	6	1405	방법	116	0.0074
1406	하나가	6	1406	없었어요	116	0.0074
1407	하두	6	1407	있냐	115	0.0073
1408	하루에	6	1408	못할	115	0.0073
1409	한다구	6	1409	방법을	115	0.0073
1410	한데	6	1410	이야기	115	0.0073
1411	한자	6	1411	학생	115	0.0073
1412	해방	6	1412	오빠는	115	0.0073
1413	해서는	6	1413	잠깐만	115	0.0073
1414	해야지	6	1414	길이	115	0.0073
1415	했기	6	1415	엄청난	115	0.0073

빈도순	어절	출현횟수	빈도순	어절	출현횟수	빈도
1416	했다는	6	1416	회	115	0.0073
1417	했죠	6	1417	내지	115	0.0073
1418	허거든	6	1418	잘하는	114	0.0073
1419	허다	6	1419	낼	114	0.0073
1420	허잖아요	6	1420	느낄	114	0.0073
1421	가리키구	5	1421	통해	114	0.0073
1422	가리키는	5	1422	방금	114	0.0073
1423	가마	5	1423	사장이	114	0.0073
1424	가져	5	1424	덜	114	0.0073
1425	가족	5	1425	않느냐	114	0.0073
1426	가지구설랑은	5	1426	은행	114	0.0073
1427	가진	5	1427	심한	114	0.0073
1428	갔는지	5	1428	얘기하면	114	0.0073
1429	강	5	1429	공	114	0.0073
1430	갖인	5	1430	한꺼번에	114	0.0073
1431	개가	5	1431	이상하게	114	0.0073
1432	개를	5	1432	집이	114	0.0073
1433	개천	5	1433	주구	114	0.0073
1434	거거든	5	1434	없기	114	0.0073
1435	거기가서	5	1435	한데	114	0.0073
1436	거기서두	5	1436	나왔는데	113	0.0072
1437	건물에	5	1437	노는	113	0.0072
1438	것을	5	1438	서른	113	0.0072
1439	겨울게	5	1439	많아	113	0.0072
1440	결혼	5	1440	주시면	113	0.0072
1441	경제적으루	5	1441	밤에	113	0.0072
1442	계:속	5	1442	아니죠	113	0.0072
1443	계속	5	1443	과정을	113	0.0072
1444	고기서	5	1444	놓은	113	0.0072
1445	고렇게	5	1445	번에	113	0.0072
1446	고생이	5	1446	나가	113	0.0072

빈도순	어절	출현횟수	빈도순	어절	출현횟수	빈도
1447	고종	5	1447	좋다고	113	0.0072
1448	공기	5	1448	강한	113	0.0072
1449	공무원	5	1449	사진	113	0.0072
1450	과일	5	1450	아홉	113	0.0072
1451	광	5	1451	이와	113	0.0072
1452	교장	5	1452	모르겠어	113	0.0072
1453	구양을	5	1453	씨를	113	0.0072
1454	그래선	5	1454	이번에는	113	0.0072
1455	그랬거든	5	1455	인정을	113	0.0072
1456	그랬더니	5	1456	물을	113	0.0072
1457	그랬었지	5	1457	하구요	113	0.0072
1458	그러고는	5	1458	넣어	112	0.0071
1459	그러시는	5	1459	번이	112	0.0071
1460	그러잖아	5	1460	그저	112	0.0071
1461	그러잖아요	5	1461	뒤	112	0.0071
1462	그러헌	5	1462	하나씩	112	0.0071
1463	그럴까	5	1463	있을까	112	0.0071
1464	그름	5	1464	사람들의	112	0.0071
1465	그링까	5	1465	영	112	0.0071
1466	그만	5	1466	기억을	112	0.0071
1467	그치	5	1467	뭐랄까	112	0.0071
1468	그케	5	1468	결혼을	112	0.0071
1469	기숙사가	5	1469	정리를	112	0.0071
1470	김장	5	1470	상태가	112	0.0071
1471	꼭대기	5	1471	시켜	112	0.0071
1472	나:중에	5	1472	조사	112	0.0071
1473	나가야	5	1473	증언을	112	0.0071
1474	나라가	5	1474	꽤	112	0.0071
1475	나라에	5	1475	고민을	111	0.0071
1476	나라에서	5	1476	왔어요	111	0.0071
1477	나무가	5	1477	수고하셨습니다	111	0.0071

빈도순	어절	출현횟수	빈도순	어절	출현횟수	빈도
1478	나왔어	5	1478	어떠한	111	0.0071
1479	날은	5	1479	카드	111	0.0071
1480	남산	5	1480	다만	111	0.0071
1481	남편이	5	1481	내는	111	0.0071
1482	났으니까	5	1482	지가	111	0.0071
1483	낮에	5	1483	그랬던	111	0.0071
1484	내는	5	1484	나고	111	0.0071
1485	노나	5	1485	컴퓨터	111	0.0071
1486	노는	5	1486	알게	111	0.0071
1487	녹번이	5	1487	곧	111	0.0071
1488	놀러	5	1488	발표를	110	0.0070
1489	늙은이	5	1489	국민	110	0.0070
1490	다니는	5	1490	상황에	110	0.0070
1491	다리가	5	1491	보자	110	0.0070
1492	다방	5	1492	넌	110	0.0070
1493	다음에는	5	1493	죄송합니다	110	0.0070
1494	담에	5	1494	술을	110	0.0070
1495	답변을	5	1495	밝혔습니다	110	0.0070
1496	대려	5	1496	노래를	110	0.0070
1497	대믄	5	1497	마디	110	0.0070
1498	댕겼어	5	1498	이에	110	0.0070
1499	데다가	5	1499	변화가	109	0.0070
1500	돈을	5	1500	소개해	109	0.0070
1501	돈이	5	1501	하셨어요	109	0.0070
1502	돌아서	5	1502	현대	109	0.0070
1503	동:네가	5	1503	거냐	109	0.0070
1504	동래	5	1504	아니예요	109	0.0070
1505	돼거든	5	1505	손	109	0.0070
1506	됐는데	5	1506	있겠습니다	109	0.0070
1507	두고	5	1507	그랬죠	109	0.0070
1508	들어가기	5	1508	분의	108	0.0069

빈도순	어절	출현횟수	빈도순	어절	출현횟수	빈도
1509	들어가니까	5	1509	여기가	108	0.0069
1510	들어가면	5	1510	없잖아	108	0.0069
1511	들어와	5	1511	생각하지	108	0.0069
1512	들었는데	5	1512	영화를	108	0.0069
1513	들었어	5	1513	옆에서	108	0.0069
1514	들와서	5	1514	깊이	108	0.0069
1515	땅	5	1515	차를	108	0.0069
1516	땅을	5	1516	다닐	108	0.0069
1517	때려	5	1517	내용은	108	0.0069
1518	떼가	5	1518	주에	108	0.0069
1519	똑같애	5	1519	들	108	0.0069
1520	런에	5	1520	를	108	0.0069
1521	만:하가	5	1521	경험을	108	0.0069
1522	만나는	5	1522	동시에	107	0.0068
1523	많:죠	5	1523	들었는데	107	0.0068
1524	많아서	5	1524	때문입니다	107	0.0068
1525	많으니까	5	1525	점에	107	0.0068
1526	말:이	5	1526	어릴	107	0.0068
1527	말고	5	1527	거요	107	0.0068
1528	말로	5	1528	원의	107	0.0068
1529	말예요	5	1529	묻겠습니다	107	0.0068
1530	맞는	5	1530	힘들어	107	0.0068
1531	매:일	5	1531	비디오	106	0.0068
1532	맨들구	5	1532	가령	106	0.0068
1533	먹어두	5	1533	남편	106	0.0068
1534	먹어야	5	1534	반응을	106	0.0068
1535	먹으니까	5	1535	채	106	0.0068
1536	먼	5	1536	십일월	106	0.0068
1537	명을	5	1537	시월	106	0.0068
1538	명이	5	1538	걸려	106	0.0068
1539	모냥	5	1539	될지	106	0.0068

빈도순	어절	출현횟수	빈도순	어절	출현횟수	빈도
1540	1몰:래	5	1540	검찰	106	0.0068
1541	몰:르는	5	1541	의미를	106	0.0068
1542	몰:르지	5	1542	교육을	106	0.0068
1543	몸을	5	1543	학생이	106	0.0068
1544	물건	5	1544	오늘도	106	0.0068
1545	물어	5	1545	같지	106	0.0068
1546	물에	5	1546	사랑의	106	0.0068
1547	뭐:냐며는	5	1547	물이	106	0.0068
1548	미국	5	1548	한다면	106	0.0068
1549	밑에다가	5	1549	다양한	106	0.0068
1550	바같에	5	1550	명의	106	0.0068
1551	바서	5	1551	퀴즈가	105	0.0067
1552	받아서	5	1552	않게	105	0.0067
1553	받을	5	1553	며칠	105	0.0067
1554	버렸어	5	1554	그러기	105	0.0067
1555	버선	5	1555	평소에	105	0.0067
1556	번을	5	1556	한번도	105	0.0067
1557	벌찝이라구	5	1557	개의	105	0.0067
1558	법이	5	1558	도	105	0.0067
1559	벨	5	1559	전체	105	0.0067
1560	벨루	5	1560	낮은	105	0.0067
1561	보내	5	1561	생방송	105	0.0067
1562	봐야	5	1562	밥을	105	0.0067
1563	부인	5	1563	중심으로	104	0.0066
1564	분들	5	1564	학교에서	104	0.0066
1565	비	5	1565	문화	104	0.0066
1566	비싸니까	5	1566	기회를	104	0.0066
1567	빨건	5	1567	건가	104	0.0066
1568	빵	5	1568	했더니	104	0.0066
1569	사:십구	5	1569	가까운	104	0.0066
1570	사람덜	5	1570	학교에	104	0.0066

빈도순	어절	출현횟수	빈도순	어절	출현횟수	빈도
1571	사람만	5	1571	생각에는	104	0.0066
1572	사람이구	5	1572	만나는	104	0.0066
1573	사람인데	5	1573	발	104	0.0066
1574	살고	5	1574	마치	104	0.0066
1575	살어요	5	1575	차원에서	104	0.0066
1576	삼년	5	1576	연구	104	0.0066
1577	삼십	5	1577	되느냐	103	0.0066
1578	상당히	5	1578	테이프	103	0.0066
1579	색:시	5	1579	알아서	103	0.0066
1580	생	5	1580	사전	103	0.0066
1581	생겨	5	1581	유월	103	0.0066
1582	생겨서	5	1582	우리도	103	0.0066
1583	서울대학	5	1583	빠져	103	0.0066
1584	서울루	5	1584	십오	103	0.0066
1585	서울서는	5	1585	삼백	103	0.0066
1586	소:위	5	1586	말에	103	0.0066
1587	소리를	5	1587	살아	103	0.0066
1588	소장님이	5	1588	생기는	103	0.0066
1589	속에	5	1589	너가	103	0.0066
1590	속에서	5	1590	아파트	103	0.0066
1591	수모가	5	1591	가자	103	0.0066
1592	숙명	5	1592	사람들도	103	0.0066
1593	술찝	5	1593	세상에	103	0.0066
1594	시:구	5	1594	인해서	102	0.0065
1595	시:장	5	1595	길을	102	0.0065
1596	시대가	5	1596	학생들	102	0.0065
1597	시방	5	1597	티비	102	0.0065
1598	시신을	5	1598	보는데	102	0.0065
1599	시아버님	5	1599	나타나는	102	0.0065
1600	시어머니가	5	1600	사전에	102	0.0065
1601	시작을	5	1601	프로그램	102	0.0065

빈도순	어절	출현횟수	빈도순	어절	출현횟수	빈도
1602	시켜	5	1602	어떠세요	102	0.0065
1603	식으로	5	1603	조금씩	102	0.0065
1604	십오	5	1604	능력이	102	0.0065
1605	십원	5	1605	말하고	102	0.0065
1606	싫어서	5	1606	만날	102	0.0065
1607	싸	5	1607	결과	102	0.0065
1608	쓰신	5	1608	상황	102	0.0065
1609	아니거든	5	1609	주시고	102	0.0065
1610	아닌	5	1610	티	102	0.0065
1611	아우	5	1611	봐도	101	0.0064
1612	아저씨가	5	1612	남은	101	0.0064
1613	아퍼	5	1613	차가	101	0.0064
1614	안돼겠다	5	1614	이십육일	101	0.0064
1615	않은	5	1615	일학년	101	0.0064
1616	알	5	1616	관계를	101	0.0064
1617	암만	5	1617	기업	101	0.0064
1618	앞에서	5	1618	아무것도	101	0.0064
1619	애기	5	1619	것과	101	0.0064
1620	애들두	5	1620	보시죠	101	0.0064
1621	애들들이	5	1621	밀리고	101	0.0064
1622	애들허구	5	1622	눈을	101	0.0064
1623	양:자	5	1623	배가	101	0.0064
1624	얘	5	1624	없구	101	0.0064
1625	얘기했듯이	5	1625	답변을	101	0.0064
1626	어디냐믄	5	1626	있다면	101	0.0064
1627	어딨어	5	1627	계세요	100	0.0064
1628	어무니	5	1628	자신에	100	0.0064
1629	어빠가	5	1629	가속	100	0.0064
1630	어쩔	5	1630	마지막으로	100	0.0064
1631	언니가	5	1631	되는지	100	0.0064
1632	없:는	5	1632	일반적으로	100	0.0064

빈도순	어절	출현횟수	빈도순	어절	출현횟수	빈도
1633	없:어서	5	1633	사회가	100	0.0064
1634	없:었에요	5	1634	더욱	100	0.0064
1635	없:을	5	1635	데리고	100	0.0064
1636	없:이	5	1636	그지	100	0.0064
1637	없는	5	1637	바뀜	100	0.0064
1638	여간	5	1638	의견을	100	0.0064
1639	여기두	5	1639	여기에서	100	0.0064
1640	역사	5	1640	자신	100	0.0064
1641	열한시	5	1641	상담	100	0.0064
1642	영감님이	5	1642	집을	100	0.0064
1643	예:전엔	5	1643	사월	99	0.0063
1644	예배보고	5	1644	간다	99	0.0063
1645	예전에	5	1645	요즘에는	99	0.0063
1646	오기	5	1646	길게	99	0.0063
1647	오니까	5	1647	연구를	99	0.0063
1648	오래된	5	1648	남들이	99	0.0063
1649	오며는	5	1649	앉아서	99	0.0063
1650	오면	5	1650	일년	99	0.0063
1651	오빠는	5	1651	있었어	99	0.0063
1652	오이	5	1652	생각하십니까	99	0.0063
1653	온다구	5	1653	교회	99	0.0063
1654	옷이	5	1654	나오면	98	0.0063
1655	완전히	5	1655	이천만	98	0.0063
1656	왜그러냐믄	5	1656	유	98	0.0063
1657	요건	5	1657	하는지	98	0.0063
1658	우리집이	5	1658	단	98	0.0063
1659	우리집이서	5	1659	모르지만	98	0.0063
1660	원	5	1660	많다	98	0.0063
1661	육십	5	1661	굳이	98	0.0063
1662	으르신네가	5	1662	지역	98	0.0063
1663	은:제	5	1663	일부러	98	0.0063

빈도순	어절	출현횟수		빈도순	어절	출현횟수	빈도
1664	음식이	5		1664	입니다	98	0.0063
1665	읎:에요	5		1665	국민들이	98	0.0063
1666	이:가	5		1666	속으로	98	0.0063
1667	이거지	5		1667	언론	97	0.0062
1668	이듬해	5		1668	아내가	97	0.0062
1669	이러니까	5		1669	동생	97	0.0062
1670	이런데	5		1670	나니까	97	0.0062
1671	이제는	5		1671	했지	97	0.0062
1672	일굽	5		1672	뭡니까	97	0.0062
1673	일년에	5		1673	소개를	97	0.0062
1674	일루	5		1674	구십	97	0.0062
1675	일본에	5		1675	있었거든요	97	0.0062
1676	일사후퇴	5		1676	마시고	97	0.0062
1677	일쩨	5		1677	간단하게	97	0.0062
1678	입고	5		1678	되었습니다	97	0.0062
1679	있어야지	5		1679	하니	97	0.0062
1680	있었다구	5		1680	번째는	97	0.0062
1681	있었으니까	5		1681	아니지만	97	0.0062
1682	잊어버렸네	5		1682	들었습니다	97	0.0062
1683	자주	5		1683	남한테	97	0.0062
1684	잘해	5		1684	여자는	97	0.0062
1685	잡는	5		1685	혼자서	97	0.0062
1686	잡숫구	5		1686	했지만	97	0.0062
1687	잡아	5		1687	앞	97	0.0062
1688	장:갈	5		1688	일지	96	0.0061
1689	장단	5		1689	사랑하는	96	0.0061
1690	장사가	5		1690	떨어져	96	0.0061
1691	장을	5		1691	는	96	0.0061
1692	저거허지	5		1692	감정을	96	0.0061
1693	전:차가	5		1693	들어와	96	0.0061
1694	절을	5		1694	등을	95	0.0061

빈도순	어절	출현횟수	빈도순	어절	출현횟수	빈도
1695	제가	5	1695	기가	95	0.0061
1696	조계사	5	1696	말뭉치	95	0.0061
1697	조그만	5	1697	일부	95	0.0061
1698	조짜	5	1698	식으루	95	0.0061
1699	좋:지	5	1699	당신	95	0.0061
1700	좋아	5	1700	써서	95	0.0061
1701	좋아요	5	1701	검찰이	95	0.0061
1702	좨	5	1702	나왔습니다	95	0.0061
1703	죽고	5	1703	마찬가지로	95	0.0061
1704	죽은	5	1704	못해요	95	0.0061
1705	중간	5	1705	가지고는	95	0.0061
1706	지금은	5	1706	의미에서	95	0.0061
1707	지낼	5	1707	분위기	95	0.0061
1708	지도가	5	1708	그러냐	95	0.0061
1709	지방	5	1709	그러니	95	0.0061
1710	집두	5	1710	적에	95	0.0061
1711	집들이	5	1711	애를	95	0.0061
1712	집집마다	5	1712	어디에	94	0.0060
1713	짓	5	1713	그러세요	94	0.0060
1714	짓:구	5	1714	잠시만요	94	0.0060
1715	쪽에	5	1715	가질	94	0.0060
1716	쭐	5	1716	사람하고	94	0.0060
1717	차구	5	1717	인간	94	0.0060
1718	찾어	5	1718	자연스럽게	94	0.0060
1719	채	5	1719	받아서	94	0.0060
1720	채가	5	1720	나오지	94	0.0060
1721	청량리	5	1721	나와요	94	0.0060
1722	친구들	5	1722	괜찮은	94	0.0060
1723	큰댁이	5	1723	애는	94	0.0060
1724	타	5	1724	개인적인	94	0.0060
1725	테레비	5	1725	싶습니다	94	0.0060

빈도순	어절	출현횟수	빈도순	어절	출현횟수	빈도
1726	통	5	1726	씨한테	94	0.0060
1727	팔	5	1727	하던	94	0.0060
1728	팔구	5	1728	최근	94	0.0060
1729	팔씹	5	1729	눈에	94	0.0060
1730	팔일오	5	1730	성격	94	0.0060
1731	피:서래는	5	1731	정신	94	0.0060
1732	하게	5	1732	직장	94	0.0060
1733	하기	5	1733	필요	94	0.0060
1734	하나는	5	1734	써야	94	0.0060
1735	하나씩	5	1735	버리고	94	0.0060
1736	하난	5	1736	되잖아요	94	0.0060
1737	하루는	5	1737	하나를	94	0.0060
1738	학교는	5	1738	만들	93	0.0059
1739	학생들	5	1739	잡고	93	0.0059
1740	학생들이	5	1740	효과가	93	0.0059
1741	학생이	5	1741	그러죠	93	0.0059
1742	한:문을	5	1742	예에	93	0.0059
1743	한:참	5	1743	거기는	93	0.0059
1744	할아버지께서	5	1744	몰라도	93	0.0059
1745	할아부지가	5	1745	교차로	93	0.0059
1746	해:두	5	1746	고런	93	0.0059
1747	해:방대구	5	1747	간단히	93	0.0059
1748	해가	5	1748	모르겠지만	93	0.0059
1749	해놓구	5	1/49	주실	93	0.0059
1750	해주고	5	1750	좋게	93	0.0059
1751	했:에요	5	1751	있다라는	93	0.0059
1752	했고	5	1752	작업을	93	0 0059
1753	했구	5	1753	처음부터	93	0.0059
1754	했다	5	1754	공부하는	93	0.0059
1755	했다고	5	1755	시험을	93	0.0059
1756	했단	5	1756	그랬습니다	93	0.0059

빈도순	어절	출현횟수	빈도순	어절	출현횟수	빈도
1757	했어여	5	1757	지도	92	0.0059
1758	했었구	5	1758	말해서	92	0.0059
1759	했었어	5	1759	월요일	92	0.0059
1760	했었어요	5	1760	것인지	92	0.0059
1761	했으니까	5	1761	말뭉치를	92	0.0059
1762	향	5	1762	괜찮아	92	0.0059
1763	허긴	5	1763	둘째	92	0.0059
1764	허면서	5	1764	아버지가	92	0.0059
1765	허질	5	1765	정보	92	0.0059
1766	형이	5	1766	도전합니다	92	0.0059
1767	화:가	5	1767	같아	92	0.0059
1768	화:부	5	1768	만나고	92	0.0059
1769	환:갑	5	1769	맞아	92	0.0059
1770	홰:사에	5	1770	보죠	92	0.0059
1771	힘이	5	1771	이십일	92	0.0059
1772	가:끔	4	1772	신문	92	0.0059
1773	가니까는	4	1773	드리구요	91	0.0058
1774	가두	4	1774	선택을	91	0.0058
1775	가야지	4	1775	나라가	91	0.0058
1776	각종	4	1776	나가야	91	0.0058
1777	간:투	4	1777	시청자	91	0.0058
1778	간다	4	1778	때에는	91	0.0058
1779	갈아입고	4	1779	틀린	91	0.0058
1780	갔었지	4	1780	짐	91	0.0058
1781	갔으니까	4	1781	좋아서	91	0.0058
1782	강:정	4	1782	편하게	91	0.0058
1783	갖구	4	1783	쫙	91	0.0058
1784	개왓장	4	1784	아직까지	91	0.0058
1785	개월	4	1785	싫지	91	0.0058
1786	개천에서	4	1786	힘들	91	0.0058
1787	갬치	4	1787	어저께	91	0.0058

빈도순	어절	출현횟수	빈도순	어절	출현횟수	빈도
1788	거저	4	1788	보입니다	91	0.0058
1789	걱정이	4	1789	아저씨	91	0.0058
1790	겁이	4	1790	이러는	91	0.0058
1791	것들	4	1791	마이크	90	0.0057
1792	겡:장히	4	1792	아버지	90	0.0057
1793	겨울에	4	1793	책임을	90	0.0057
1794	결국은	4	1794	넣고	90	0.0057
1795	경비원	4	1795	하긴	90	0.0057
1796	고개가	4	1796	애기죠	90	0.0057
1797	고등핵교	4	1797	있구나	90	0.0057
1798	고만	4	1798	금요일	90	0.0057
1799	고생은	4	1799	잔	90	0.0057
1800	고향이	4	1800	불러	90	0.0057
1801	곧	4	1801	한편	90	0.0057
1802	공기가	4	1802	내에	90	0.0057
1803	공대	4	1803	저번	90	0.0057
1804	공불	4	1804	재미있는	90	0.0057
1805	관계가	4	1805	잘하고	90	0.0057
1806	관여를	4	1806	전체적으로	90	0.0057
1807	괜히	4	1807	거기다	90	0.0057
1808	굉장히	4	1808	문	90	0.0057
1809	구녁이	4	1809	구조조정을	90	0.0057
1810	구년	4	1810	그렇습니까	89	0.0057
1811	구뎅이를	4	1811	하잖아	89	0.0057
1812	구슬치기	4	1812	주시겠습니까	89	0.0057
1813	국	4	1813	이후	89	0.0057
1814	국가에서	4	1814	그야말로	89	0.0057
1815	국민흭교가	4	1815	번씩	89	0.0057
1816	국민학교를	4	1816	구십팔년	89	0.0057
1817	그:지들이	4	1817	방면	89	0.0057
1818	그거에	4	1818	인간의	89	0.0057

빈도순	어절	출현횟수	빈도순	어절	출현횟수	빈도
1819	그것	4	1819	조복희	89	0.0057
1820	그때부텀	4	1820	남북	89	0.0057
1821	그래가지고는	4	1821	믿고	89	0.0057
1822	그래가지고선	4	1822	것이죠	89	0.0057
1823	그랬거든요	4	1823	하는데요	89	0.0057
1824	그랬는지	4	1824	당장	89	0.0057
1825	그랬다고	4	1825	이백만	88	0.0056
1826	그랬다구	4	1826	들을	88	0.0056
1827	그러냐	4	1827	합니까	88	0.0056
1828	그러다	4	1828	정도면	88	0.0056
1829	그러므는	4	1829	어떨	88	0.0056
1830	그런건	4	1830	형이	88	0.0056
1831	그런데서	4	1831	증인께서는	88	0.0056
1832	그런지	4	1832	일주일	88	0.0056
1833	그렁	4	1833	그렇다	88	0.0056
1834	그르게	4	1834	돼지	88	0.0056
1835	그르기	4	1835	그래갖구	88	0.0056
1836	그르니까는	4	1836	오백	87	0.0056
1837	그르죠	4	1837	저게	87	0.0056
1838	그릏::게	4	1838	찬스	87	0.0056
1839	그릏지만	4	1839	괜찮아요	87	0.0056
1840	그이가	4	1840	되구	87	0.0056
1841	그쪽으로	4	1841	되	87	0.0056
1842	글씨	4	1842	어쩌면	87	0.0056
1843	긍까	4	1843	사람들한테	87	0.0056
1844	기가	4	1844	먹지	87	0.0056
1845	기하	4	1845	있었다	87	0.0056
1846	김치	4	1846	삼월	87	0.0056
1847	깍두기	4	1847	먹었어	87	0.0056
1848	껍데기	4	1848	맞습니까	87	0.0056
1849	꽃	4	1849	개인적으로	87	0.0056

빈도순	어절	출현횟수	빈도순	어절	출현횟수	빈도
1850	끝나는	4	1850	피해를	87	0.0056
1851	나갔어	4	1851	생각하는데	87	0.0056
1852	나기	4	1852	아이가	87	0.0056
1853	나네	4	1853	사거리	87	0.0056
1854	나면	4	1854	가다	86	0.0055
1855	나보구	4	1855	삶의	86	0.0055
1856	나보다	4	1856	최순영	86	0.0055
1857	나서는	4	1857	교수	86	0.0055
1858	나오믄	4	1858	적성	86	0.0055
1859	나오지	4	1859	최	86	0.0055
1860	나와가지고	4	1860	선생님께서	86	0.0055
1861	나와요	4	1861	나왔어요	86	0.0055
1862	나왔는데	4	1862	것인데	86	0.0055
1863	나요	4	1863	말구	86	0.0055
1864	나하구	4	1864	하시면	86	0.0055
1865	남아	4	1865	감정이	86	0.0055
1866	남은	4	1866	기독교	86	0.0055
1867	남의	4	1867	사랑	86	0.0055
1868	남자	4	1868	방학	86	0.0055
1869	남자들은	4	1869	나에게	86	0.0055
1870	남자들이	4	1870	테니까	86	0.0055
1871	남학생	4	1871	저녁에	86	0.0055
1872	났:어요	4	1872	이용해서	86	0.0055
1873	났어	4	1873	친구는	86	0.0055
1874	낭:구	4	1874	적어	86	0.0055
1875	낳:구	4	1875	계획을	85	0.0054
1876	내:가	4	1876	공부하고	85	0.0054
1877	내구	4	1877	가요	85	0.0054
1878	내려서	4	1878	가구	85	0.0054
1879	내려와	4	1879	시작	85	0.0054
1880	넣	4	1880	젤	85	0.0054

빈도순	어절	출현횟수	빈도순	어절	출현횟수	빈도
1881	냥반은	4	1881	맞고	85	0.0054
1882	너:무	4	1882	기본적인	85	0.0054
1883	너:서	4	1883	라스포사에	85	0.0054
1884	너는	4	1884	성격을	85	0.0054
1885	너서	4	1885	입을	85	0.0054
1886	넘어	4	1886	증인께서	85	0.0054
1887	넣구	4	1887	알았어요	85	0.0054
1888	노인네들이	4	1888	씨하고	85	0.0054
1889	놀:러	4	1889	사용하는	85	0.0054
1890	놀았지	4	1890	기다리고	85	0.0054
1891	놀이	4	1891	없거든요	85	0.0054
1892	놔서	4	1892	않어	85	0.0054
1893	누군지	4	1893	그럽니다	85	0.0054
1894	눈에	4	1894	걱정이	85	0.0054
1895	눈을	4	1895	관련이	85	0.0054
1896	늙은	4	1896	알려	85	0.0054
1897	다:들	4	1897	맞춰서	85	0.0054
1898	다리	4	1898	누구야	84	0.0054
1899	다섯째	4	1899	놔	84	0.0054
1900	다음날	4	1900	국민의	84	0.0054
1901	단	4	1901	연대	84	0.0054
1902	단절	4	1902	그러믄	84	0.0054
1903	달르죠	4	1903	감정	84	0.0054
1904	달른	4	1904	씨도	84	0.0054
1905	당시엔	4	1905	쉬운	84	0.0054
1906	당신이	4	1906	이은혜	84	0.0054
1907	당장	4	1907	힘들고	84	0.0054
1908	대:서	4	1908	보니깐	84	0.0054
1909	대:원군이	4	1909	보고를	84	0.0054
1910	대:학	4	1910	대통령이	84	0.0054
1911	대요	4	1911	편지를	84	0.0054

빈도순	어절	출현횟수	빈도순	어절	출현횟수	빈도
1912	대통령	4	1912	갔어요	84	0.0054
1913	댕겼어요	4	1913	누구나	83	0.0053
1914	댕기면섬	4	1914	왠지	83	0.0053
1915	댕기믄	4	1915	이러구	83	0.0053
1916	댕긴	4	1916	미국의	83	0.0053
1917	덕을	4	1917	깊은	83	0.0053
1918	델	4	1918	네가	83	0.0053
1919	도루	4	1919	모여	83	0.0053
1920	도리어	4	1920	처음으로	83	0.0053
1921	돌아가셨으니까	4	1921	뿐만	83	0.0053
1922	돌아가셨지	4	1922	진	83	0.0053
1923	돌아가시기	4	1923	분을	83	0.0053
1924	돌아갔어요	4	1924	대해서도	83	0.0053
1925	동:네에	4	1925	반응이	83	0.0053
1926	동서들	4	1926	드는데	83	0.0053
1927	동세가	4	1927	이제까지	83	0.0053
1928	동안	4	1928	소리를	83	0.0053
1929	동양사	4	1929	쪽이	83	0.0053
1930	돼니까	4	1930	아이들	83	0.0053
1931	됐느냐	4	1931	주제를	83	0.0053
1932	되나	4	1932	홈쇼핑	83	0.0053
1933	되면	4	1933	않았습니까	83	0.0053
1934	된다	4	1934	원이	83	0.0053
1935	된다구	4	1935	넘어	83	0.0053
1936	듀	4	1936	일로	83	0.0053
1937	둘이	4	1937	입장을	83	0.0053
1938	든다구	4	1938	남자는	83	0.0053
1939	들어가요	4	1939	보니	83	0.0053
1940	들어갔어요	4	1940	말씀이	82	0.0052
1941	들어갔지	4	1941	방법으로	82	0.0052
1942	들어오니까	4	1942	주장을	82	0.0052

빈도순	어절	출현횟수	빈도순	어절	출현횟수	빈도
1943	들었어요	4	1943	결과를	82	0.0052
1944	들으와서	4	1944	아줌마	82	0.0052
1945	들은	4	1945	모르게	82	0.0052
1946	따로	4	1946	할까요	82	0.0052
1947	따서	4	1947	먹은	82	0.0052
1948	딱지치기	4	1948	자체를	82	0.0052
1949	때에요	4	1949	없었던	82	0.0052
1950	라디오에	4	1950	의하면	82	0.0052
1951	마님	4	1951	갔어	82	0.0052
1952	마지막	4	1952	만들어서	82	0.0052
1953	마침	4	1953	많지	82	0.0052
1954	만나	4	1954	동생이	82	0.0052
1955	만들어서	4	1955	됐을	82	0.0052
1956	많:었어요	4	1956	엄마는	82	0.0052
1957	많았어요	4	1957	계시는	82	0.0052
1958	많었구	4	1958	이러고	82	0.0052
1959	말련에	4	1959	부탁을	82	0.0052
1960	말린	4	1960	않았어요	82	0.0052
1961	말이에요	4	1961	구조	82	0.0052
1962	말하자면	4	1962	십이	82	0.0052
1963	말하자믄	4	1963	능력	81	0.0052
1964	말허믄	4	1964	질문	81	0.0052
1965	맞고	4	1965	아무런	81	0.0052
1966	맞춰	4	1966	찾는	81	0.0052
1967	매	4	1967	보도록	81	0.0052
1968	매달아	4	1968	개인	81	0.0052
1969	맨들지	4	1969	되야	81	0.0052
1970	맹길구	4	1970	많아서	81	0.0052
1971	맹길어서	4	1971	가만	81	0.0052
1972	머가	4	1972	도와	81	0.0052
1973	머냐면	4	1973	토요일	81	0.0052

빈도순	어절	출현횟수	빈도순	어절	출현횟수	빈도
1974	머라구	4	1974	그것두	81	0.0052
1975	먹다가	4	1975	의사	81	0.0052
1976	먹어서	4	1976	검찰에서	81	0.0052
1977	먼저	4	1977	아닐까	81	0.0052
1978	메누리가	4	1978	살이	81	0.0052
1979	멕여서	4	1979	요새는	80	0.0051
1980	며느리가	4	1980	보이지	80	0.0051
1981	모르겠어	4	1981	학교를	80	0.0051
1982	모시는	4	1982	좋아해	80	0.0051
1983	몰르겠어	4	1983	분도	80	0.0051
1984	몰르지	4	1984	첫째	80	0.0051
1985	못했어	4	1985	집안	80	0.0051
1986	묘:를	4	1986	그러니까는	80	0.0051
1987	무서와서	4	1987	오백만	80	0.0051
1988	문:제가	4	1988	그와	80	0.0051
1989	물건이	4	1989	있었기	80	0.0051
1990	뭐냐며는	4	1990	쓰지	80	0.0051
1991	뭐냐믄	4	1991	경기	80	0.0051
1992	뭐니	4	1992	거라는	80	0.0051
1993	미	4	1993	게서	80	0.0051
1994	미:군	4	1994	을	80	0.0051
1995	미군	4	1995	놓구	80	0.0051
1996	미군들이	4	1996	북한의	80	0.0051
1997	미르꾸	4	1997	없잖아요	80	0.0051
1998	미장원을	4	1998	들어와서	79	0.0050
1999	바서는	4	1999	드리는	79	0.0050
2000	바야지	4	2000	같애서	79	0.0050
2001	밖에	4	2001	흔히	79	0.0050
2002	반::다시	4	2002	상당한	79	0.0050
2003	반찬	4	2003	말씀하시는	79	0.0050
2004	반찬을	4	2004	새롭게	79	0.0050

빈도순	어절	출현횟수	빈도순	어절	출현횟수	빈도
2005	받는	4	2005	의	79	0.0050
2006	밨드니	4	2006	사람에	79	0.0050
2007	밨에여	4	2007	가지는	79	0.0050
2008	밨에요	4	2008	않아도	79	0.0050
2009	밨지	4	2009	적극적으로	79	0.0050
2010	배급을	4	2010	검찰의	79	0.0050
2011	배웠어	4	2011	정부	79	0.0050
2012	백	4	2012	집단	79	0.0050
2013	백만원	4	2013	이쪽	79	0.0050
2014	백만원을	4	2014	요번에	79	0.0050
2015	백부가	4	2015	해석을	79	0.0050
2016	백억	4	2016	글을	79	0.0050
2017	번씩	4	2017	이러면	79	0.0050
2018	벼	4	2018	입는	79	0.0050
2019	벽돌	4	2019	바가	79	0.0050
2020	별	4	2020	자료가	79	0.0050
2021	병:이	4	2021	이젠	78	0.0050
2022	보느냐구	4	2022	보시는	78	0.0050
2023	보면은	4	2023	한편으로는	78	0.0050
2024	보험	4	2024	지난번에	78	0.0050
2025	부모네들이	4	2025	사건	78	0.0050
2026	부모헌테	4	2026	어린	78	0.0050
2027	부자찝	4	2027	부분들이	78	0.0050
2028	분에	4	2028	들으면	78	0.0050
2029	분을	4	2029	자세히	78	0.0050
2030	분이에요	4	2030	붙어	78	0.0050
2031	불쌍한	4	2031	많죠	78	0.0050
2032	불을	4	2032	계십니다	78	0.0050
2033	붙어	4	2033	중간	78	0.0050
2034	붙여	4	2034	비싼	78	0.0050
2035	빈짜	4	2035	전화통화	78	0.0050

빈도순	어절	출현횟수	빈도순	어절	출현횟수	빈도
2036	빨래를	4	2036	방법은	78	0.0050
2037	빵	4	2037	여태까지	78	0.0050
2038	사간동이라구	4	2038	있거든	78	0.0050
2039	사고	4	2039	뭐냐면	78	0.0050
2040	사구	4	2040	정부의	78	0.0050
2041	사람이고	4	2041	오랫동안	78	0.0050
2042	사람한테	4	2042	했으니까	78	0.0050
2043	사랑	4	2043	거가	78	0.0050
2044	사탕	4	2044	마음은	77	0.0049
2045	산에	4	2045	임마	77	0.0049
2046	살기가	4	2046	하잖아요	77	0.0049
2047	살든	4	2047	몸에	77	0.0049
2048	살아요	4	2048	스트레스	77	0.0049
2049	살았는데	4	2049	만나면	77	0.0049
2050	살았죠	4	2050	광고	77	0.0049
2051	살어서	4	2051	시간은	77	0.0049
2052	살탕	4	2052	이유	77	0.0049
2053	삼춘	4	2053	좋겠습니다	77	0.0049
2054	상	4	2054	여전히	77	0.0049
2055	상에	4	2055	것이지	77	0.0049
2056	새로	4	2056	그랬거든요	77	0.0049
2057	색	4	2057	어렵게	77	0.0049
2058	색깔	4	2058	그리	77	0.0049
2059	생긱	4	2059	있긴	77	0.0049
2060	생각두	4	2060	가기	77	0.0049
2061	생각에	4	2061	파는	77	0.0049
2062	생각허구	4	2062	각종	77	0.0049
2063	생기구	4	2063	반대	77	0.0049
2064	생활을	4	2064	신문에	77	0.0049
2065	서:민들	4	2065	오세요	77	0.0049
2066	선	4	2066	관계에	77	0.0049

빈도순	어절	출현횟수	빈도순	어절	출현횟수	빈도
2067	선생님은	4	2067	아니라는	77	0.0049
2068	선생은	4	2068	이상이	76	0.0048
2069	성헌	4	2069	말해	76	0.0048
2070	세상에	4	2070	갔습니다	76	0.0048
2071	소개	4	2071	스무	76	0.0048
2072	소를	4	2072	물에	76	0.0048
2073	속초	4	2073	변화를	76	0.0048
2074	손	4	2074	여기까지	76	0.0048
2075	손님	4	2075	음식을	76	0.0048
2076	손수	4	2076	화를	76	0.0048
2077	손주가	4	2077	드디어	76	0.0048
2078	숨어서	4	2078	자금을	76	0.0048
2079	숭인	4	2079	다리	76	0.0048
2080	숭짜	4	2080	요거	76	0.0048
2081	시간에	4	2081	왔던	76	0.0048
2082	시골서	4	2082	기잡니다	76	0.0048
2083	시대	4	2083	같기도	76	0.0048
2084	시동생	4	2084	각각	76	0.0048
2085	시백문님	4	2085	어유	76	0.0048
2086	시백문님이	4	2086	이어짐	76	0.0048
2087	시어머니는	4	2087	같구	76	0.0048
2088	시절이니까	4	2088	들어가면	76	0.0048
2089	시조부	4	2089	시작한	76	0.0048
2090	시집살이	4	2090	너도	76	0.0048
2091	시켜서	4	2091	가지만	76	0.0048
2092	시키구	4	2092	가르쳐	76	0.0048
2093	시키는	4	2093	싶다는	76	0.0048
2094	신랑이	4	2094	기본	76	0.0048
2095	신부는	4	2095	싫은	76	0.0048
2096	신식	4	2096	거잖아요	76	0.0048
2097	싫구	4	2097	최소한	75	0.0048

빈도순	어절	출현횟수	빈도순	어절	출현횟수	빈도
2098	십년	4	2098	뭐냐면은	75	0.0048
2099	싶지	4	2099	상품	75	0.0048
2100	싸람두	4	2100	경기도	75	0.0048
2101	썰매	4	2101	건가요	75	0.0048
2102	쓴다	4	2102	나눠	75	0.0048
2103	쓸:어서	4	2103	왔을	75	0.0048
2104	아::주	4	2104	나오신	75	0.0048
2105	아녜여	4	2105	것이지요	75	0.0048
2106	아는	4	2106	때만	75	0.0048
2107	아니래두	4	2107	드세요	75	0.0048
2108	아니면	4	2108	목소리가	75	0.0048
2109	아니요	4	2109	자동차	75	0.0048
2110	아닌데	4	2110	그러더니	75	0.0048
2111	아세요	4	2111	검사가	75	0.0048
2112	아예	4	2112	각자	75	0.0048
2113	아우가	4	2113	불	75	0.0048
2114	안돼는	4	2114	번도	75	0.0048
2115	안돼니까	4	2115	맞게	75	0.0048
2116	안됀다고	4	2116	모르겠다	75	0.0048
2117	안씨	4	2117	열린	75	0.0048
2118	안에서	4	2118	주변	75	0.0048
2119	안하고	4	2119	확실하게	75	0.0048
2120	앉아서	4	2120	굉장한	75	0.0048
2121	않는데	4	2121	논	75	0.0048
2122	않아도	4	2122	알아요	75	0.0048
2123	않았지	4	2123	아픈	74	0.0047
2124	알:고	4	2124	집으로	74	0.0047
2125	알고	4	2125	부인	74	0.0047
2126	압박골	4	2126	정확한	74	0.0047
2127	애:들끼리	4	2127	결과가	74	0.0047
2128	애기를	4	2128	주제가	74	0.0047

빈도순	어절	출현횟수	빈도순	어절	출현횟수	빈도
2129	애들들은	4	2129	없지만	74	0.0047
2130	애들을	4	2130	자리가	74	0.0047
2131	애를	4	2131	청와대	74	0.0047
2132	양반들	4	2132	기업이	74	0.0047
2133	양반들이	4	2133	나요	74	0.0047
2134	양반은	4	2134	오전	74	0.0047
2135	애:기	4	2135	쓰면	74	0.0047
2136	얘기예요	4	2136	삶을	74	0.0047
2137	얘기했지만두	4	2137	되겠습니까	74	0.0047
2138	어:다	4	2138	음음	74	0.0047
2139	어:른이	4	2139	솔직하게	74	0.0047
2140	어디냐	4	2140	남자를	73	0.0047
2141	어디루	4	2141	어뜨케	73	0.0047
2142	어딜루	4	2142	적도	73	0.0047
2143	어려와요	4	2143	얘긴데	73	0.0047
2144	어렵구	4	2144	약속을	73	0.0047
2145	어머님	4	2145	마음으로	73	0.0047
2146	어빠	4	2146	강	73	0.0047
2147	어휴	4	2147	낫지	73	0.0047
2148	언:제	4	2148	생각에	73	0.0047
2149	언니도	4	2149	최고	73	0.0047
2150	얼:레는	4	2150	유명한	73	0.0047
2151	얼:레를	4	2151	면에서는	73	0.0047
2152	얼:마	4	2152	모아	73	0.0047
2153	얼마씩	4	2153	물건을	73	0.0047
2154	업:는데	4	2154	단어가	73	0.0047
2155	업:다구	4	2155	사실상	73	0.0047
2156	업는	4	2156	쓰구	73	0.0047
2157	없:어졌어	4	2157	받지	73	0.0047
2158	없:어졌지	4	2158	들어가고	73	0.0047
2159	없:어졌지만	4	2159	치료를	73	0.0047

빈도순	어절	출현횟수	빈도순	어절	출현횟수	빈도
2160	없:이니까	4	2160	됐고	73	0.0047
2161	없어서	4	2161	열두	73	0.0047
2162	없어졌어	4	2162	북한이	73	0.0047
2163	없잖아요	4	2163	일일	73	0.0047
2164	에:전에	4	2164	사십오	73	0.0047
2165	엔:날	4	2165	치고	73	0.0047
2166	여:러	4	2166	것보다는	73	0.0047
2167	여자들은	4	2167	듭니다	73	0.0047
2168	연날리기	4	2168	발을	73	0.0047
2169	연천	4	2169	번은	73	0.0047
2170	열한	4	2170	회사가	73	0.0047
2171	엿	4	2171	맞춰	73	0.0047
2172	예:를	4	2172	친구를	73	0.0047
2173	엔:날에는	4	2173	경제가	73	0.0047
2174	오:학년	4	2174	관심	73	0.0047
2175	오늘날꺼정	4	2175	들으면서	73	0.0047
2176	오니까는	4	2176	여기서는	73	0.0047
2177	오라	4	2177	그림을	72	0.0046
2178	오라구	4	2178	한두	72	0.0046
2179	오셔서	4	2179	돼야	72	0.0046
2180	오시구	4	2180	갔다가	72	0.0046
2181	오이지	4	2181	받았습니다	72	0.0046
2182	오히려	4	2182	보낸	72	0.0046
2183	올라	4	2183	엄청	72	0.0046
2184	올라가구	4	2184	점심	72	0.0046
2185	와라	4	2185	바라는	72	0.0046
2186	와선	4	2186	회장	72	0.0046
2187	왔어	4	2187	과정	72	0.0046
2188	왜냐면	4	2188	칠일	72	0.0046
2189	왜냐믄	4	2189	막상	72	0.0046
2190	요거는	4	2190	겪고	72	0.0046

빈도순	어절	출현횟수	빈도순	어절	출현횟수	빈도
2191	요걸	4	2191	운동을	72	0.0046
2192	요기가	4	2192	나왔다	72	0.0046
2193	요렇::게	4	2193	그쪽	72	0.0046
2194	요새도	4	2194	언제나	72	0.0046
2195	요새루	4	2195	대통령의	72	0.0046
2196	요즘은	4	2196	에스	72	0.0046
2197	우리만	4	2197	학점	72	0.0046
2198	우리집은	4	2198	의원님	72	0.0046
2199	운동장	4	2199	거잖아	72	0.0046
2200	원래	4	2200	해두	72	0.0046
2201	원체	4	2201	정리가	72	0.0046
2202	월래는	4	2202	들어오는	71	0.0045
2203	위생꽈	4	2203	부산	71	0.0045
2204	위에서	4	2204	많어	71	0.0045
2205	유장을	4	2205	자고	71	0.0045
2206	육:이오	4	2206	하하하	71	0.0045
2207	육이오가	4	2207	가능한	71	0.0045
2208	으	4	2208	만들고	71	0.0045
2209	으:른	4	2209	이름은	71	0.0045
2210	으른	4	2210	부부	71	0.0045
2211	은평구에	4	2211	평가	71	0.0045
2212	을:마	4	2212	않은데	71	0.0045
2213	을마나	4	2213	인터넷	71	0.0045
2214	음:식	4	2214	오신	71	0.0045
2215	음:식은	4	2215	경험이	71	0.0045
2216	음력	4	2216	생각해서	71	0.0045
2217	읍:지	4	2217	잡아	71	0.0045
2218	읎어요	4	2218	정신이	71	0.0045
2219	이:껏	4	2219	맞지	71	0.0045
2220	이:십	4	2220	뭐를	71	0.0045
2221	이거야	4	2221	다를	71	0.0045

빈도순	어절	출현횟수	빈도순	어절	출현횟수	빈도
2222	이것두	4	2222	같거든요	71	0.0045
2223	이늠이	4	2223	나는데	71	0.0045
2224	이런데는	4	2224	하루에	71	0.0045
2225	이루	4	2225	포스트	71	0.0045
2226	이리와	4	2226	정도를	71	0.0045
2227	이저	4	2227	가까이	71	0.0045
2228	이조	4	2228	분들도	71	0.0045
2229	이쪽에	4	2229	맛있는	71	0.0045
2230	이틀	4	2230	가다가	71	0.0045
2231	이화동	4	2231	알았습니다	71	0.0045
2232	이후에	4	2232	생활이	71	0.0045
2233	인원이	4	2233	전통	71	0.0045
2234	일:이	4	2234	이거야	71	0.0045
2235	일곱	4	2235	예쁜	71	0.0045
2236	일때가	4	2236	넘는	71	0.0045
2237	일번늠들이	4	2237	데도	71	0.0045
2238	일본말만	4	2238	군대	71	0.0045
2239	일본말을	4	2239	어디로	71	0.0045
2240	일본서	4	2240	않다	71	0.0045
2241	일본어를	4	2241	방향	70	0.0045
2242	일은	4	2242	그랬지	70	0.0045
2243	입어	4	2243	이해	70	0.0045
2244	입은	4	2244	쳐	70	0.0045
2245	있는지	4	2245	하나	70	0.0045
2246	있더라고	4	2246	그걸로	70	0.0045
2247	있었고	4	2247	않는다	70	0.0045
2248	있었어여	4	2248	있었으면	70	0.0045
2249	있에아	4	2249	말씀드리겠습니다	70	0.0045
2250	있으면서	4	2250	먹어요	70	0.0045
2251	잊어버렸어	4	2251	으음	70	0.0045
2252	자리	4	2252	생길	70	0.0045

빈도순	어절	출현횟수	빈도순	어절	출현횟수	빈도
2253	자손이	4	2253	사람들하고	70	0.0045
2254	자체가	4	2254	그런데요	70	0.0045
2255	잣	4	2255	여름	70	0.0045
2256	잣:가루	4	2256	저희들은	70	0.0045
2257	장가	4	2257	돈은	70	0.0045
2258	장사허는	4	2258	받아야	70	0.0045
2259	장안에	4	2259	하겠다	70	0.0045
2260	재밌게	4	2260	김대중	70	0.0045
2261	재밌는	4	2261	부인이	70	0.0045
2262	저:쪽	4	2262	끝에	70	0.0045
2263	저거허는데	4	2263	봐라	70	0.0045
2264	저거허니까	4	2264	확인해	70	0.0045
2265	저것두	4	2265	마지막에	70	0.0045
2266	저고리	4	2266	코트	70	0.0045
2267	저녁에	4	2267	갔을	70	0.0045
2268	저두	4	2268	않음	70	0.0045
2269	적선동	4	2269	거구	70	0.0045
2270	전:기	4	2270	사건이	70	0.0045
2271	전:기가	4	2271	일주일에	70	0.0045
2272	전:쟁이	4	2272	중에서도	70	0.0045
2273	전차가	4	2273	들었어	70	0.0045
2274	전통	4	2274	준다	70	0.0045
2275	절라도	4	2275	했는지	70	0.0045
2276	제사	4	2276	남는	70	0.0045
2277	조부가	4	2277	아름다운	70	0.0045
2278	조부께서는	4	2278	문제도	70	0.0045
2279	조사를	4	2279	십팔일	70	0.0045
2280	졸업허고	4	2280	같다는	70	0.0045
2281	종로에	4	2281	모습	70	0.0045
2282	종합청사	4	2282	이학년	70	0.0045
2283	좋거든	4	2283	년에	70	0.0045

빈도순	어절	출현횟수	빈도순	어절	출현횟수	빈도
2284	좋았지	4	2284	되구요	70	0.0045
2285	좋은데	4	2285	써클	69	0.0044
2286	주사	4	2286	나라의	69	0.0044
2287	죽게	4	2287	기본적으로	69	0.0044
2288	죽이구	4	2288	커피	69	0.0044
2289	중매를	4	2289	아래	69	0.0044
2290	중앙	4	2290	프로그램을	69	0.0044
2291	중앙청	4	2291	구천	69	0.0044
2292	증:말	4	2292	어때	69	0.0044
2293	증조	4	2293	삼천	69	0.0044
2294	지구	4	2294	엄청나게	69	0.0044
2295	지나가는	4	2295	아니구요	69	0.0044
2296	지는	4	2296	활동을	69	0.0044
2297	지리	4	2297	페이지	69	0.0044
2298	직접	4	2298	오면은	69	0.0044
2299	진:손이	4	2299	얘깁니다	69	0.0044
2300	집에서는	4	2300	양	69	0.0044
2301	집으로	4	2301	되겠네	69	0.0044
2302	집으루	4	2302	그러	69	0.0044
2303	집이다	4	2303	확	69	0.0044
2304	짜리	4	2304	가정	69	0.0044
2305	짤라	4	2305	단계까지	69	0.0044
2306	쩨는	4	2306	곳이	69	0.0044
2307	쩬	4	2307	머리를	69	0.0044
2308	쪼:끄말	4	2308	낳을	69	0.0044
2309	쪼:끔	4	2309	몸을	69	0.0044
2310	쪼끔씩	4	2310	번을	68	0.0043
2311	쪽으로	4	2311	책이	68	0.0043
2312	쫙	4	2312	약간의	68	0.0043
2313	창신동	4	2313	준다고	68	0.0043
2314	찾는	4	2314	관련	68	0.0043

빈도순	어절	출현횟수	빈도순	어절	출현횟수	빈도
2315	찾아	4	2315	저는요	68	0.0043
2316	채:치구	4	2316	여기다	68	0.0043
2317	채려	4	2317	이래서	68	0.0043
2318	책이	4	2318	평가를	68	0.0043
2319	처가찝이	4	2319	모여서	68	0.0043
2320	처음에	4	2320	이상의	68	0.0043
2321	처음으로	4	2321	속	68	0.0043
2322	천구백	4	2322	등이	68	0.0043
2323	천자를	4	2323	만일	68	0.0043
2324	총알	4	2324	낸	68	0.0043
2325	추석	4	2325	멘	68	0.0043
2326	충무로	4	2326	가니까	68	0.0043
2327	친정에	4	2327	했는데요	68	0.0043
2328	친척두	4	2328	심하게	68	0.0043
2329	크구	4	2329	바	68	0.0043
2330	큰댁에	4	2330	스포츠	68	0.0043
2331	큰아들이	4	2331	걱정을	68	0.0043
2332	타산	4	2332	색깔이	68	0.0043
2333	특히	4	2333	볼까요	68	0.0043
2334	퍼서	4	2334	십만	68	0.0043
2335	피난	4	2335	내에서	68	0.0043
2336	하:나두	4	2336	학번	68	0.0043
2337	하나에	4	2337	도전하겠습니다	68	0.0043
2338	하다	4	2338	뒤로	68	0.0043
2339	하루빰	4	2339	그것만	68	0.0043
2340	하연	4	2340	열고	68	0.0043
2341	하이튼	4	2341	글	67	0.0043
2342	하잖아요	4	2342	아닐	67	0.0043
2343	한:강	4	2343	두번째	67	0.0043
2344	한:국에	4	2344	결코	67	0.0043
2345	한:문	4	2345	나왔어	67	0.0043
2346	한가지	4	2346	어머니는	67	0.0043

빈도순	어절	출현횟수	빈도순	어절	출현횟수	빈도
2347	한마디	4	2347	한다면은	67	0.0043
2348	한번씩	4	2348	건강을	67	0.0043
2349	할까	4	2349	어려움을	67	0.0043
2350	할아버지는	4	2350	천천히	67	0.0043
2351	항:상	4	2351	돼지고기	67	0.0043
2352	해라	4	2352	입은	67	0.0043
2353	핵교가	4	2353	위에서	67	0.0043
2354	했:는데	4	2354	했었어요	67	0.0043
2355	했:어요	4	2355	이리	67	0.0043
2356	했다가	4	2356	있었죠	67	0.0043
2357	했드니	4	2357	달리	67	0.0043
2358	했어두	4	2358	했습니까	67	0.0043
2359	했지만	4	2359	듯한	67	0.0043
2360	행사가	4	2360	버스	67	0.0043
2361	허게되며는	4	2361	근데요	67	0.0043
2362	허던	4	2362	봤거든요	67	0.0043
2363	허러	4	2363	생각한	67	0.0043
2364	허잖아	4	2364	심각한	67	0.0043
2365	헐래믄	4	2365	이었습니다	67	0.0043
2366	헐텐데	4	2366	거랑	67	0.0043
2367	형님	4	2367	여러분의	67	0.0043
2368	형님은	4	2368	증인을	67	0.0043
2369	형제가	4	2369	위	67	0.0043
2370	호박	4	2370	찍어	67	0.0043
2371	혹	4	2371	했잖아	67	0.0043
2372	혼나지	4	2372	아세요	67	0.0043
2373	혼났지	4	2373	같아서	67	0.0043
2374	혼인	4	2374	표현이	67	0.0043
2375	회색	4	2375	이사	67	0.0043
2376	가:게가	3	2376	원인이	67	0.0043
			2377	총	66	0.0042

(이하 생략)   (cf. 누적빈도   39.6026)

서울말 구어(口語)의 진경(眞景):
The Real State of Colloquial Seoul Korean:

구어/문어 목록들 간의 비교,
Contrastive List between Spoken and Written Language,

음변화 규칙 및 상투어구 '가지구, 말이야' 등의 분석
Rules of Sound Change and Analysis of Pet Expression such as 'maria'

Sang-Oak Lee
Seoul National Univ.
sangoak@snu.ac.kr

This research shows a result from the first thorough investigation in colloquial forms of Seoul Korean. This standard dialect is spoken in the area that has been the capital city for last 600 years in Korea. Because Seoul Korean is used in present-day life as a norm in spoken and written language, it is necessary to find out its real state and character. However, its spoken aspect has been neglected while simply taking it as granted along with written forms.

To design optimal algorithm of machine translation for telephone conversation, for instance, it is very required to understand colloquialism in Seoul Korean. The contrastive chart below represents frequently used words both in spoken (left three columns) and written (right three columns) style investigated in the corpus of about 151 million tokens by software named CWORD, HGREP and KWIC.

구어	Colloquial Seoul Korean (frequency 1-121):		문어	Written Korean (bold for 1-50)		
Order	Freq	Word	Order	Freq	Word	
1	1820	그 geu	**1**	10863	그 geu it	
2	786	인제 inje			inje--* (--*=not used in written style)	
3	665	이제 ije	124	707	이제 ije now	
4	623	우리 uri	**17**	2546	우리 uri we	
5	608	다 da	72	997	다 da be	
6	582	거 **geo**	1232	115	거 geo--* thing	
7	573	또 tto	**16**	2615	또 tto again	
8	477	뭐 **mweo**	3485	48	뭐 mewo--* what	
9	469	이 i	**3**	7603	이 I this	
10	463	내가 naega	**41**	1491	내가 naega I	
11	449	그래 **geurae**	1005	136	그래 geurae yes	
12	402	그래서 geuraeseo	97	872	그래서 thus	
13	394	이렇게 ireoke	68	1008	이렇게 like this	
14	379	가지구 **gajigu**	143	641	가지고/구--* with	
15	365	그런 **geureon**	**35**	1674	그런 such	
16	354	지끔 **jikkeum**	135	667	지금/끔 --* now	
17	352	게 **ge**	120	734	게--* thing (subj.)	
18	340	안 an	55	1267	안 not	
19	331	그냥 geunyang	382	303	그냥 as it is	
20	314	저 jeo	307	356	저 that	
21	313	머 **meo**	3485	48	뭐/머--*(=8) what	
22	298	한 han	**7**	4379	한 one	
23	293	그때 geuttae	313	350	그때 then	
24	284	때 ttae	**25**	2142	때 time	
25	279	그게 **geuge**	649	195	그게--* that thing (subj.)	
26	254	그렇게 geureoke	93	884	그렇게 like that	

Order	Freq	Word	Order	Freq	Word
27	232	그거 **geugeo**			geugen-* as to that thing
28	229	해 **hae**	279	374	해 do and
29	218	거기 geogi	1630	91	거기 there
30	198	근데 geunde			geunde-* however
31	196	그런데 geureonde	102	835	그런데 however
32	191	못 mot	117	751	못 not
33	185	그걸 **geugeol**	847	157	그걸--* that thing (obj.)
34	180	그러니까 geureonikka	616	207	그러니까 thereupon
35	177	아주 aju	203	479	아주 very
36	177	응 **eung**			eung-* yes
37	172	가서 gaseo	303	356	가서 go and
38	164	참 cham	532	231	참 really
39	161	잘 jal	**45**	1441	잘 well
40	161	해서 haeseo	248	408	해서 do and
41	156	그러구 **geureogu**	2719	59	그러고/구--* and
42	4155	사람이 sarami	85	936	사람이 a man (subj.)
43	152	여기 yeogi	957	142	여기 here
44	148	있구 **ikku**	326	340	있고(VV)/구--* be and
45	147	건 **geon**	271	383	건--* thing and
46	145	이런 **ireon**	**39**	1564	이런 like this
47	144	말이야 **mariya**	4129	41	말이야--* [a habit of saying]
48	143	저기 jeogi			jeogi-* there
49	143	좀 jom	187	519	좀 a little
50	141	허구 **hagu**	**48**	1400	하고/허구--* do and
51	140	가주구 **gajugu**	143	641	가지고/주구--* with

(CURTAILED)

Based on the contrastive list shown above, it might be interesting to study the phonological rules frequently observed in Colloquial Seoul Korean: Vowel Raising, Fronting (Umlaut) and Consonant Tensification (Glottalization), etc.

However, it is more desirable to find out a habit of saying (or pet expression, favorite phrase) that happens to occur often in telephone conversation and incur a great trouble in machine translation, because many of those usages in actual context are meaningless, i.e. expletive.

상투어구 Pet Expression/a Habit of Saying/favorite phrase/pet saying

"가가지고, 가주구/가지구, 가지구서, 가주구선/가지구선/가주구서는, 가지구 설랑은[=(로)서], 갖구, 갖다/갖다가, 그래가지고, 그래가지구, 그래가지고는, [그 래가지고서], 그래가지고선, [그래갖고], 나와가지고 [all literal meanings are 'with. having']; 말야/말이야 ['it is saying that']; 머, 머냐, 무슨/무신, 뭐, 뭐냐, 뭘 [what]; 아, 어 [ah]; 음 [uhm?]; 응 [yes]; 인제/이제[now]; 있어가지고 [with]; 저거, 저거해, 저거 헐, [저거해서, 저거허구, 저거허믄, 저거헌], 저게 [that over there], 그거, 그게 [that], 이거, 이게 [this]"

The statistical result of their occurrence in two ways is as follows:

meaningless		with meaning	
가주구(선)	0	(with)持	
	164	4	
가지고/구(서는)	0	持	
	500	5	
갖고/구	0	持	
	6	9	
갖다	0	(taking)取	
	39	33	
갖다가	0	取	
	66	4	
A total	**775**	**55**	
	[15 : 1]		more used as expletive
말야/이야	0	(saying)言	
B total	**135**	**93**	
	[1.5 : 1]		no. of meaningful usages are more than expected
머	0	(what)何	
	310	5	
머+particle	0	何	
	35	71	
뭐	0	何	
	504	12	
뭐+particle	0	何	
	26	120	
C total	875	208	expletives are more than 4 times.
무슨/신	0	何	
	72	64	both usages are about the same
D total	**947**	**272**	
[C+무슨/신=D]	[약3.5 : 1]		

어	0		
	24		
아	85		
음	23		three items are used more with meaning.
응	179	(?)	(?) usages of 'yes' (or some exclamatory expletive)
인제/이제	34		
저거	0	(that over there)彼	
	132	220	
그거	47	(?)	
이거	13	(?)	
E	**226**	**220**	usages with clear meaning are not counted.
A+B+D+E	**2083**	**640**	all pet expressions are three times more used as expletive

In short, the ratio between meaningless (expletive) and meaningful use is about 3 vs. 1 (2083 vs. 640).

<서울말 구어 빈도순 목록과 일반 구어 빈도순 목록의 병렬 대조>

<Contrastive List between Colloquial Seoul Korean and Spoken Korean
in General in   the Order of Frequency>

서울말 구어 빈도순 목록 Colloquial Seoul Korean			일반 구어 빈도순 목록 Spoken Korean in General			
Order	Word	Occurrence	Order	Word	Occurrence	Freq
1	그	1820	1	그	27513	1.7538
2	인제	786	2	그런	14674	0.9354
3	이제	665	3	어	14232	0.9072
4	우리	623	4	이	11390	0.7261
5	다	608	5	뭐	10161	0.6477
6	거	582	6	안	9666	0.6162
7	또	573	7	거	9397	0.5990
8	뭐	477	8	예	9172	0.5847
9	이	469	9	좀	8231	0.5247
10	내가	463	10	또	8104	0.5166
11	그래	449	11	아	7878	0.5022
12	그래서	402	12	이렇게	7578	0.4831
13	이렇게	394	13	한	7420	0.4730
14	가지구	379	14	네	6876	0.4383
15	그런	365	15	지금	6486	0.4135
16	지끔	354	16	그래서	6308	0.4021
17	게	352	17	게	6279	0.4003
18	안	340	18	수	6189	0.3945
19	그냥	331	19	있는	5999	0.3824
20	저	314	20	근데	5957	0.3797
21	머	313	21	이런	5799	0.3697

22	한	298		22	어떤	5749	0.3665
23	그때	293		23	다	5689	0.3626
24	때	284		24	음	5533	0.3527
25	그게	279		25	하는	5454	0.3477
26	그렇게	254		26	때	5336	0.3401
27	그거	232		27	많이	5274	0.3362
28	해	229		28	제가	5108	0.3256
29	거기	218		29	내가	5084	0.3241
30	근데	198		30	해	5009	0.3193
31	그런데	196		31	가지고	4993	0.3183
32	못	191		32	그렇게	4938	0.3148
33	그걸	185		33	인제	4498	0.2867
34	그러니까	180		34	잘	4485	0.2859
35	아주	177		35	우리	4372	0.2787
36	응	177		36	것	4335	0.2763
37	가서	172		37	이제	4165	0.2655
38	참	164		38	하고	4137	0.2637
39	잘	161		39	때문에	3981	0.2538
40	해서	161		40	있습니다	3933	0.2507
41	그러구	156		41	그냥	3880	0.2473
42	사람이	155		42	어떻게	3668	0.2338
43	여기	152		43	그리고	3484	0.2221
44	있구	148		44	막	3384	0.2157
45	건	147		45	할	3322	0.2118
46	이런	145		46	더	3282	0.2092
47	말이야	144		47	번	3241	0.2066
48	저기	143		48	굉장히	3213	0.2048
49	좀	143		49	왜	3163	0.2016
50	허구	141		50	저	3068	0.1956
51	가주구	140		51	같은	3065	0.1954

(CURTAILED)

The left side shows more colloquial character than the right.

Those colloquial items are marked in boldface.

한국어연구소 휘보

서울대 인문대 인문학연구원 한국어연구소 강연회, 사회: 이상억 소장

1. 창립 기념 강연회: 2006년 5월 16일 화요일 1시-3시

    이기문: 학문의 창의성에 대하여
    고영근: 이극로의 사회사상과 어문 연구

2. 초청 강연회: 6월 13일 화요일 1시-3시

    강신항: 국어사와 한자음
    남풍현: 구결자료와 국어사연구

3. 초청 강연회: 9월 19일 화요일 3시-5시

    宋 敏: 開化期 이후 國語語彙의 改新 推移
    이시바시 미치히데 石橋道秀 (九州大): 16世紀末 韓國南部地方의 '·'音價 復元
      — 九州地方에 所藏된 16世紀末의 '假名書き朝鮮語' 資料를 中心으로

4. 초청 강연회: 10월 31일 화요일 2시-4시

    심재기: 한국인의 한자와의 만남
    Werner Sasse: 향찰과 이두의 연구에 대하여

5. 초청 강연회: 11월 28일 화요일 2시-5시

    1) Hans Henrich Hock (Univ. of Illinois) Finiteness Restrictions in SOV languages
    2) Kaoru Horie (Tohoku University) Typology, language use, and brain: How
       Korean and Japanese behave differently and similarly
    3) Eric Yun-yang Zee (City Univ. of Hong Kong) Contrastive survey of Chinese
       and Korean sound system